ÉTICA APLICADA

INVESTIGAÇÃO CIENTÍFICA

ÉTICA APLICADA

INVESTIGAÇÃO CIENTÍFICA

COORDENAÇÃO

MARIA DO CÉU PATRÃO NEVES

MARIA DA GRAÇA CARVALHO

70

Título original:
Ética Aplicada: Investigação Científica

Revisão: Cátia Loureiro

Capa: FBA

Depósito Legal n.º 449581/18

Biblioteca Nacional de Portugal – Catalogação na Publicação

ÉTICA APLICADA

Ética aplicada: investigação científica / coord. Maria do Céu Patrão Neves,
Maria da Graça Carvalho. – (Ética aplicada; 12)
ISBN 978-972-44-2136-0

I – PATRÃO NEVES, Maria do Céu
II – CARVALHO, Maria da Graça Martins da Silva

CDU 17

Paginação:
EDIÇÕES ALMEDINA, S.A.

Impressão e acabamento:
PENTAEDRO, LDA.

para
EDIÇÕES 70

1.ª edição: Dezembro de 2018

EDIÇÕES 70, uma chancela de Edições Almedina, S.A.
Avenida Engenheiro Arantes e Oliveira, n.º 11 – 3.º C – 1900-221 Lisboa/Portugal
e-mail: geral@edicoes70.pt

www.edicoes70.pt

Índice

II
QUESTÕES ESTRUTURANTES

III
PROBLEMAS TRANSVERSAIS

Ciência e Ética: uma parceria integral

Maria do Céu Patrão Neves
Maria da Graça Carvalho[1]

Investigare significa etimologicamente seguir os vestígios, ou seja, perscrutar uma presença ausente... E se este perseguir de um rasto ou interpretar sinais for «científico» significa que segue um processo metodológico pré-estabelecido. A *sciencia* refere-se etimologicamente a todo o conhecimento sistemático. Assim sendo, a investigação científica, neste seu sentido basilar e bastante amplo, traz à presença o que de alguma forma se encontrava oculto e que, através de um processo intencional e organizado, se des-cobre, tornando-se acessível no plano reflexivo, tornando-se saber que se sabe.

Nesta sua ampla acepção, a investigação científica era já comum aos fisiólogos pré-socráticos e não despontou apenas com o experimentalismo renascentista; abarca também todos os saberes e não se restringe aos que se edificaram a partir da estruturação do método experimental de Claude Bernard, no

---

[1] As informações e pontos de vista expostos no livro por Maria da Graça Carvalho são da sua responsabilidade e não reflectem necessariamente a opinião oficial da Comissão Europeia.

século XIX. Uma conceptualização abrangente e inclusiva de «investigação científica» não diminui a sua validade – como alguns podem recear – mas antes reconhece a importância de vários saberes, a par da necessidade de diferentes metodologias na adequação de cada uma ao objecto de estudo de cada saber – num fortalecimento da massa crítica.

Sob esta perspectiva, Ciência e Ética partilham a sua genealogia comum de criação do espírito humano, distante da suspeição com que na contemporaneidade alguns cientistas olham para a Ética ou do intuito limitante com que alguns eticistas olham para a Ciência. Também o cidadão comum tende a olhar a relação entre Ética e Ciência como conflituosa: com uma ética a perseguir a ciência, obstaculizando e travando o seu desenvolvimento, e uma ciência a rejeitar a ética, reivindicando a sua capacidade de autorregulação. De facto, Ciência e Ética têm sido excessivamente apresentadas como realidades dicotómicas quando, quer a sua longa história conjunta, quer as actuais exigências de desenvolvimento das sociedades justificam e mesmo reclamam que sejam consideradas na sua possível articulação e na sua desejável complementaridade.

Se recuarmos à Antiguidade grega, verificamos uma absoluta indissociabilidade entre o que virá a ser estruturado como o uso teórico (ciência) e o uso prático (ética) da razão humana. Assim, no pensamento socrático-platónico há uma identidade entre o conhecimento da verdade e a prática do bem, não sendo possível conhecer o bem e não o praticar (numa coincidência entre conhecimento e moralidade). Ciência e Ética não são, pois, discerníveis.

Um pouco mais tarde, Aristóteles distingue ciência (conhecimento teórico) e ética (conhecimento prático), estabelecendo, porém, a irredutibilidade entre o uso teórico e o uso prático da razão, a par da subordinação do segundo ao primeiro: a boa acção depende do bom (verdadeiro) conhecimento. Ciência e Ética não são separáveis.

O intelectualismo moral aristotélico, na subordinação da acção ao pensar, na necessidade de conhecer a verdade para agir bem, prevalece até ao século XVIII. É então que Kant distingue, de uma forma irredutível, razão teórica e razão prática. Para este filósofo não se trata, pois, mais, de dois usos de uma mesma razão, mas de duas racionalidades distintas: a razão teórica procura o conhecimento, isto é, a relação de necessidade na natureza entre causas e efeitos; a razão prática orienta a acção do homem no âmbito da indeterminação da liberdade em que esta se desenrola (a razão prática é autonomia da vontade).

Esta clara distinção entre ciência e ética marcou o crescente distanciamento entre ambas, o qual já vinha sendo preparado pela evolução anterior das ciências, tendo vindo também a ser favorecido pela evolução futura da ética. Com efeito, a Ciência, graças ao método experimental e à subsequente formulação de um novo paradigma do conhecimento científico pautado pela exigência de demonstração racional, emancipa-se de verdades feitas e passa a fundar-se na experiência com o intuito de construir verdades objectivas e demonstráveis. Assiste-se então à autonomização de saberes da filosofia (interpretação racional do real) na sua afirmação como ciências (conhecimento objectivo e universal). Por seu lado, a Ética perde a sua tradicional fundamentação metafísica universal, sem que a sua kantiana fundamentação formal racional subsistisse como universal às críticas hegelianas de enraizamento da moralidade na historicidade do mundo. A validade da ética universalista é colocada em causa, anuncia-se uma crise de valores e irrompem relativismos morais, numa erosão contínua da sua credibilidade.

Com o século XX assiste-se a um desenvolvimento ímpar na história da ciência, gerando um entusiasmo galvanizador do imperativo de prossecução contínua da investigação, na convicção de se alcançar progressivamente um bem maior. Professa-se uma fé ímpar na ciência e nas suas promessas de um mundo melhor, o que vem a sofrer um revés decisivo na sequência da Segunda Guerra Mundial. O século XX , ao nível do desenvolvimento científico, foi fortemente marcado pelo extraordinário êxito da Física e da Biologia que, todavia, veio a provocar dramas humanos também ímpares, com a deflagração das bombas atómicas e as experiências médicas nazis dispondo de pessoas como simples objectos descartáveis. Os cientistas e as sociedades em geral foram então confrontados com a penetrante consciência das trágicas consequências humanas que o progresso científico também pode arrastar. Tornou-se assim evidente que:

- o progresso científico nem sempre resulta num bem maior para o Homem mas, pelo contrário, pode conduzir ao seu sofrimento e aniquilação, isto é, ao seu profundo mal;
- a ciência não constitui um valor em si mesma, um valor absoluto, o que justificaria a discricionariedade dos meios implementados para a obtenção do conhecimento, mas deve antes manter-se como um instrumento de realização das finalidades humanas;
- todo o conhecimento tem uma aplicação prática, tendo-se esvaziado a ideia de um conhecimento teórico puro, pelo que o cientista deve assumir a responsabilidade de prever as consequências possíveis do saber que constrói e de prevenir as suas utilizações nefastas;
- nem tudo o que se pode fazer se deve fazer, e se compete à ciência responder pelo que se pode fazer, compete à ética pronunciar-se sobre o que deve ser feito tomando como critério o único fim que vale em si mesmo, o bem do único valor incondicionado, o Homem;
- a autorregulação da ciência, desde sempre promovida pelos cientistas com base em regras tácitas de civilidade, não é suficiente para garantir a bondade dos seus fins, o que só o escrutínio da ética poderá fazer.

No rescaldo da Segunda Guerra Mundial a ciência perdeu o seu estatuto de moralmente neutra, no reconhecimento dos impacts do seu poder, e o cientista perdeu a sua inocência, na assunção de uma responsabilidade moral que lhe incumbe; simultaneamente, a ciência reconheceu o possível contributo da ética para o efectivo desenvolvimento da sua missão e o cientista ganhou humildade no apelo que ele próprio começou por lançar à ética para garantir a legitimidade moral do progresso das ciências.

Neste novo contexto, a ética tem sido frequentemente chamada a intervir no âmbito da ciência sob três diferentes modalidades que aqui tornamos presentes citando um trecho de *O Admirável Horizonte da BioÉtica*: «A primeira modalidade é a da imposição de limites, numa acção repressiva, determinada pelo medo do inédito, por vezes difundida pela comunicação social no sensacionalismo de que procura revestir as notícias para efeitos comerciais. Descartámo-la já como redutora da ética, violadora da ciência e indigna do Homem.» Esta modalidade de intervenção da ética na ciência como que inverte a relação de conflito entre ambos os saberes que marcou os primórdios da contemporaneidade, agora numa pretensa e ilegítima dominação da ciência pela ética.

«A segunda é a da elaboração de regras, numa acção normativa, exigida por imperativos legais na padronização das boas práticas. A acção normativa pode ser perspectivada como repressiva quando ditada exclusivamente pelo direito na ausência de um consenso ético prévio; porém, uma vez que este seja construído por um abrangente diálogo continuado, o direito torna-se um garante democrático, oferecendo segurança à liberdade do investigador e confiança ao interesse da sociedade.» Esta é a modalidade mais comum de intervenção da ética na ciência que, idealmente orientadora, se torna mais frequentemente reguladora e então não raramente interpretada ainda como limitadora. Eis o que se verifica sobretudo quando a apreciação ética intervém apenas no termo do delineamento do projecto de investigação científica, como a última etapa a transpor para a sua ambicionada aprovação, qual juízo final extrínseco à ciência e extemporâneo.

Importa que a subsidiariedade possível e desejável entre ciência e ética se efective *ab initio ad finem*, de montante a jusante, ao longo de todo o processo do trabalho científico, numa relação intrínseca e íntima, a única genuinamente complementar a que a terceira modalidade de intervenção da ética na ciência apela, num envolvimento, aliás, alargado a todas as partes interessadas no reiterar da finalidade da investigação científica. Esta «é a da constituição de uma consciência esclarecida, lúcida, numa acção formativa, que tanto interpela o cidadão comum como o cientista. Exorta-se então à informação e educação científica das pessoas e das sociedades, em prol do exercício de uma cidadania activa, no âmbito da democratização das ciências; mas também à consciencialização e responsabilização dos cientistas pelo forte e amplo impacto – nos indivíduos e nas sociedades, projectado num espaço e tempo distantes – do trabalho que desenvolvem e que os próprios investigadores têm vindo a balizar por elevados padrões de integridade científica.»[2]

Não se confunda, porém, a «integridade científica» – a virtude de incorruptibilidade convertida mais recente e legitimamente no dever de honestidade – com a «ética» – a exigência de racionalidade da acção humana, no seu requisito de fundamentação e coerência do agir –, nem mesmo com a «ética da investigação científica» – normativa que incide não apenas nos processos de investigação e nas relações profissionais (na

[2] Patrão Neves, M., *O Admirável Horizonte da BioÉtica*, Lisboa, Glaciar, 2016, p. 21.

sua dimensão deontológica), mas também no relacionamento com os cidadãos e as sociedades (como ética aplicada).

Aliás, será aqui certamente oportuno denunciar um actual excessivo centramento, por parte de alguns, nos desígnios da integridade científica, absorvendo, substituindo e assim suprimindo também o domínio bem mais vasto e exigente da ética. Tal constitui um retrocesso nas relações entre ciência e ética, na medida em que corresponde à prevalência da autorregulação sobre a heteroregulação. Prosseguindo neste mesmo sentido, ficaríamos igualmente reduzidos a uma autorresponsabilização do investigador pela idoneidade da sua investigação, sem aceder à responsabilidade social do progresso científico para que contribui, isto é, literalmente, sem responder pelas consequências futuras do seu trabalho, pelos impactes sociais da ciência que desenvolve.

E, todavia, como já antes sublinhámos, a ciência não pode ter em si o seu fim; a produção humana, nomeadamente a investigação científica, visa a realização plena do humano, individual e comunitariamente considerado. É verdade que, actualmente, a responsabilidade do cientista se vai tornando cada vez mais difusa e distante, devido ao facto de o trabalho científico se desenvolver em equipas pluridisciplinares, transnacionais e em domínios de convergência das ciências. Mas também por isto é essencial que as preocupações de carácter ético – a rectidão dos princípios, a bondade dos fins e a legitimidade dos meios – intervenham desde o início do delinear do projecto científico à projecção dos seus impactos futuros. A avaliação ética converter-se-ia assim numa parceria da ciência integral (porque ao longo de todo o processo) o que, por sua vez, potencializaria a salvaguarda dos mais estruturantes princípios éticos das sociedades democráticas – a dignidade humana (nível individual) e a justiça social (nível comunitário) –, no actual desafiador paradigma de desenvolvimento da investigação científica.

É celebrando esta parceria entre Ciência e Ética que *Ética Aplicada: Investigação Científica* se apresenta. O volume inaugura-se com um texto sobre «Investigação, políticas públicas e sociedade: integridade na investigação científica e diplomacia científica», do Ministro da Ciência, Tecnologia e Ensino Superior, Manuel Heitor, que começa por se interrogar sobre o porquê de precisarmos de acções de política pública para reforçar uma nova perspectiva institucional nas relações entre a investigação, as políticas públicas e a sociedade. Esta questão é abordada tendo por hipótese a necessidade de promover o papel das instituições científicas como centros activos de disseminação da cultura científica e de princípios de ética a nível internacional, associados a novas formas de diplomacia científica. O principal argumento reside no facto de não precisarmos de um novo regime legal para fomentar a integridade das actividades de I&D e a sua necessária internacionalização. Pelo contrário, para além de uma dimensão individual, existem dimensões sistémicas e institucionais, incluindo questões organizacionais e de governança, que são elementos essenciais de política pública no estímulo do conhecimento como um bem público e na sua construção de sociedades livres e baseadas em processos colectivos de aprendizagem.

O volume organiza-se seguidamente em três secções: a primeira dedicada a «Temas fundamentais», contemplando alguns domínios basilares e essenciais a considerar no âmbito da reflexão sobre investigação científica; a segunda incide sobre «Questões estruturantes», privilegiando algumas interrogações contextualizadoras da compreensão humana acerca de si, dos outros, do mundo, do transcendente, a que diversas ciências procuram dar resposta; a última secção reflecte sobre «Problemas transversais» que se colocam hoje às dinâmicas da investigação científica.

O primeiro tema fundamental é o da «Certeza e incerteza, objectividade e subjectividade» que Carlos Fiolhais assina.

Partindo da história da ciência moderna, ensaia-se uma caracterização da ciência, enfatizando, à luz da moderna filosofia da ciência, a eliminação dos erros que o método científico proporcionou. Acentua-se o carácter cumulativo da ciência, isto é, a necessidade de os novos resultados científicos assentarem sobre os antigos, sendo a verdade um conceito elusivo. Analisam-se de seguida as dualidades certeza-incerteza e objectividade-subjectividade: realça-se que a incerteza é uma marca inescapável do mundo natural e também, ainda em maior grau, do mundo humano, e que o conceito corrente de objectividade emergiu com o pensamento kantiano.

Segue-se a «História da Ciência e História da Tecnologia: reflexões sobre ética e prática disciplinares», de Maria Paula Diogo e Ana Simões, texto no qual se abordam as questões éticas que se colocam aos historiadores da Ciência e da Tecnologia nos seus diálogos com a História, com a comunidade científica e tecnológica e com o todo da sociedade. Num tempo em que a Ciência e a Tecnologia assumem um papel preponderante no nosso quotidiano, determinando a mundividência contemporânea e a estrutura produtiva da nossa sociedade, a História da Ciência e da Tecnologia tem uma responsabilidade acrescida na construção de uma contemporaneidade assente num passado que se deseja reflexivo e que permite consolidar a responsabilidade social e ética da investigação científica e tecnológica actuais.

«Relações entre ciência e tecnologia», de Maria Manuel Araújo Jorge, começa por tomar em consideração a construção progressiva de uma ideia de ciência e de tecnologia, dos seus propósitos, das valorações com que foram encaradas, dos seus modos divergentes /convergentes de actuar. Procura assim mostrar como, desde meados do século passado – com a transformação das condições sociais da investigação, a importância crescente da instrumentação e a sofisticação das técnicas –, passou a ser notória uma decisiva imbricação entre ciência e tecnologia, o conhecimento e as suas aplicações, com o consequente desafio inadiável da sua significação cultural e humana.

As questões estruturantes, são questões sobre as origens do Universo, da Terra, da Vida, do Homem, das Sociedades, do mundo digital.

«A origem do Universo», de Orfeu Bertolami e Cláudio Gomes, aponta os desenvolvimentos científicos que permitem um conhecimento mais aprofundado do Universo e da sua origem. A hipótese do Big Bang é a que melhor acomoda os factos observacionais conhecidos. Enquanto ciência, a Cosmologia oferece-nos uma visão muito modesta acerca da posição da Humanidade no seio do Universo, o que não nos exime do dever cósmico de preservar não só a nossa espécie, como também todas as outras formas de vida conhecidas ou que se venha a conhecer numa futura expansão da Humanidade pelo Espaço.

«A origem da Terra», de Maria Helena Henriques, sublinha que o mundo actual enfrenta múltiplos desafios que resultam do carácter limitado da superfície da Terra e da finitude dos seus recursos. Para os superar, requer-se a intervenção dos geólogos enquanto detentores de conhecimento aprofundado acerca dos processos que modelaram o planeta desde a sua formação, bem como da interacção entre os seus diferentes geo-sistemas de que resultou o aparecimento da vida e a sua proliferação sob as mais variadas formas. Em posição privilegiada para avaliar os processos naturais que ocorrerão no futuro, os geólogos têm uma responsabilidade social acrescida na consciencialização da sociedade em relação a emergências planetárias como as que resultam da exploração descontrolada de geo-recursos, da ocupação de territórios sujeitos a elevados riscos geológicos ou à perda de geodiversidade, preocupações que devem orientar as suas práticas profissionais quotidianas.

«A origem da vida», de Nuno Ferrand de Almeida, afirma que a investigação científica sobre esta questão surge muito tarde no desenvolvimento do nosso conhecimento. A percepção de que a Terra seria muito mais antiga do que se pensava e, quase simultaneamente, de que as espécies poderiam não ser imutáveis, mas evoluir ao longo do tempo, permitiu colocar a origem da vida como um problema abordável através do método científico. A combinação dos resultados bioquímicos, paleontológicos, geológicos e genómicos sugere que a vida terá começado no nosso planeta há 4000 milhões de anos a partir de um ancestral comum, tendo a sua evolução e diversificação sido moldadas pelo processo de selecção natural.

«A origem do Homem» (a história evolutiva sintetizada e algumas reflexões sobre para onde vamos), de Eugénia Maria Cunha, aborda o nosso emaranhado percurso evolutivo e discute algumas questões éticas subjacentes. A nossa história evolutiva sintetizada e algumas reflexões sobre para onde vamos. Começa por falar das nossas origens africanas para depois discutir a tríada humana: bipedismo, cérebro e dieta. Posteriormente, versa sobre a evolução dos *Homo* e as suas conquistas. Foca, também, a coexistência entre Sapiens, Denisovianaos e Neandertais. Por fim, levanta a questão do nosso futuro e da manipulação do genoma.

«A origem das sociedades», de Filipe Carreira da Silva, discute as origens das sociedades humanas em três etapas sucessivas. Começa-se por analisar criticamente as principais metáforas usadas pelas ciências sociais para responder à questão – qual a origem da vida em sociedade? Estas metáforas incluem a ideia de que a sociedade resulta de um contrato, se assemelha a um corpo humano, tem uma estrutura semelhante à da linguagem ou se organiza como um rizoma. Das origens distantes das sociedades passamos, num segundo passo, à consideração da forma como o seu futuro tem sido alvo da análise social-científica. O capítulo termina com uma breve história do presente, uma nova era que começa agora a despontar em direcção a um futuro-presente em que as fronteiras entre o humano e o não-humano já não são tão puras como um dia acreditámos terem sido.

«A origem do mundo digital», de Arlindo Oliveira, destaca que a utilização de computadores digitais para substituir trabalho intelectual humano é historicamente recente, sendo que os computadores digitais têm menos de um século. Apesar disso, as tecnologias digitais têm contribuído para uma alteração profunda da sociedade e, com o dealbar da quarta revolução industrial, coloca-se a possibilidade real de um conjunto grande de funções, até agora desempenhadas por seres humanos, virem a ser executadas por robots e por computadores. A rápida evolução das tecnologias de informação e comunicação traz consigo um conjunto de novos desafios éticos e sociais, que importa analisar e compreender, por forma a conseguir aproveitar o potencial destas tecnologias para o desenvolvimento da humanidade.

Entre os «Problemas transversais» atribui-se particular importância a «Políticas de desenvolvimento e financiamento da investigação científica», de Paulo Ferrão e Ana Sanchez. Afirma-se que um mundo em constante mudança precisa de ciência para apoiar a definição de estratégias de desenvolvimento que se pretende sustentável, permitindo a harmonia entre a promoção do desenvolvimento socioeconómico das populações e a minimização dos impactos ambientais. O financiamento da ciência, desejavelmente crescente, será sempre finito e exige escolhas de que a perspectiva ética não está ausente. Decidir que ciência financiar e que instrumentos de financiamento privilegiar são desafios das agências públicas de financiamento como a Fundação para a Ciência e a Tecnologia. Nos últimos 20 anos, esta instituição tem contribuído para uma evolução notável da ciência em Portugal a qual importa consolidar. O financiamento público da ciência visa apoiar pessoas, ideias, instituições e infraestruturas científicas, incluindo a promoção da internacionalização da comunidade científica portuguesa, factores críticos para construir a ciência dos próximos 20 anos e para afirmar o seu papel único no nosso desenvolvimento socioeconómico.

Segue-se a problemática da «Diplomacia científica» que, de acordo com Jorge Aranda, tem vindo a assumir uma relevância crescente nas relações internacionais, decorrente da necessidade, admitida por cada vez mais Estados, de proceder a adaptações da respectiva acção externa, no sentido de poder dar uma melhor resposta quer à cooperação transnacional requerida por desafios globais de natureza técnica, quer à concorrência internacional movida por outros Estados, que pretendem reforçar o seu poder e influência, bem como por actores de natureza não-estatal que, não competindo necessariamente pelo poder, procuram influenciar a governação.

António Granado, em «Comunicação de ciência: obrigações éticas», sublinha que a comunicação de ciência se preocupa com as práticas de comunicação do saber científico a diversos públicos, sendo uma actividade fundamental na criação de cidadãos mais informados e mais capazes de tomar decisões, contribuindo dessa forma para a melhoria de qualidade da própria democracia. Este texto percorre as questões éticas que se levantam a alguns dos intervenientes no processo de comunicação de ciência: cientistas (que estão na origem da comunicação); responsáveis de comunicação das instituições onde se faz ciência (elementos essenciais no contacto com os media e com o público em geral); e jornalistas (mediadores privilegiados, com grande poder de influência).

Em «Por um código de ética na comunicação de ciência: o Quinteto do Porto», Carlos Catalão e Rosália Vargas enfatizam que a ciência é particularmente exigente nas considerações éticas da sua prática e das suas aplicações. E a comunicação da ciência? – interrogam-se. Falar ou escrever sobre ciência será um acto isento de implicações éticas? A agitação que tem rodeado recentemente a comunicação da verdade e dos factos em ciência mostra cada vez mais a pertinência de um debate sobre a ética na comunicação da ciência. A este propósito, um jantar informal juntou, no Clube Universitário do Porto, um quinteto especialmente dedicado à discussão das implicações éticas do diálogo da ciência com os seus públicos. O resultado foi o embrião de um código de ética para a comunicação de ciência em Portugal.

Um tema certamente incontornável é o da «Ciência e responsabilidade social», desenvolvido por Filipe Almeida e Cristina Pinto Albuquerque. A Ciência tornou-se, no mundo contemporâneo, um motor propulsor de melhorias significativas da qualidade de vida – afirmam. No entanto, não é isenta de perigos e de ambiguidades. Ela pressupõe método e racionalidade, mas, enquanto referencial legitimador de escolhas, também deve incluir uma dimensão moral que questione e discuta os potenciais efeitos e aplicações da investigação científica. Este capítulo centra-se nesse debate sobre a aplicabilidade dos resultados da ciência e de como, do ponto de vista dos impactos que possa produzir, se entrelaçam a responsabilidade social das instituições e a responsabilidade moral do cientista.

José Ferreira Gomes, em «Ética da investigação científica», começa por chamar a atenção para a importância da liberdade de pensamento e acção como um princípio básico da actividade de investigação, ao mesmo tempo que uma fonte de enorme responsabilidade pessoal pelo que o investigador faz, como faz e para que faz. Prossegue então para, após uma reflexão sobre o processo de investigação científica, enunciar as obrigações mais elementares e incontornáveis dos vários membros do grupo de investigação, não deixando de incidir particularmente sobre as questões éticas mais prementes relativas à publicação do trabalho científico.

Por fim, Ana Sofia Carvalho e Walter Osswald incidem sobre «Ética na investigação científica: a ética e a integridade científica», começando por apontar o *telos* da investigação científica como progresso do conhecimento e inovação, e a integridade como garante do cabal cumprimento deste desiderato, para virem a concluir que a «nossa relação com a *Liberdade Científica* é, antes do mais, uma relação extremamente dura e exigente com a *Responsabilidade*. Esta relação tem de ser construída por cada um e, quando conseguida, passa a ser constitucional, na medida em que é sem esforço e de forma a ser coerente consigo mesmo que o cientista íntegro produz ciência boa, assim correspondendo ao imenso capital de confiança que a comunidade nele deposita.»

Esta liberdade, absolutamente essencial, da investigação poderá vir a ser ameaçada na justa proporção em que se vier a intensificar o processo de empresarialização da investigação. Ganha hoje forma uma tendência para investigar apenas o que possa ter retorno, mesmo que este não se reduza a padrões financeiros, o que desincentiva a procura de conhecimento fundamental, de um percurso que se define como teórico. Nesta esteira, tende-se a traduzir toda a investigação a métricas que, em alguns domínios, deturpam a natureza do pensamento produzido, incentivando também a cosméticas estatísticas. O produto da investigação é então publicado num sistema que, pretensamente rigoroso, tem por vezes encorajado comportamentos não éticos (mesmo quando supostamente conformes a uma autorregulada integridade científica): investigação esquartejada numa pluralidade de pequenos artigos, todos contabilizados; investigadores que carimbam todos os trabalhos da sua equipa, dos seus alunos, e das equipas com que colaboram, sem que tenham contribuído significativamente para o trabalho, exponencializando a sua contabilidade; revistas científicas que, ao abrigo do *open access* (na deturpação da sua originária intencionalidade), cobram avultadas somas para publicarem o trabalho científico, qual venda de espaço num preço proporcional ao índice de impacto que oferecem (num círculo vicioso especulativo). O risco de empresarialização da investigação científica estende-se também às instituições quando algumas destas sobrevalorizam o lucro, por exemplo, cobrando imaginativas despesas gerais (*overheads*) que absorvem uma porção cada vez mais significativa do financiamento obtido para a investigação, cuja prévia candidatura foi por vezes feita por uma outra instituição que se especializou neste serviço e que cobra proporcionalmente às taxas de sucesso que tem. Assiste-se à proliferação de uma multitude de pequenos grandes negócios em torno da investigação científica que orientam deterministicamente e que secam na sua mais genuína criatividade.

A Comissão Europeia tem vindo a desencadear um conjunto de iniciativas que promovem a investigação científica de fronteira, nomeadamente através da criação do Conselho Europeu de Investigação (ERC). Importa que prossiga e intensifique os seus meritórios esforços no sentido de promover o progresso da ciência e a inovação tecnológica, bem como a legítima procura de um justo retorno, protegendo o desenvolvimento da pluralidade de saberes e sempre a liberdade criativa que está na origem da investigação.

Podíamos prosseguir longamente a denúncia dos constrangimentos que se vêm erguendo à nobreza da investigação científica como excelência do espírito humano..., mas o que nos importa, principalmente, é sublinhar a vivência intelectual e criativa que assim se poderá ir perdendo neste espartilho produzido pelas e para as ciências duras e que se tem vindo a impor violentamente a toda uma pluralidade de saberes, à liberdade do espírito analítico e crítico que nos constitui na nossa identidade...

Recuperamos assim também o mote originário de *Ética Aplicada: Investigação Científica*. É precisamente como expressão da liberdade humana que a investigação científica e a inovação tecnológica não podem ser diabolizadas, nem pelos espíritos mais tacanhos que, receosos de toda a inovação, a pretendem travar; é na medida em que a investigação científica e a inovação tecnológica assumirem a responsabilidade social que lhes incumbe que devem ser apoiadas e incentivadas, pelos poderes políticos, pelas entidades financiadoras e por todos os cidadãos. É neste equilíbrio que a ciência integra a ética intrinsecamente, como sua constituinte, e a ética contribui para o desenvolvimento científico numa contínua realização das possibilidades humanas em prol do Homem.

Volumes da colecção recomendados

PATRÃO NEVES, M. (coord.), Ética: *Dos Fundamentos às Práticas,* vol. I, Lisboa, Edições 70, 2016: 300 pp.

PATRÃO NEVES, M. e CARVALHO, Maria da Graça (coord.), *Ética Aplicada: Novas Tecnologias,* vol. VI, Lisboa, Edições 70, 2018: 352 pp.

Investigação, políticas públicas e sociedade: integridade na investigação e diplomacia científica

Manuel Heitor
Ministro da Ciência, Tecnologia e Ensino Superior
do Governo de Portugal

1. A integridade na investigação e em práticas profissionais associadas ao conhecimento

A integridade das actividades de investigação e desenvolvimento (I&D) e em práticas profissionais associadas ao conhecimento tem emergido nas últimas décadas como um tópico crítico das políticas de ciência e tecnologia, tendo adquirido uma dimensão política significativa em todo o mundo. A questão foi trazida à ribalta por cientistas sociais, economistas, engenheiros e historiadores, entre outros, sendo hoje um tema de preocupação generalizada em diferentes campos de investigação. No entanto, o debate político requer uma preparação cuidadosa com essas comunidades de investigação no sentido de facilitar a troca de ideias, permitindo o aprofundamento da compreensão pública sobre a integridade das actividades de I&D de forma a orientar medidas de política pública.

Podemos começar por nos interrogar sobre quais as razões e em que contextos será necessário debater a integridade das actividades de I&D. Onde estará ameaçada e em que domínios? Para responder a essas perguntas, será útil destacar casos em que certas instituições científicas podem optar por ignorar factos ou resultados, ou mesmo suprimir questões da agenda científica por razões relacionadas com pressões externas directas (por exemplo, de entidades financiadoras, governos ou meios de comunicação social), levando, em casos extremos, à falsificação de dados ou resultados. Igualmente relevantes são as pressões contextuais que afectam o processo de realizar actividades de I&D, principalmente a estrutura de incentivos (incluindo o financiamento directo, o regime legal relativo à propriedade intelectual, ou a pressão política e/ou económica) que podem ameaçar a integridade dessas actividades de I&D.

Convém relembrar que, entre muitos outros eventos relevantes nas últimas décadas, a Conferência Mundial sobre a Integridade da Investigação, realizada em Lisboa em Setembro de 2007, nos mostrou que devemos observar, com muito cuidado, as questões emergentes associadas à indústria editorial, bem como a sua relação com os autores e com todos aqueles indivíduos que devem ter livre acesso ao conhecimento. Paul Caro (2008) lembrou que, acima de tudo, é necessário promover a «integridade dos editores» e diferenciá-la claramente das questões mais amplas de «integridade da investigação» que podem afectar o conhecimento científico. Este argumento levou Paul Caro a propor que apelássemos às nossas instituições de investigação no sentido de promoverem «bibliotecas abertas», nomeadamente abertas a todos os cidadãos (e não exclusivamente a estudantes e investigadores), de forma que seja promovido o papel das instituições científicas como centros activos para a disseminação da cultura científica em associação com princípios de rigor em ética.

Certamente, devemos reconhecer também as questões referidas há mais de 30 anos pelo laureado com o Prémio Nobel Peter Medawar, no seu livro de 1986, com respeito ao comportamento ético dos cientistas e à integridade dos processos de verificação e validação dos resultados científicos. Mas a análise tem ainda mostrado que é de importância crítica sublinhar que, além da forma tradicional de observar a integridade das actividades de I&D a partir de uma dimensão individual, existem dimensões sistémicas e institucionais, incluindo questões organizacionais, de governança e legais, que podem ser determinantes e tão ou mais importantes no nosso comportamento do que aquelas relacionadas com características individuais. De facto, a eventual falta de integridade pessoal ou de ética profissional é uma falha humana manifesta numa miríade de actividades profissionais. Deve, assim, ser claramente diferenciada da integridade das actividades de I&D, e tratada por sociedades e práticas profissionais adequadas.

Mais uma vez, a integridade em práticas profissionais associadas ao conhecimento é uma questão antiga, como se pode verificar nos arquivos da Biblioteca Nacional em Lisboa, num dos primeiros tratados mundiais sobre médicos, o *Tratado del Perfecto Medico*, escrito em 1595, há mais de 400 anos, pelo português Henrique Jorge Henriques, Doutor em Medicina e Professor da Universidade de Salamanca e da Universidade de Lisboa.

Além disso, a afirmação do conhecimento científico como um «bem público» introduz a necessidade de serem consideradas novas dimensões de política pública no respeitante às políticas de ciência e tecnologia. Por exemplo, promover o desenvolvimento de novos conhecimentos para combater grandes riscos públicos exige um enfoque na integridade institucional das organizações e instituições científicas, reclamando a análise de questões tais como:

- riscos públicos: quando existem riscos críticos de natureza pública (como, por exemplo, saúde pública, segurança) decorrentes de serem omitidas ou negligenciadas informações ou resultados de actividades de I&D;
- estratégias de segurança e defesa: questões de integridade nos aspectos de segurança (inclusive os relacionados com terrorismo) e em situações de conflito ou guerra;
- concorrência económica: omissão de dados e informações ou de resultados de actividades de I&D como instrumento de concorrência;
- conhecimentos patenteados: ignorando e «esgotando» o acervo científico e impedindo a promoção de novos conhecimentos.

Dada esta compreensão ampla da integridade das actividades de I&D além da perspectiva individual, é ainda importante abordar duas outras questões relevantes. Em primeiro lugar, encarando a integridade das actividades de I&D da perspectiva de políticas públicas de ciência e tecnologia, sublinhamos a necessidade do reforço de instituições científicas autónomas, bem como do papel crítico que as organizações transnacionais e intergovernamentais podem desempenhar na promoção de novos conhecimentos científicos e independentes. A integridade institucional deve ser, portanto, destacada, em vez do comportamento ético individual, como também sugerido por Ernst (2003).

Neste contexto, deve ser sublinhado que não há necessidade de reconhecer ou promover o estabelecimento de uma nova disciplina de «integridade nas actividades de I&D» (por exemplo, *research integrity* na literatura anglo-saxónica), ou de uma nova profissão (ou seja, os chamados «técnicos de integridade em investigação», ou *research integrity officers* na literatura anglo-saxónica), ou mesmo de novos negócios de consultoria em torno da integridade científica.

Em segundo lugar, é crítico considerar a necessidade de observar os fundamentos do desenvolvimento científico, nomeadamente em termos dos requisitos para promover de forma contínua a sensibilização e compreensão públicas do conhecimento científico. Este aspecto é crescentemente importante e inclui a consideração do papel que a educação científica desempenha para as novas gerações (ver, por exemplo, Conceição e Heitor, 1999 e 2005).

2. A integridade institucional e a «ciência aberta»: o reforço das instituições científicas?

Cerca de 40 anos depois de John Ziman (1968) ter lançado a discussão sobre «conhecimento público» (*public knowledge*) e 30 anos depois do seu trabalho sobre «conhecimento fiável» (*reliable knowledge*) (Ziman, 1978), é ainda hoje necessário reforçar mecanismos de estímulo à compreensão da natureza da ciência como um todo complexo. Em *Real Science: What it Is, and What it Means,* John Ziman (2000a) lembra que «a ciência é social», referindo-se a «toda a rede de práticas sociais e epistemológicas de que as crenças científicas realmente emergem e nas quais são sustentadas». Mas identificou igualmente que o problema é que «esta rede não é regulada por nenhum príncipe ou princípio», pelo que é necessário que seja «claramente apresentada na linguagem quotidiana do leitor comum». O que é que a literatura sobre a natureza evolutiva da inovação tecnológica adiciona então à discussão lançada por John Ziman (2000b)?

O progresso do conhecimento científico e tecnológico é um processo cumulativo. Por exemplo, Paul David (2001, 2004 e 2007) mostrou de forma sistemática que «a ciência aberta é adequadamente considerada excepcionalmente ajustada ao objectivo de maximizar a taxa de crescimento do acervo de conhecimento fidedigno». Como resultado, as práticas e estratégias de promoção de formas de «ciência aberta» disponibilizam uma alternativa à abordagem de estímulo à protecção da propriedade intelectual.

Mas será que a alocação óptima de recursos para a produção e distribuição do conhecimento é governada pelo equilíbrio entre a ciência aberta e a investigação e desenvolvimento comercialmente orientados? A que nível devem os governos fomentar a investigação exploratória cooperativa, reconhecida como vital para a sustentabilidade das economias orientadas pelo conhecimento, para reagir à crescente exigência, por indivíduos, instituições científicas e empresas privadas, de incentivos ao conhecimento não cooperativo e da rivalidade na difusão do conhecimento?

A nossa análise baseia-se na forma como as organizações científicas lidam com o conhecimento no sentido de promover atitudes inovadoras, ou seja, a forma como as organizações promovem a «aprendizagem» colectiva, em que a aprendizagem é entendida como os mecanismos através dos quais o conhecimento é produzido e difundido (ver, para mais detalhes, Conceição e Heitor, 1999 e 2001). Para entender a importância dessa perspectiva, é fundamental contrastar os modelos lineares de inovação com as perspectivas que reconhecem a natureza mais complexa da interacção entre a ciência e a sociedade.

A contribuição das organizações científicas para o desenvolvimento económico dentro de um «modelo linear» de inovação sugere que as ideias e o capital humano fluem linearmente para a sociedade, que, por sua vez, financia organizações científicas e fornece informações de *feedback* (retorno). Os modelos lineares são simultaneamente poderosos e perigosos. São poderosos porque são simples e sóbrios. A modelação matemática é facilmente desenvolvida como um sistema de equações de entrada-processo-saída, que em economia resultam em funções de produção. O seu perigo, ironicamente, deriva do poder que colocam à nossa disposição: esse tipo de modelação deixa necessariamente de lado grande parte da complexidade dos processos sociais e económicos que estão sempre associados à produção e difusão do conhecimento científico.

De facto, o papel estratégico e muito relevante que as organizações científicas podem desempenhar para apoiar as nações e as regiões a atingirem os seus objectivos públicos tem sido amplamente reconhecido na literatura técnica e em acções de política pública em todo o mundo. Mas esse papel tem uma natureza multifacetada, incluindo aspectos tão diversos como a segurança pública, a qualidade de vida, os cuidados de saúde, a protecção ambiental e o desenvolvimento e crescimento económicos.

As formas específicas através das quais as organizações científicas têm desempenhado esses papéis são dominadas por actividades associadas à criação e à disseminação de conhecimento (ver, nomeadamente, Rosenberg, 2002, no caso das universidades). Por exemplo, a geração e difusão de conhecimento é geralmente traduzida em melhores competências e capacidades na força de trabalho, e no desenvolvimento e comercialização de novas tecnologias. No entanto, perante as restrições contínuas de financiamento público e do escrutínio público cada vez mais exigente, os fornecedores tradicionais de conhecimento – como sejam instituições científicas e de ensino superior ou instituições de formação –, bem como empresas e, no sector público, organizações baseadas no conhecimento (utilizadores crescentes de conhecimento), procuram com urgência visões fundamentais para os ajudar a cultivar, colher e gerir o potencial imenso do seu acervo de conhecimentos, no sentido de obter a capacidade de se destacar na vanguarda da inovação.

Até certo ponto, pode argumentar-se que, pelo menos para as sociedades mais industrializadas, está a nascer uma tendência que leva à quebra das fronteiras institucionais que separam as empresas e as organizações científicas. Esse processo de «convergência institucional» pode ser entendido como o resultado de duas forças que se unem para impor uma identificação cada vez mais próxima de empresas com organizações científicas, e vice-versa.

A primeira força resulta de a criação de valor acrescentado e de riqueza estar cada vez mais associada à produção de conhecimento, sendo então natural que as empresas observem a forma como as organizações científicas funcionam como inspiração para realizar tarefas criativas.

Em segundo lugar, as organizações científicas deparam-se com dificuldades na obtenção do financiamento suficiente para as tarefas básicas de criação de conhecimento, sendo por isso também natural que observem as empresas no sentido de aprender como obter benefícios comerciais a partir dos seus activos e iniciativas intelectuais. Além disso, deve sublinhar-se também que há uma tendência clara, em muitas áreas científicas e tecnológicas, para que as empresas aumentem a externalização de actividades de I&D, nomeadamente na forma de serviços prestados por grupos académicos de I&D.

Como vários estudos técnicos têm demonstrado ao longo das últimas décadas, embora essa convergência seja, em certa medida, bem-vinda, pode também ser perigosa. Rosenberg e Nelson (1996), Dasgupta e David (1994), David (1993) e Pavitt (1987) argumentaram, há algumas décadas, que essa convergência é «aceitável» desde que não prejudique a integridade institucional das organizações científicas. Empresas e organizações científicas evoluíram num contexto social a ponto de alcançar o que esses autores chamam de «especialização institucional». Assim, enquanto as empresas se preocupam com a obtenção de retornos privados em troca do conhecimento que geram, as organizações científicas tradicionalmente tornam-no público. Por meio dessa especialização, ou «divisão de trabalho», a acumulação de conhecimento ocorreu em ritmo acelerado, como mostram os níveis sem precedentes de crescimento económico desde o fim da Segunda Guerra Mundial (Rosenberg e Nelson, 1996). Por exemplo, esses autores mostram que as universidades que conhecemos hoje, apesar da sua longa herança histórica, são instituições relativamente novas, sobretudo na forma como se relacionam com o contexto social e económico que as envolve. E as universidades definem-se quase como não empresas, no sentido de que produzem conhecimento que está publicamente disponível. Para realizar esta missão de forma eficaz, emergiu um conjunto complexo de estruturas de apoio e de características organizacionais, que são relativamente fáceis de destruir, apesar do longo tempo necessário para que evoluam.

Por outras palavras, poderia ser aqui utilizada, com alguma liberdade, uma metáfora evolutiva: tanto as empresas como as organizações científicas evoluíram ao longo do tempo, à medida que as instituições se adaptaram a um ambiente em que diferentes tipos de conhecimento eram gerados por cada uma das instituições para benefício mútuo. De forma simplificada, enquanto as empresas eram capazes de comercializar e difundir tecnologias, as organizações científicas especializaram-se no avanço das fronteiras do conhecimento na vanguarda do desconhecido.

Nenhum mecanismo de seguros ou sistema de benefícios privados poderia atrair os investidores para este empreendimento arriscadíssimo. As organizações científicas assumiram esse papel, com uma estrutura de incentivos que nunca penaliza demasiado o fracasso, mas que também não recompensa excessivamente os sucessos. Isso é particularmente verdade na Europa, onde os funcionários das organizações científicas e os professores do ensino superior são, em grande parte, funcionários públicos, e os seus salários são rigidamente estruturados pelo sistema de administração pública, no qual o tempo de serviço tem um peso muito elevado, e não existe grande possibilidade de competição em termos da dimensão salarial (Rosenberg, 2002). O perigo está na «extinção» de uma das «espécies institucionais» criadoras de conhecimento acima identificadas. Se as organizações científicas se tornarem, pelo menos na forma como lidam com o conhecimento, muito semelhantes às empresas, estaremos, de facto, a testemunhar a morte de uma instituição (North, 1990).

De acordo com David (2007), a característica distintiva da investigação fundamental em ciência e tecnologia é a sua «natureza aberta» (ou seja, o «acervo da ciência», como também referido por Nelson, 2004, e Cook-Deegan, 2007, entre outros). Isso leva a uma tensão contínua no núcleo das instituições que moldam a ciência, exigindo uma avaliação cuidadosa e sistemática, a nível institucional, da integridade das actividades de I&D.

De facto, podemos «explicar» a necessidade de intervenção pública nas políticas de ciência e tecnologia como resultado do carácter não rival do conhecimento. Os mecanismos de mercado não promovem incentivos para a produção e difusão de novos conhecimentos a partir de trocas competitivas. Isso abre a necessidade de políticas públicas que complementem e se diferenciem dos mecanismos de mercado no sentido de motivar os agentes para a produção e difusão livre e aberta do conhecimento, incluindo estímulos para estratégias de «ciência aberta».

Neste contexto, expandindo as ideias inicialmente propostas por Nelson (1993) e Dasgupta e David (1994), surgem três formas de criação de condições para a produção efectiva de conhecimento não rival (ver igualmente Conceição, Heitor e Veloso, 2003). A primeira é o «patrocínio», que consiste num mecanismo pelo qual o governo subsidia directamente os produtores de conhecimento não rival, sob a condição de que o mesmo se torne publicamente disponível, a custo virtualmente zero, após a sua produção. A segunda, a «contratação», baseia-se na produção directa dos bens pelo governo, concedendo contratos específicos a agentes públicos e privados sempre que necessário. Por fim, a terceira, a «propriedade», está associada à privatização do conhecimento não rival, concedendo ao produtor direitos monopolistas que geram retornos suficientemente grandes para cobrir os custos fixos de produção. Tanto o *patrocínio* como a *contratação* dependem de uma intervenção directa do governo, pela qual o conhecimento não rival permanece não excluído e, portanto, é efectivamente um «bem público». Pelo contrário, a *propriedade* concede aos produtores privados de novos conhecimentos direitos exclusivos de propriedade no uso das suas criações.

No entanto, a análise mostra que a simples disponibilização de recursos financeiros (nomeadamente recursos públicos) não é suficiente para estimular o conhecimento como um bem público. São igualmente necessários incentivos adequados para que as instituições científicas se associem a *redes de aprendizagem* que possam gerar dinâmicas de crescimento endógeno, acompanhadas da integridade nas actividades de I&D. Não existe, portanto, uma forma única de proceder. Todas as condições locais, origens e trajectórias são importantes, levantando a questão da cultura científica da população.

É neste contexto que este debate nos leva a argumentar que existe a necessidade de continuar a reforçar instituições científicas autónomas. Grandes organizações transnacionais e intergovernamentais podem ser uma forma de promover novos conhecimentos e, portanto, uma ciência nova e independente. A experiência de organizações científicas transnacionais – tais como as instituições listadas, para fins ilustrativos, na Tabela 1 – e as suas redes científicas a nível internacional sugerem que a prática da ciência independente e aberta exige redes eficazes de instituições científicas, acompanhadas do desenvolvimento institucional de rotinas de integridade interna e de códigos de conduta auto-impostos.

Tabela 1: Exemplos de organizações científicas transnacionais e/ou intergovernamentais

ORGANIZAÇÃO	DATA DE FUNDAÇÃO, MEMBROS E ASPECTOS-CHAVE DA SUA DECLARAÇÃO DE MISSÃO	RECURSOS HUMANOS
CERN (Organização Europeia para a Investigação Nuclear), http://www.cern.ch/, Genebra, Suíça.	1954, inclui 22 Estados-membros. Providencia colaboração entre os Estados-membros em matéria de investigação nuclear de carácter puramente científico e fundamental, bem como em investigação essencialmente com ela relacionada. Não se envolve em investigação para fins militares e os resultados dos trabalhos experimentais e teóricos são publicados ou disponibilizados de forma aberta.	Emprega cerca de 3000 pessoas e inclui cerca de 6500 cientistas visitantes, representando 500 universidades e mais de 80 nacionalidades. Cientistas de 220 institutos e universidades de Estados não membros também usam as instalações do CERN.
ESO (Observatório Europeu do Sul), http://www.eso.org/, Garching bei München, Alemanha.	1962, apoiada por 15 países. O ESO é a principal organização europeia em matéria de astronomia instalada na Europa. Tornou-se no principal criador e operador dos maiores projectos de infra-estruturas de investigação em astronomia. Desempenha um papel importante na promoção e organização da cooperação europeia nesta área.	O ESO emprega cerca de um total de 700 funcionários e investigadores, facilitando ainda um extenso programa para Fellows (jovens astrônomos doutorados), estudantes de doutoramento e estudantes de mestrado, contribuindo assim para a mobilidade dos cientistas europeus e de países associados.
EMBO (Organização Europeia de Biologia Molecular), http://www.embo.org/about-embo, Heidelberga, Alemanha.	1964. A EMBO é predominantemente financiada pela Conferência Europeia de Biologia Molecular (EMBC), uma organização intergovernamental que integra 30 Estados-membros.	Aproximadamente 1200 membros na Europa e 100 membros associados no resto do mundo.

ORGANIZAÇÃO	DATA DE FUNDAÇÃO, MEMBROS E ASPECTOS-CHAVE DA SUA DECLARAÇÃO DE MISSÃO	RECURSOS HUMANOS
ICTP (Centro Internacional de Física Teórica), http://www.ictp.it/, Trieste, Itália.	1964. O ICTP desenvolve as suas actividades por via de um acordo tripartido entre o governo italiano e duas agências das Nações Unidas, a Organização das Nações Unidas para a Educação, a Ciência e a Cultura (Unesco) e a Agência Internacional de Energia Atómica (AIEA).	O ICTP recebe cerca de 5000 cientistas por ano. Cerca de 50% dos 100 000 cientistas que participaram nas actividades de I&D do ICTP desde o início do Centro, em 1964, são originários de países em vias de desenvolvimento.
ILL (Instituto Laue-Langevin), http://www.ill.fr/, Grenoble, França.	1967 (19 de Janeiro). O ILL foi criado pela França e pela Alemanha, com o Reino Unido a tornar-se associado em 1 de Janeiro de 1973. Financiado hoje por dez países, opera a fonte de neutrões mais intensa do mundo, com um conjunto de 40 instrumentos de alto desempenho.	449 pessoas, incluindo 60 no sector científico experimental e 19,5 estudantes de doutoramento. Cientistas: 292,5 de França, 49,5 da Alemanha, 48,5 da Grã-Bretanha, 39 de países-membros e 19,5 de outros países.
EMBL (Laboratório Europeu de Biologia Molecular), http://www.embl-heidelberg.de/, Heidelberga e instalações externas em Hinxton, Grenoble, Hamburgo, Roma e Barcelona.	1974. O EMBL é uma organização sem fins lucrativos e um instituto de investigação, fundamentalmente financiado por verbas públicas de investigação de 19 Estados-membros. Os pilares da missão do EMBL são: proceder à investigação fundamental em biologia molecular; formar cientistas, estudantes e visitantes a todos os níveis; oferecer serviços vitais aos cientistas dos Estados-membros; e desenvolver novos instrumentos e métodos no âmbito das ciências da vida e da transferência de tecnologia.	Emprega mais de 750 funcionários. A EMBL Enterprise Management Technology Transfer GmbH (EMBLEM) é uma afiliada e o braço comercial do EMBL.

ORGANIZAÇÃO	DATA DE FUNDAÇÃO, MEMBROS E ASPECTOS-CHAVE DA SUA DECLARAÇÃO DE MISSÃO	RECURSOS HUMANOS
ESA (Agência Espacial Europeia), http://www.esa.int/, tem a sua sede em Paris e possui centros especializados nos Países Baixos, na Alemanha, em Itália e em França.	1975. A ESA foi criada, na sua forma actual, através da fusão da European Launch Development Organisation (ELDO) com a European Space Research Organisation (ESRO). Existem dez membros fundadores. O Programa da ESA tem como missão moldar o desenvolvimento da capacidade espacial da Europa e garantir que o investimento no espaço continue a gerar benefícios para os cidadãos da Europa e do mundo.	Cerca de 2000 especialistas trabalham para a ESA.
ICGEB (Centro Internacional para Engenharia Genética e Biotecnologia), http://www.icgeb.trieste.it/, três locais: Trieste, Itália (sede); Nova Deli, Índia, e Cidade do Cabo, África do Sul, bem como uma rede de centros afiliados.	Estabelecido em 1983 através da assinatura dos seus estatutos (o tratado internacional sancionando a sua existência foi entregue ao secretário-geral das Nações Unidas) por 26 países durante uma reunião realizada em Madrid. O ICGEB procede a pesquisas inovadoras nas ciências da vida, para benefício dos países em vias de desenvolvimento.	Mais de 300 pessoas de 28 países diferentes trabalham nos laboratórios do ICGEB como cientistas, investigadores, pós-doutorandos, estudantes de doutoramento, técnicos de investigação e pessoal administrativo.
ESRF (Infra-estrutura Europeia de Radiação de Sincrotrão), http://www.esrf.eu/, Grenoble, França.	Em 1988, 11 países europeus uniram forças para criar o sincrotrão em Grenoble. Desde então, mais seis países aderiram ao grupo. Inclui a sinergia indispensável necessária para realizar investigação científica avançada.	Cerca de 600 pessoas trabalham na ESRF. Cerca de 6000 investigadores são recebidos por ano na ESRF para proceder a experiências.

ORGANIZAÇÃO	DATA DE FUNDAÇÃO, MEMBROS E ASPECTOS-CHAVE DA SUA DECLARAÇÃO DE MISSÃO	RECURSOS HUMANOS
INL (Laboratório Ibérico Internacional de Nanotecnologia), https://inl.int/, Braga, Portugal.	Criado em 2007 por Portugal e Espanha.	Planeado para empregar 200 pesquisadores: 30% de cada um dos dois Estados-membros, sendo os restantes estrangeiros.
AIR Centre (Centro Internacional de Investigação do Atlântico), http://www.atlanticinteractions.org/.	Criado em 2017, por nove países. Dinamizado com base numa agenda inovadora, integrando actividades de I&D em mudanças climáticas, com tecnologias espaciais, oceânicas, energéticas e formas emergentes de ciência de dados.	Planeado com uma rede de instituições e actividade em vários países atlânticos para fomentar a cooperação Norte-Sul e Sul-Norte.

As características institucionais das instituições transnacionais da Tabela 1 são tais, que a integridade da investigação emerge para unir os diferentes parceiros e indivíduos. De uma forma geral, a integridade é auto-imposta dentro da organização e não é baseada na coerção imposta a partir do exterior ou exigida por princípios éticos.

Neste contexto, deve sublinhar-se que o Memorando sobre Integridade Científica (ALLEA, 2003), que foi promovido pelo Comité Permanente de Ciência e Ética da ALLEA, também coloca ênfase nas responsabilidades das instituições científicas de uma forma que inspirou acções em vários países europeus. Seguindo Gérard Toulouse[3], isso é relevante porque:

---

[3] Comunicação pessoal preparada no período de debate que conduziu à Conferência Mundial sobre a Integridade da Investigação, Lisboa, Setembro de 2007. Gérard Toulouse foi o presidente (2001–2006) do Comité Permanente de Ciência e Ética da ALLEA e co-assinou o prefácio do Memorando holandês sobre Integridade Científica (2003).

> Qualquer cientista maduro adquiriu já um forte senso de conduta adequada *versus* conduta imprópria, o qual orienta o seu comportamento pessoal. Contudo, isto não é suficiente. Os cientistas têm responsabilidades individuais e colectivas, e muitas são mais bem assumidas colectivamente, ou seja, através de instituições científicas. De facto, em relação à integridade da investigação, é aí que actualmente tem de ser realizada a maior parte do esforço: sensibilização, análise cuidadosa das causas, definição dos problemas num contexto mais amplo, para manter um senso de proporções e evitar medidas contraproducentes precipitadas.

Em suma, argumentamos neste texto que a integridade institucional exige políticas para a ciência que sejam concebidas e implementadas de forma a fomentar instituições científicas independentes, para as quais a forma como as organizações transnacionais são organizadas pode fornecer um enquadramento útil.

É claro que as responsabilidades individuais não devem ser minimizadas, mas a natureza colectiva das instituições determina, no fim, a integridade da investigação. Com certeza, a má conduta pessoal acontecerá sempre – na investigação, como em qualquer outra actividade profissional. Mas, como mostram os dados publicados pelo Office of Research Integrity (ORI, 2006) ou a investigação publicada por Mulqueen e Rodbard (2000), sobre pesquisadores biomédicos financiados pelo governo federal norte-americano para averiguar a frequência da utilização de medidas para promover a conduta responsável das actividades de I&D e minimizar a probabilidade de condutas científicas inadequadas, o reforço do papel que as instituições desempenham é crucial na redução de formas deficientes de conduta. Neste contexto, sublinhamos que não há necessidade de se reconhecer a emergência de uma nova disciplina (*research integrity*), ou uma nova profissão (ou seja, os chamados «técnicos de integridade em investigação»). Pelo contrário, a acção política deve ser orientada para o reforço de instituições científicas independentes e autónomas.

3. Valorizar a ciência e o conhecimento científico: porquê a necessidade de reforçar políticas públicas para fomentar a cultura científica?

Na secção anterior, considerámos a necessidade de promover a integridade da investigação a partir da perspectiva institucional. Agora voltamo-nos para as bases das nossas questões iniciais e, mantendo uma perspectiva de política de ciência e tecnologia, defendemos a necessidade de promover a cultura científica para que a integridade das nossas instituições científicas seja preservada. No geral, lembramos novamente John ZIMAN (2000a) no seu argumento de que a ciência exige que seja «claramente apresentada na linguagem quotidiana do leitor comum».

É ainda importante relembrar que, com base no trabalho seminal de HEIDEGGER (1977, no seguimento do trabalho original de 1959), a ideia de tecnologia tem sido debatida em várias disciplinas e a hipótese defendida neste texto está centrada na necessidade de estimular a participação activa da sociedade em questionar o futuro, através do respeito do conhecimento científico, mas igualmente por meio da aprendizagem contínua de novas descobertas. Esta questão foi particularmente debatida no contexto da União Europeia pelo Grupo de Alto Nível sobre Recursos Humanos para a Ciência e Tecnologia, nomeado pela Comissão Europeia em 2004 (EUROPEAN COMMISSION, 2004), quer em termos de renovação do ensino das ciências, quer da criação de uma cultura científica, e aqui são reforçados dois argumentos principais, como descrito seguidamente.

Em primeiro lugar, a necessidade de melhor explicar à sociedade em geral as realizações da comunidade científica e fomentar a compreensão pública da ciência, em que as escolas e outros ambientes institucionais (como, por exemplo, museus de ciência) têm um papel determinante em estimular a curiosidade e o interesse pelo conhecimento científico. A este respeito, o relatório europeu sobre «Benchmarking the Promotion of RTD Culture and Public Understanding of Science» (MILLER [*et al.*], 2002) reconhece claramente o papel de liderança de programas nacionais como o «La main à la pâte» em França, ou o programa «Ciência Viva» implementado em Portugal desde 1996, mas também admite o clima ainda difícil para promover a cultura científica na Europa. A continuação da implementação de acções que promovam a «ciência para todos» é uma prática a seguir, em que o conceito de «comunidades integradas de conhecimento» parece particularmente adequado para facilitar a participação conjunta de investigadores e escolas básicas e secundárias em projectos específicos que orientem a sociedade em geral. É claro que isso requer novos conhecimentos sobre comportamentos sociais, bem como novos desenvolvimentos metodológicos, e o trabalho editado por SOLOMON e GAGO (1994), há mais de 20 anos, disponibiliza orientações importantes para apoiar a construção de sociedades baseadas no conhecimento, num cenário em rápida mutação tecnológica.

Em segundo lugar, a ideia de que a ciência deve ser considerada um sistema aberto, com formas diferentes e diversificadas de participação, derivado principalmente de a actividade científica fazer cada vez mais parte da vida das pessoas, para que a formação dos cientistas não seja restringida a um grupo específico de pessoas, mas sim uma acção ampla e totalmente integrada nos sistemas modernos de educação (por exemplo, BRICHENO, JOHNSON e SEARS, 2000).

Neste contexto, tornou-se claro que a reforma dos sistemas educativos tem sido particularmente influenciada por teorias e princípios construtivistas (por exemplo, BENNETT, 2003).

Seguindo a visão de Piaget (1973), da construção do conhecimento usando «métodos activos que exigem que todas as novas verdades a ser aprendidas sejam redescobertas, ou pelo menos reconstruídas pelos estudantes», Seymour Papert (1991) acrescentou a ideia de que a construção do conhecimento «acontece especialmente de forma relevante num contexto em que o aprendiz está conscientemente envolvido na construção de uma entidade pública». Este ponto de vista construtivista facilita a dinamização de «novos meios de descoberta, aprendizagem e partilha», e muitas experiências e trabalhos de campo (por exemplo, Bucciarelli, 1994; Frey, Smith e Bellinger, 2000) sugerem que permite:

- expor os estudantes a uma experiência de desenho multidisciplinar;
- sugerir que os estudantes pensem sobre a arquitectura de sistemas;
- levantar questões sobre processos organizacionais num contexto técnico;
- construir *comunidades de aprendizagem* constituídas por estudantes, docentes e funcionários.

Seguindo as práticas, competências, atitudes e valores descritos por Conceição e Heitor (2005), a educação deve considerar que aprender uma nova prática requer passar pela descoberta, criação e produção não apenas uma vez, mas muitas vezes, em diferentes contextos e diferentes combinações (ver também European Commission, 2007). O objectivo é integrar sistemas de conhecimento e práticas de acção: «sem conhecimento, a prática é limitada, e sem prática, o conhecimento nunca será plenamente realizado» (Reeve e Rotondi, 1997).

Ainda neste contexto, o relatório das academias norte-americanas publicado no início deste século XXI *How People Learn: Brain, Mind, Experience and School* (National Research

Council, 2000) disponibiliza evidências claras de que «projectar ambientes de aprendizagem eficazes inclui considerar as metas de aprendizagem e objectivos para os estudantes». Dadas as muitas mudanças que ocorreram nas populações estudantis, nas ferramentas tecnológicas e nos requisitos da sociedade, currículos diferentes surgiram, ao mesmo tempo que a necessidade de novas abordagens pedagógicas mais centradas na criança e mais culturalmente sensíveis. Os requisitos para que os professores enfrentem essa diversidade de desafios ilustram também a razão pela qual a avaliação dos estudantes precisa de ser uma ferramenta para ajudar sobretudo os professores a determinar se atingiram os seus objectivos. Mas os ambientes propícios à aprendizagem, ou seja, o fomentar de uma cultura de crenças no conhecimento e na ciência, precisam de se concentrar nas características dos ambientes de sala de aula que afectam a aprendizagem. Nesse aspecto, os autores referiam-se às estruturas sociais e organizacionais em que estudantes e professores actuam, incluindo os ambientes criados pelos professores, mas também os ambientes de aprendizagem fora da escola.

4. Valorizar o papel das instituições científicas na cooperação internacional: porquê reforçar políticas públicas para fomentar a diplomacia científica?

Passamos agora para a análise do modo como as relações internacionais estruturadas e baseadas no conhecimento estão a emergir a nível internacional, sobretudo numa nova era de intervenção dos governos e das empresas e outros actores económicos em associação com o conhecimento. Essas relações internacionais estão a ser crescentemente movidas por interesses políticos e económicos, mas também por uma percepção crescente da evidência dos benefícios potenciais resultantes da apropriação económica dos resultados e métodos da ciência pela sociedade.

Com base na análise de Heitor (2016), um novo paradigma de relações universitárias internacionais está a emergir para apoiar e acelerar a difusão e troca de conhecimento em muitas regiões do mundo, considerando actividades que são fundamentalmente diferentes do papel tradicional das universidades. Essas relações universitárias são moldadas por uma nova era de relações internacionais e envolvem, na maioria das vezes, formas de capacitação e fortalecimento institucional. A análise mostra ainda que essas relações devem considerar novas configurações de produção de conhecimento, estabelecendo alianças com um número cada vez maior de instituições «informadas» (Nowotny, Scott e Gibbons, 2001). Além disso, precisam de garantir e promover um ambiente suficientemente estável para formar e qualificar novos talentos, incluindo investigadores para essa crescente gama de instituições «informadas». Este processo leva à necessidade, mais relevante do que nunca, de sistemas e políticas públicas que promovam a autonomia institucional efectiva e a integridade das instituições científicas e académicas (como definido por Conceição e Heitor, 1999, e também explorado por Shapiro, 2005), num contexto em que alianças e parcerias entre universidades em todo o mundo, assim como entre elas e empresas, têm ganho uma relevância significativa e crescente.

Duas questões principais emergentes direccionam a lógica apresentada neste capítulo. Primeiro, a explosão na procura por educação superior em todo o mundo, associada à crescente apropriação económica dos resultados e métodos da ciência pela sociedade, mudou a percepção da *academic divide* a nível mundial (Ajakaiye e Kimenyi, 2011). Muitas regiões e países em desenvolvimento enfrentam agora a necessidade e a oportunidade de grandes investimentos em ciência, tecnologia e ensino superior (público e privado), visando responder à procura social explosiva por educação superior e às vastas transformações sociais e políticas já induzidas por novas gerações de jovens educados (Chen, 2004). Este é certamente o caso dos recentes investimentos em algumas centenas de novos *campi* na China (incluindo, por exemplo, o novo *campus* da Universidade de Macau), na Rússia (por exemplo, Skolkovo, nos arredores de Moscovo), na América Latina (por exemplo, no Norte do Brasil, Equador ou Colômbia) e em África (por exemplo, Arusha, na Tanzânia, e outros desenvolvimentos na África do Sul e no Ruanda).

Segundo, é bem conhecido que instituições académicas em todo o mundo estão a operar internacionalmente, monitorizando ou avaliando instituições emergentes em outros países, transferindo capacidades organizacionais, operando programas de qualificação de professores e investigadores, contribuindo para a educação superior e capacidade de I&D no exterior e para a comercialização dos seus programas. Por exemplo, Heitor e Bravo (2010) referem-se a esses novos arranjos, compreendendo a sua inclusão precoce em redes internacionais, e a afiliação de empresas privadas a programas académicos e de I&D e, no caso de Portugal, as grandes parcerias com universidades norte-americanas. Mas a questão-chave é a criação de «formas organizadas» de parcerias internacionais capazes de fortalecer as instituições e estimular massas críticas necessárias para competir ao melhor nível internacional e, ao mesmo tempo, garantir o nível adequado de integridade institucional das universidades em regiões emergentes e em desenvolvimento (Marginson, Murphy e Peters, 2002). Essas redes podem ter um impacto importante na educação avançada e em actividades de I&D, extraindo também a atracção de novos estudantes, bem como a qualificar o corpo docente em momentos em que os sistemas de ensino superior nessas regiões se estão a tornar cada vez mais relevantes.

A compreensão do novo paradigma de parcerias internacionais no ensino superior e na ciência ganhará com o nosso progressivo conhecimento das vantagens operacionais de grandes consórcios e organizações internacionais de I&D. Exige também a compreensão das características locais dos processos de mudança tecnológica e das suas restrições normativas e institucionais específicas, apelando ao nosso conhecimento sobre a construção social dos sistemas tecnológicos. Este novo modelo de cooperação académica, que inclui, mas não parece refém das formas tradicionais de comércio internacional de serviços, pode derivar a sua singularidade da própria natureza das comunidades académicas e dos fortes ideais meritocráticos e universalistas que prevalecem na ciência à escala internacional, bem como pelo fluxo de estudantes e investigadores, e pelo senso comum de fazer parte de uma «missão» para o desenvolvimento científico e social que motiva alguns dos melhores profissionais das instituições académicas de todo o mundo. No entanto, em que condições tal modelo é sustentável?

Para responder a esta pergunta, a Tabela 2 resume as principais lições aprendidas com a experiência portuguesa na criação de redes internacionais académicas e de I&D (Heitor, 2016). Incluem três processos principais, nomeadamente: i) a formação avançada e a contratação de jovens investigadores e o desenvolvimento de programas de intercâmbio para professores e investigadores; ii) o desenvolvimento institucional, promovendo o papel das instituições científicas na sociedade, as suas ligações com o sector privado e adoptando políticas que fomentem a criação de massas críticas, inclusive aquelas orientadas para a promoção de consórcios de I&D com empresas; e iii) *test beds* e redes temáticas de I&D, facilitando a integração de investigadores e instituições científicas em consórcios internacionais com relevância local. As *test beds* são «laboratórios vivos» para a produção e disseminação de conhecimento e para facilitar a exploração de novas ideias para mercados globais. Eles podem ser integrados em programas de colaboração internacional de forma a aumentar a capacidade das empresas locais de exportar e aceder a novos mercados.

Tabela 2: Directrizes potenciais para fomentar redes internacionais de ciência e ensino superior

PRINCIPAIS OBJECTIVOS E INSTRUMENTOS DE POLÍTICA	JUSTIFICAÇÃO
Pessoas (recursos humanos) Formar, atrair e contratar investigadores, promovendo o intercâmbio e a formação de docentes e investigadores.	– Sustentação da excelência e internacionalização em programas de doutoramento e pós-doutoramento; – fomentar e sistematizar a contratação de investigadores doutorados e planos de emprego científico.
Instituições Reforçar e promover o papel das instituições científicas na sociedade e as suas ligações com o sector privado, incluindo a promoção de I&D em empresas e actores económicos.	– Reforçar mecanismos de avaliação institucional, a fim de melhorar as eficiências sistémicas e organizacionais; – adoptar políticas que promovam a criação de massas críticas, incluindo políticas orientadas para a promoção de consórcios de I&D com empresas; – promover a formação de uma nova geração de técnicos e outros recursos humanos para apoiar as actividades de I&D em empresas globais.
***Test beds* e redes temáticas de I&D** Facilitar a integração de investigadores e instituições científicas em redes internacionais focadas em *test beds*, como «laboratórios vivos» para a produção e disseminação de conhecimento com impacto em mercados globais.	– Reforçar as parcerias internacionais e promover a participação em redes internacionais baseadas no conhecimento, como forma de melhorar a qualidade científica e a empregabilidade dos investigadores; – promover redes temáticas de I&D em termos de laboratórios vivos que possam impulsionar a capacidade das empresas de exportar e aceder a mercados globais e emergentes.

Em resumo, a análise mostra que um novo paradigma da diplomacia científica está a emergir em termos de relações académicas, científicas e tecnológicas internacionais, conforme tem sido crescentemente determinado por uma nova era de relações internacionais. Estas consideram actividades fundamentalmente diferentes do papel tradicional das universidades, envolvendo, na maioria das vezes, a capacitação de instituições.

5. Investigação, políticas públicas e sociedade: porquê a necessidade de garantir a autonomia institucional?

Este capítulo discute as relações entre investigação, políticas públicas e sociedade numa perspectiva de políticas públicas de ciência e tecnologia, sublinhando a necessidade do reforço de instituições científicas autónomas, bem como do reforço de políticas públicas de apoio à cultura científica e do aprofundamento de uma agenda de apoio à diplomacia científica.

A análise baseia-se em abordagens conceptuais ao crescimento económico, nas quais a acumulação de conhecimento é a força motora fundamental de estímulo ao crescimento, requerendo instituições científicas com práticas assumidas de responsabilidade social e de integridade nas actividades de I&D. Sugerimos que as funções que a sociedade geralmente lhes atribui estão a começar a ser partilhadas por uma ampla gama de instituições no contexto das economias baseadas no conhecimento, no sentido de que as instituições científicas se deparem com solicitações que exigem um reforço da sua capacidade de criar e disseminar conhecimento: precisam de ser reforçadas para se tornarem socialmente mais pró-activas e responsáveis.

Concluímos que, embora o papel das organizações científicas precise sempre de ser modernizado e revisitado, a sua integridade institucional deve ser preservada. A experiência das organizações científicas transnacionais e das suas redes científicas mundiais sugere que a prática da ciência independente e aberta exige redes eficazes de instituições científicas ao melhor nível internacional.

Por outro lado, é também evidente a necessidade de se aprofundar uma visão baseada em novos conhecimentos sobre a integridade das actividades de I&D, no sentido de lidar com as suas várias dimensões. Pode ser dada uma ênfase especial à apresentação e debate de estudos de caso, devendo igualmente ser organizados debates específicos em termos de evidências empíricas disponibilizadas. Mas a construção de uma agenda de políticas de investigação sobre integridade das actividades de I&D requer a consideração de uma visão sistémica e holística que abranja as seguintes duas questões-chave e demais questões associadas:

- o reforço das instituições de produção e difusão do conhecimento:
  - o que podemos aprender com organizações transnacionais e redes para que se estabeleçam padrões de integridade das actividades de I&D?
  - como monitorizar as dimensões organizacionais e de governança, designadamente no que se refere à dimensão e à estrutura das organizações científicas e das suas redes, a fim de promover a integridade das actividades de I&D?
  - como avaliar as políticas de protecção à propriedade intelectual e os limites das estratégias de «ciência aberta»?
- a promoção da independência e da autonomia da investigação:
  - como melhor avaliar as condições de independência da competência científica, bem como os factores institucionais que afectam a independência e a autonomia das actividades de I&D?

- quais as ferramentas para monitorizar e avaliar facilmente a experiência individual *versus* a experiência colectiva?

Além disso, fica ainda claro da nossa análise que é cada vez mais relevante promover a cultura científica para todos, o que requer a construção sistemática e contínua de novo pensamento sobre:

– como elevar os níveis de cultura científica das populações acima do seu actual estatuto?
– como promover e fomentar a educação científica através da aprendizagem baseada em projectos e outras metodologias «práticas» que consideram como os jovens e as pessoas aprendem?

A análise com base nessas questões certamente transmitirá uma visão dinâmica da integridade das actividades de I&D, centrada nos fundamentos da produção e difusão do conhecimento científico e levando a estratégias de I&D socialmente responsáveis em todo o mundo.

Para concluir, a análise incluída neste capítulo defende que as relações internacionais estruturadas com base no conhecimento podem actuar como *agentes de mudança* se associadas a actividades que são fundamentalmente diferentes do papel tradicional do ensino superior, envolvendo, na maioria das vezes, a capacitação das instituições e formas de apropriação social e económica do conhecimento. Exigem ainda que se entenda a natureza da cooperação internacional além da exportação/importação de «serviços académicos» em todas as instituições envolvidas.

Além disso, as relações internacionais estruturadas com base no conhecimento quebram as fronteiras tradicionais dos «sistemas nacionais de inovação» e trazem novos desafios em termos da integridade institucional que as universidades precisam de preservar e promover. Isso requer políticas públicas orientadas para o desenvolvimento de formas inovadoras de diplomacia científica, as quais estão a emergir como moldadas por uma nova era de intervenção do governo e das empresas em associação com o conhecimento. São certamente movidos por interesses políticos e económicos, mas também por uma cada vez maior percepção da crescente evidência dos benefícios potenciais resultantes da apropriação económica dos resultados e métodos da ciência pela sociedade.

Referências e leituras recomendadas

AJAKAIYE, O. e KIMENYI, M. S., Higher Education and Economic Development in Africa: Introduction and Overview, *Journal of African Economies* 20, 2011: pp. iii3–iii13.

ALLEA, «Memorandum on Scientific Integrity on Standards for Scientific Research and a National Committee for Scientific Integrity (NCSI)», ALLEA, KNAW, NWO e VSNU, 2003.

BENNETT, J., *Teaching and Learning Science: A Guide to Recent Research and Its Applications*, Londres, Continuum, 2003.

BRICHENO, P.; JOHNSON, J. e SEARS, J., Children's Attitudes to Science: Beyond the Men in White Coats, *in* SEARS, J. e SORENSEN, P. (org.), *Issues in Science Teaching*, Londres, Routledge, 2000.

BUCCIARELLI, L. L., *Designing Engineers*, Cambridge: Massachusetts, MIT Press, 1994.

CARO, P., «Personal Communication», *in* World Conference on Research Integrity, Fundação Calouste Gulbenkian, Lisboa, Portugal, 16–19 de Setembro de 2007.

CHEN, D. Y., China's mass higher education: Problem, analysis, and solutions, *Asia Pacific Education Review* 5, 2004: pp. 23–33.

CONCEIÇÃO, P. e HEITOR, M. V., On the Role of the University in the Knowledge Economy, *Science and Public Policy* 26, 1999: pp. 37–51.

CONCEIÇÃO, P. e HEITOR, M. V., Universities in the Learning Economy: Balancing Institutional Integrity with Organizational Diversity, *in* ARCHIBUGI, D. e LUNDVALL, B.-Å. (org.), *The Globalizing Learning Economy: Major Socio-Economic Trends and European Innovation Policy*, Oxford, Oxford University Press, 2001, pp. 83–107.

CONCEIÇÃO, P. e HEITOR, M. V., *Innovation for All? Learning from the Portuguese Path to Technical Change and the Dynamics of Innovation*, Westport e Londres, Praeger, 2005.

CONCEIÇÃO, P.; HEITOR, M. V. e VELOSO, F., Infrastructures, Incentives and Institutions: Fostering Distributed Knowledge Bases for the Learning Society, *Technological Forecasting and Social Change* 70, 2003: pp. 583–617.

COOK-DEEGAN, R., The Science Commons in Health Research: Structure, Function and Value, *Journal of Technology Transfer* 32, 2007: pp. 133–156.

DASGUPTA, P. e DAVID, P., Toward a New Economics of Science, *Research Policy* 23, 1994: pp. 487–521.

DAVID, P., Knowledge, Property, and the System Dynamics of Technological Change, *in* SUMMERS, L. H. e SHAH, S. (org.), *Proceedings of the World Bank, Annual Conference on Development Economics 1992*, Washington, D. C., The World Bank, 1993, pp. 215–248.

DAVID, P., «From Keeping "Nature's Secrets" to the Institutionalization of "Open Science"», University of Siena Lectures on Science as an Institution and the Institutions of Science, 2001.

DAVID, P., Can «Open Science» be Protected from the Evolving Regime of Intellectual Property Rights Protections?, *Journal of Institutional and Theoretical Economics* 160, 2004: pp. 1–26.

DAVID, P., «The Historical Origins of "Open Science": An Essay on Patronage, Reputation and Common Agency Contracting in the

Scientific Revolution», SIEPR Policy paper No. 06-038, Junho de 2007.

Ernst, R., The Responsibility of Scientists, a European View, *Angewandte Chemie International Edition* 42, 2003: pp. 4434–4439.

European Commission, «Increasing human resources for science and technology in Europe», High Level Group on Human Resources for Science and Technology, Gago, J. [*et al.*] (org.), 2004.

European Commission, *Science Education Now: A Renewed Pedagogy for the Future of Europe*, Directorate-General for Research, Science, Economy and Society, Rocard, M. [*et al.*] (org.), 2007.

Frey, D. D.; Smith, M. e Bellinger, S., Using Hands-On Design Challenges in a Product Development Master's Degree Program, *Journal of Engineering Education* 89, 2000: pp. 487–493.

Heidegger, M., *The Question Concerning Technology and Other Essays*, Nova Iorque, Harper & Row, 1977.

Heitor, M., Science Policy for and increasingly diverging Europe, *A Journal on Research Policy & Evaluation* 2, 2015.

Heitor, M., How university global partnerships may facilitate a new era of international affairs and foster political and economic relations?, *Technological Forecasting and Social Change* 95, 2016: pp. 276–293.

Heitor, M. e Bravo, M., Portugal on the crosstalk of change, facing the shock of the new: People, knowledge and ideas fostering the social fabric to facilitate the concentration of knowledge integrated communities, *Technological Forecasting and Social Change* 77, 2010: pp. 218–247.

Henriques, H. J., *Tratado del Perfecto Medico*, Salamanca, University of Salamanca, 1595.

Horta, H.; Heitor, M. e Salmi, J. (org.), *Trends and Challenges in Science and Higher Education: Building Capacity in Latin America*, [*s.l.*], Springer Verlag, 2015.

MARGINSON, S.; MURPHY, P. e PETERS, M., *Global Creation: Space, Mobility and the Synchrony in the Age of the Knowledge Economy*, Nova Iorque, Peter Lang, 2002.

MEDAWAR, P., *Memoirs of a Thinking Radish*, Oxford, Oxford University Press, 1986.

MILLER, S. [*et al.*], «Report from the Expert Group Benchmarking the Promotion of RTD Culture and Public Understanding of Science», 2002.

MULQUEEN, C. e RODBARD, D., «Survey of research integrity measures utilized in biomedical research laboratories: literature review», Department of Health and Human Services, Office of Research Integrity, 2000.

NATIONAL RESEARCH COUNCIL, *How People Learn: Brain, Mind, Experience and School*, Committee on Developments in the Science of Learning, BRANSFORD, J. D.; BROWN, A. L. e COCKING, R. R. (org.), Washington, D. C., 2000.

NELSON, R. R., *National Innovation Systems: A Comparative Analysis*, Oxford, Oxford University Press, 1993.

NELSON, R. R., The Market Economy, and the Scientific Commons, *Research Policy* 33, 2004: pp. 455–471.

NORTH, D., *Institutions, Institutional Change and Economic Performance*, Cambridge, Cambridge University Press, 1990.

NOWOTNY, H.; SCOTT, P. e GIBBONS, M., *Re-thinking Science: Knowledge in an Age of Uncertainty*, Cambridge, Polity, 2001.

ORI, «Annual Report 2006», Office of Research Integrity, Office of Public Health and Science (OPHS), Office of the Secretary (OS), Department of Health and Human Services (HHS), 2006.

PAPERT, S., Situating Constructionism, *in* HAREL, I. e PAPERT, S. (org.), *Constructionism*, Norwood: Nova Jérsia, Ablex Publishing, 1991, pp. 1–11.

PAVITT, K., The Objectives of Technology Policy, *Science and Public Policy* 14, 1987: pp. 182–188.

PIAGET, J., *To Understand Is to Invent: The Future of Education*, Nova Iorque, Grossman Publishers, 1973.

REEVE, M. e ROTONDI, M., *From the Center: Design Process at SCI-Arc*, Nova Iorque, The Monacelli Press, 1997.

RODRIGUES, M. L. e HEITOR, M. (org.), *40 anos de Políticas de Ciência e Ensino Superior*, Coimbra, Almedina, 2015.

ROSENBERG, N., Knowledge and Innovation for Economic Development: Should Universities Be Economic Institutions?, *in* CONCEIÇÃO, P. [*et al.*] (org.), *Knowledge for Inclusive Development*, Westport: Connecticut, Quorum Books, 2002, pp. 35–47.

ROSENBERG, N. e NELSON, R. R., The Roles of Universities in the Advance of Industrial Technology, *in* ROSENBLOOM, R. S. e SPENCER, W. J., *Engines of Innovation*, Cambridge: Massachusetts, Harvard Business School Press, 1996.

SHAPIRO, H., *A Larger Sense of Purpose: Higher Education and Society*, [*s.l.*], Princeton University Press, 2005.

SOLOMON, J. e GAGO, J. M., *Science in School and the Future of Scientific Culture in Europe*, Lisboa, Euroscientia conferences, 14–15 de Dezembro de 1994.

ZIMAN, J., *Public Knowledge: The Social Dimension of Science*, Cambridge, Cambridge University Press, 1968.

ZIMAN, J., *Reliable Knowledge: An Exploration of the Grounds for Belief in Science*, Cambridge, Cambridge University Press, 1978.

ZIMAN, J., *Real Science: What it Is, and What it Means*, Cambridge, Cambridge University Press, 2000a.

ZIMAN, J., *Technological Innovation as an Evolutionary Process*, Cambridge, Cambridge University Press, 2000b.

I

TEMAS FUNDAMENTAIS

Certeza e incerteza, objectividade e subjectividade

Carlos Fiolhais

Departamento de Física da Universidade de Coimbra

A ciência, que está por todo o lado nas nossas vidas, goza de uma aura de indisputabilidade. Ouve-se muitas vezes dizer que certa afirmação «foi provada pela ciência», ou que «é baseada em evidência científica». Associa-se à certeza e à objectividade. Como a certeza e a objectividade são virtudes epistémicas, a ciência detém um enorme poder social, o poder, em muitos casos, de fechar uma discussão. As relações entre ciência, certeza e objectividade, embora íntimas, não dispensam uma análise cuidada. Convém começar por definir o que são a ciência, a certeza e a objectividade (e, em contraste, o que são a não ciência, a incerteza e a subjectividade) para melhor compreender o real poder da ciência e as suas limitações.

Dado que a ciência tem um percurso histórico, que eclode de um modo muito nítido com a Revolução Científica nos séculos XVI e XVII, a consideração da história da ciência (e, ligada a esta, da filosofia da ciência) é muito útil para se perceber melhor a relação da ciência com os conceitos que aqui nos interessam. Ensaiaremos uma análise dos conceitos de ciência, certeza e objectividade, numa perspectiva histórica, que inclui exemplos ilustrativos. Esta análise interessa à ética: a ciência deve submeter-se à ética, cujos princípios estão para além da ciência, e quebras éticas acontecem quando é oferecido como ciência aquilo que o não é, o que não raro sucede quando existem falhas no apuramento da certeza e no uso da objectividade. Tem, pois, ética a ver com a destrinça epistemológica que aqui se apresenta sumariamente entre ciência e não ciência, certeza e incerteza, e objectividade e subjectividade.

O que é a ciência?

O termo «ciência» designa, por um lado, um conjunto de conhecimentos que o ser humano possui sobre o mundo ou Natureza (ao qual ele próprio pertence, pelo que o homem pode ser objecto da ciência) e, por outro lado, o método, o chamado método científico, que permite acrescentar conhecimento ao já existente. Os dois significados estão ligados, uma vez que não poderá haver novo conhecimento sem aplicação do método referido.

Como o método científico permite alargar o nosso conhecimento do mundo, é natural defender que o segundo significado de ciência – a ciência como método de conhecer – é mais relevante do que o primeiro – a ciência como corpo de conhecimentos. Com efeito, a ciência é mais um método, que continua a ser usado por ter dado até aqui muito bons resultados, do que um conjunto de conhecimentos, que são e serão susceptíveis de revisão. Lamentavelmente, esta valorização nem sempre é feita no ensino e, mais em geral, na comunicação da ciência. Quem considerar os conhecimentos da ciência inabaláveis estará a menosprezar o método científico, que tem o grande poder de continuar a questionar a realidade. A ciência não é um conjunto de dogmas acriticamente aceites, como encontramos nas religiões, mas o continuado esforço humano para compreender o mundo, um esforço que tem sido bem-sucedido, pelo que podemos esperar que continue a sê-lo. Há coisas que sabemos bem, há coisas que sabemos mal e esperamos vir um dia a saber melhor e há coisas que simplesmente não sabemos, mas que esperamos vir a saber. O nosso actual corpo de conhecimentos será, certamente, revisto e alargado no futuro.

O método científico iniciou-se com a Revolução Científica, que se deu como foi dito nos séculos XVI e XVII. Pode falar-se de ciência anterior, mas o método estabeleceu uma «nova ciência», que deu frutos extraordinários. Entre duas obras marcantes dessa época estão duas do físico Galileu Galilei: *Mensageiro das Estrelas*, de 1610, em que o autor descreve as suas primeiras observações dos céus com o telescópio revelando novos fenómenos, e *Diálogos e Demonstrações Matemáticas Acerca de Duas Novas Ciências*, mais conhecida por *Duas Novas Ciências*, de 1638, em que descreve as experiências de queda dos corpos que realizou com a ajuda de um plano inclinado. As suas conclusões opunham-se claramente ao que se conhecia nessa época. Escreveu, na referida *Duas Novas Ciências*: «Não existe nada, na Natureza, anterior ao movimento, a respeito do qual os livros escritos pelos filósofos não são nem pouco numerosos nem pequenos. Mesmo assim, descobri através de experiências algumas propriedades notáveis e que até agora não foram observadas nem demonstradas.»

Em que consiste então o método científico, inaugurado pelos trabalhos de Galileu? Tratava-se de um novo modo de apurar a verdade a respeito de um certo assunto, entendendo-se por verdade a correspondência com a realidade. Nesse modo, a observação e a experiência desempenham um papel fulcral. Não é fácil definir esse método, até porque existe uma grande variedade de situações no trabalho dos cientistas (variedade essa que resulta das grandes diferenças de objectos de estudo, que podem ir dos movimentos nos céus ou na Terra à psicologia e à sociologia), mas, esquematicamente, pode dizer-se que segue na maior parte dos casos, desde os trabalhos pioneiros de Galileu, três etapas:

1 – formulação de uma hipótese ou ideia sobre o funcionamento do mundo;
2 – observação e/ou experimentação, com controlo das variáveis que possam afectar os resultados, as duas acompanhadas pelo raciocínio lógico;
3 – eventual confirmação da hipótese, que assim se pode transformar em lei, e sua comunicação à comunidade científica procurando um consenso. As leis são integradas em teorias mais gerais, e umas e outras só poderão ser descartadas perante novas observações, experimentações ou raciocínios.

Só se descobre o mundo a partir de alguma ideia prévia: a hipótese. Esta hipótese pode ser, simplesmente, como no caso da queda dos corpos, a rejeição de uma ideia que vinha da Antiguidade. Na hipótese, há um «salto mental», um «pulo» da imaginação, uma intuição criadora, pelo que é difícil apresentar para ela uma descrição genérica. A história tem, porém, ensinado que certos critérios gerais, como os da simplicidade e da beleza, são bons pontos de partida no processo de investigação científica. Esses dois conceitos estão associados de perto à matemática. A matemática revelou-se, de facto, necessária à formulação das leis naturais. Galileu escreveu no seu livro *O Ensaiador*, de 1623: «A filosofia encontra-se escrita neste grande livro que continuamente se abre perante nossos olhos – dito é o Universo –, que não se pode compreender antes de entender a língua e conhecer os caracteres com os quais está escrito. Ele está escrito em língua matemática, os caracteres são triângulos, circunferências e outras figuras geométricas, sem cujos meios é impossível entender humanamente as palavras; sem eles nós vagamos perdidos dentro de um obscuro labirinto.»

Mas o que são as leis naturais? Essas leis exprimem regularidades no funcionamento do mundo: de facto, as observações indicam que o nosso mundo segue uma certa ordem, quer dizer, não é «esquizofrénico», portando-se nas mesmas condições ora de uma maneira ora de outra. As leis naturais relacionam factos observados, integrando-os num enunciado de validade geral: por exemplo, todos os corpos caem para a Terra, como se sabe desde tempos imemoriais. Mas a observação rigorosa conjugada com o raciocínio levou Galileu a uma conclusão mais precisa contida na Lei da Queda dos Graves: descontado o efeito da resistência do ar, todos os corpos, colocados nas mesmas condições, caem exactamente da mesma maneira. Reconhece-se aqui uma unidade na diversidade. Conhecendo a posição e a velocidade inicial de um corpo, podemos saber o seu movimento futuro. Um corpo, não importando a sua constituição e tamanho, largado na vertical, no vazio, cai ao longo de uma linha recta aumentando a sua velocidade na proporção directa do tempo decorrido. Neste exemplo, a linguagem matemática está patente em expressões como «linha recta» e «proporção directa». Se estivermos confrontados com um caso em que essa lei pareça não funcionar, deveremos examinar com cuidado se se está ou não nas mesmas circunstâncias, uma vez que as leis naturais são absolutamente prescritivas: não admitem violações. Se houvesse uma violação, a lei teria de ser substituída por outra.

O físico Isaac Newton, baseando-se nas conclusões de Galileu, propôs uma lei mais geral do movimento: a aceleração, ou taxa de variação da velocidade, é directamente proporcional à força aplicada (Segunda Lei de Newton), um enunciado contido nos *Princípios Matemáticos da Filosofia Natural*, de 1687. Serve este caso para mostrar uma característica essencial da ciência: ela é cumulativa, isto é, o novo conhecimento tem de encaixar no anterior; neste caso passou-se de uma lei particular para uma lei geral que engloba a que existia, e permite uma aplicação maior, como, por exemplo, a descrição do movimento da Lua em volta da Terra. Quando se junta novo conhecimento ao antigo, embora possa haver um reajustamento de um ou de outro aspecto, a parte mais substancial do conhecimento anterior deve permanecer. Ao contrário do que muitas vezes se pensa, em ciência o novo respeita sempre o velho, pelo que a ciência exige um processo de aprendizagem do que se sabe além da aprendizagem do modo de saber. Uma anedota ilustra esta afirmação. O imperador da Prússia Frederico IV, numa visita que fez no século XIX ao Observatório de Bona, perguntou ao astrónomo-mor Friedrich Argelander: «Então, o que há de novo nos céus?» O seu interlocutor respondeu sabiamente: «Será que Vossa Majestade já conhece o que há de velho?» É por haver necessidade de conhecer o velho para alcançar o novo que se fala em evolução ou, se se quiser, em progresso da ciência.

Newton usou uma bela metáfora para referir que o trabalho da ciência é continuado: «Se consegui ver mais longe, é porque estava aos ombros de gigantes.» Pode subentender-se que se referia aos «gigantes» que o antecederam, não só Galileu, que usou o telescópio para observar os céus ou a experiência do plano inclinado para obter a Lei da Queda dos Graves, mas também o astrónomo seu contemporâneo Johannes Kepler, que estudou os movimentos dos astros nos céus, obtendo para eles leis de expressão matemática. A junção dos dois tipos de informação – a que resulta da experimentação na Terra e a que provém da observação dos céus – permitiu a Newton uma descrição unificada (este é um bom exemplo de aplicação na ciência do critério de simplicidade!) dos fenómenos da Terra e do céu: precisamente a Lei da Gravitação Universal, mais uma vez de expressão matemática, que descreve a força de atracção entre quaisquer corpos.

No início do século XX, outro físico, Albert Einstein, sem prejudicar a validade da Lei da Gravitação Universal no domínio dos objectos com pequenas massas, formulou, num golpe de génio, uma nova teoria da gravitação: a Teoria da Relatividade Geral, segundo a qual a gravitação é o encurvamento do espaço e do tempo causado pela presença da matéria e energia. A nova teoria permitiu mais tarde englobar a descrição de fenómenos cósmicos, como o *Big Bang* e os buracos negros, aos quais a teoria de Newton manifestamente não se aplica. Usando o dito newtoniano, também Einstein subiu aos ombros de gigantes, elevando a «pirâmide humana». As leis de Galileu, Kepler, Newton e Einstein encaixam-se perfeitamente umas nas outras, formando um edifício coerente. Não aconteceu até à data, mas tudo leva a crer que alguém, um dia, subirá aos ombros de Einstein para ver ainda mais longe.

Uma boa teoria científica não descreve apenas o que se conhece, mas deve também ter um carácter preditivo: deve permitir prever fenómenos ainda não observados, servindo a respectiva observação para confirmar a teoria. Foi o que aconteceu de forma notável com a teoria de Newton, que permitiu, em 1846, a descoberta, só por meio de cálculos, de Neptuno, um novo planeta. No quadro da Teoria da Relatividade Geral, Einstein previu, em 1915, que a luz devia encurvar-se ao passar perto de um astro. Assim, uma estrela que enviasse raios rasantes ao Sol seria, durante um eclipse solar, observada numa posição desviada da sua posição usual. A observação de um eclipse total do Sol em 1919, no Norte do Brasil e na ilha do Príncipe, permitiu confirmar a teoria einsteiniana. Quando perguntaram ao sábio o que teria sucedido se essa confirmação não tivesse acontecido, ele respondeu: «Nesse caso eu teria pena do pobre Deus. A teoria está mesmo certa.» O êxito de Einstein espalhou-se logo. O *Times* de Londres titulou:

«Revolução na ciência. Nova teoria do Universo.» De facto, a revolução não punha Newton de lado, simplesmente ia mais longe do que ele tinha chegado. Na Royal Astronomical Society britânica, o retrato de Einstein passou a figurar ao lado do de Newton, não o substituindo.

Será que vamos saber mais? Essa é a nossa esperança, bem justificada pela história da ciência. Einstein escreveu (numa carta de 1936, incluída no livro de Max JAMMER *Einstein e a Religião: Física e Teologia*): «Temos de admitir que o nosso conhecimento actual das leis é apenas uma obra incompleta, de modo que, em última instância, a crença na existência de leis fundamentais também se apoia numa espécie de fé. Seja como for, essa fé tem sido amplamente justificada pelo progresso na ciência.»

Um elemento muito importante do método científico, presente tanto em Galileu e Newton como em Einstein, é a comunicação aos *peers* (pares), mas, mais em geral, à sociedade, dos resultados da investigação. Como vários cérebros pensam melhor do que um só, as observações e experiências devem ser repetidas para verificar se há ou não confirmação dos resultados anunciados. Por outras palavras, um dos maiores recursos do método científico é a *peer review* (revisão pelos pares), um processo que, não sendo perfeito, pelo menos permite corrigir alguns dos erros cometidos por indivíduos ou grupos.

Existem várias actividades humanas além da ciência, por exemplo a arte, a religião ou a ética. É por isso normal que se façam afirmações que não possam ser consideradas científicas por não resultarem da aplicação do método científico. A arte, a religião ou a ética não têm pretensões científicas, não desejando competir com a ciência. Mas há quem pretenda fazer ciência sem o fazer efectivamente. Falamos de pseudociência quando a não ciência se tenta disfarçar de ciência. Pseudociência é qualquer tipo de informação ou actividade que se diz baseada em factos científicos e fundamentada pelo método científico, que pode até usar a linguagem científica, mas que não usa factos científicos correctos ou que não resulta do bom uso do método científico. A pseudociência está eivada de erros, que ela própria não corrige, ao contrário da ciência, que possui a virtualidade de corrigir eventuais erros pelo bom uso do método científico.

Verdade e erro

Falemos de erro, que, segundo o *Dicionário da Língua Portuguesa Contemporânea*, é a «acção de actuar, proceder de forma incorrecta». Ouve-se muitas vezes dizer que a ciência procura a verdade. Essa afirmação remete para a definição de verdade, que, segundo o mesmo dicionário, é a «adequação do pensamento ou da sua expressão aos factos ou conhecimentos que se pretendem exprimir = exactidão, justeza ≠ erro, ilusão, mentira».

A teoria do conhecimento ou epistemologia é um capítulo importante da filosofia. Não é aqui o lugar para entrar na longa discussão sobre o que é o conhecimento, bastando lembrar que, logo no tempo de Galileu, a filosofia da ciência começou a ser debatida com contributos como os que foram dados pelo jurista e filósofo Francis Bacon e pelo matemático, físico e filósofo René Descartes. Aceitando como marca de verdade a «adequação do pensamento aos factos», consideramos verdadeiras as afirmações que surgiram por aplicação do método científico, como a Lei da Queda dos Graves, a Segunda Lei de Newton, a Lei da Gravitação Universal e a descrição da gravidade pela Teoria da Relatividade Geral, embora umas tenham maior generalidade ou maior grau de precisão do que outras. Mas não podemos dizer que sejam absolutamente verdadeiras todas as afirmações científicas, essas ou quaisquer outras que conhecemos actualmente, pois a aplicação do método científico poderá no futuro trazer novidades. Podemos apenas dizer que, no quadro da sua validade, essas proposições são verdadeiras tanto quanto sabemos, por terem sido confirmadas pela pluralidade de observações realizadas.

Podemos aspirar à verdade e procurá-la com afinco, no sentido de buscar descrições da Natureza que se ajustem cada vez melhor a esta. Partindo do princípio de que a investigação científica será infindável, a ciência não será tanto a procura da verdade última, uma meta inalcançável, mas sim a procura do erro. Poderá ser impossível encontrar a verdade absoluta, mas já é possível encontrar um erro numa certa afirmação, entendendo-se por erro o desajuste entre uma certa afirmação e a realidade a que ela se refere. Em numerosos casos de interesse prático, é relativamente fácil reconhecer um erro quando uma nova observação, experiência ou raciocínio contradizem o que se julgava saber. Basta que apareça uma discrepância observacional, experimental ou lógica relativamente a uma lei científica para ela ter de ser revista.

O filósofo Karl Popper colocou a ênfase da sua filosofia precisamente no erro. Na sua visão, partilhada pela maioria dos cientistas contemporâneos (mas que tem sido naturalmente sujeita a críticas, como por exemplo as de Thomas Kuhn e Paul Feyerabend), a ciência não pode aspirar a verdades absolutas, sendo antes um meio para reduzir a nossa incerteza a respeito do mundo natural. POPPER escreveu, na sua obra *Lógica da Pesquisa Científica* (original de 1935): «na medida em que um enunciado científico fala sobre a realidade, tem de ser falseável; se não for, não fala sobre a realidade». E o que vem a ser um enunciado «falseável»? Segundo o mesmo filósofo, sê-lo-á se for possível mostrar que ele é falso ou se for possível refutá-lo recorrendo a rigorosos testes empíricos. POPPER acrescentou, no seu livro *Conjecturas e Refutações* (original de 1963): «A história da ciência, como a história de todas as ideias humanas, é feita de sonhos irresponsáveis, de erros e obstinação. Mas a ciência é uma das poucas actividades humanas, talvez a única, em que os erros são criticados sistematicamente, inclusive corrigidos e valorizados. Em razão disso é que neste campo da actividade humana aprende-se muitas vezes com os erros podendo-se falar com clareza e sensatez em progresso científico.»

Não existindo verdades absolutas, é óbvio que algumas afirmações da ciência são mais verdadeiras ou mais certas do que outras. Por exemplo, ninguém pode hoje duvidar de que os corpos caem para a Terra seguindo a Lei da Queda dos Graves, nem que o movimento dos corpos à superfície da Terra ou em volta da Terra é regulado pela Segunda Lei de Newton conjugada com a Lei da Gravitação Universal. Tal acontece porque, independentemente dos refinamentos devidos a Einstein (que não têm interesse prático na maioria das situações correntes), todas as observações e experiências realizadas até agora confirmaram as conclusões de Galileu e Newton dentro dos domínios da sua aplicabilidade. Quer dizer, na terminologia de Popper, elas nunca foram «falseadas».

No chamado «método dedutivo de prova» de Popper, parte-se de uma hipótese para uma prova empírica, passando pelas consequências lógicas que se podem extrair dela. O trabalho do cientista consiste em extrair inferências lógicas da sua conjectura inicial. Nessa prova, os testes empíricos, isto é, o confronto das previsões com a realidade, são fulcrais. Se uma ideia resistir a testes efectuados por um certo grupo de investigação, ela será suficientemente robusta para ser submetida à consideração da comunidade científica. Um único trabalho científico não é suficiente: para assegurar a sua validade, é necessário que seja confirmada por outros. A prova em ciência tem semelhanças com a prova em direito: em ciência, tenta convencer-se a comunidade científica da validade de uma certa afirmação; em direito, a prova é o meio de a convencer o juiz ou um júri dos factos em julgamento, que são apresentados pelas partes em litígio. Mas devemos lembrar que, segundo Popper, nas ciências empíricas, as provas não existem, se entendermos por prova um argumento que estabeleça de uma vez por todas a verdade de uma teoria. A Natureza é o «juiz supremo» e ela pode vir a proferir nova sentença. A propósito da metáfora jurídica, convém lembrar as palavras de Einstein, incluídas no livro de Helen Dukas e Banesh Hoffmann *Albert Einstein, O Lado Humano*: «O teórico da ciência não deve ser invejado. Uma vez que a Natureza, ou mais exactamente a experiência, é um juiz inexorável e não muito amigável do seu trabalho. Nunca diz "Sim" a uma teoria. Nos casos mais favoráveis, diz "Talvez" e, na grande maioria dos casos, diz simplesmente "Não". Se uma experiência concorda com uma teoria, significa "Talvez", e se não concordar, significa "Não". Provavelmente toda teoria irá um dia experimentar o seu "Não" – a maioria das teorias, não muito depois da sua concepção.»

O método científico foi criado e aperfeiçoado para que a missão da ciência pudesse ser cumprida da maneira mais eficaz possível, isto é, para que pudéssemos encontrar e corrigir o maior número de erros no nosso conhecimento do mundo. Ao longo da história da ciência, os cientistas sempre tentaram encontrar e corrigir erros nas descrições que iam fazendo. Eles são, por isso, muito sensíveis a erros, sabendo que a verdade só pode ser alcançada de forma progressiva e, portanto, sempre limitada. Uma verdade é sempre provisória.

Errar é humano. Decerto os cientistas são seres humanos e as suas ideias ou actos podem sofrer influências que prejudiquem a aplicação do método científico. Os erros involuntários são, tarde ou cedo, corrigidos pelo próprio ou pelos seus pares. Mas há seres humanos que não reconhecem os erros que lhes são apontados. Por vezes, embora em pequena escala, são os próprios cientistas que não são fiéis ao método científico. Mas, na maior parte das vezes, são outras pessoas, não cientistas, quem espalha erros, alegando por vezes o uso da ciência devido ao prestígio de que esta desfruta (de facto, nem sempre é fácil separar ciência de pseudociência). Os cientistas devem lembrar-se de que têm um compromisso forte e permanente para com o método científico, um compromisso que deve, em particular, ser valorizado quando outros factores – políticos, económicos, jornalísticos, etc. – estão em jogo. Os membros da comunidade científica devem lembrar-se que é uma missão contribuir para que o público tenha acesso aos conhecimentos e ao método da ciência. Nesse esforço, devem procurar ser o mais verdadeiros possível, sempre com a preocupação da compreensibilidade. No ensino como na comunicação pública da ciência, pode ser-se rigoroso – isto é, não dizer nada de errado – prescindindo de pormenores complicados.

Muitas vezes se pensa que, se a ciência nada sabe ao certo, então tudo é possível. Nada mais errado. Há coisas que sabemos bem e que constituem constrangimentos ao nosso conhecimento futuro. O astrofísico Carl Sagan, um dos maiores comunicadores de ciência dos nossos tempos, transmitiu a ideia de que a ciência deve procurar uma posição intermédia entre conservadorismo e inovação, a manutenção de velhas ideias e a abertura às novas. Escreveu no seu livro *Um Mundo Infestado de Demónios* (original de 1995): «No cerne da ciência reside um equilíbrio fundamental entre duas atitudes aparentemente contraditórias – a abertura para novas ideias, por bizarras ou pouco intuitivas que sejam, e o exame céptico mais implacável de todas as ideias, velhas e novas. É assim que as verdades profundas são separadas de puros absurdos. O empreendimento colectivo do pensamento criativo e do pensamento céptico, trabalhando conjuntamente, faz avançar o conhecimento. No entanto, existe uma certa tensão entre aquelas duas atitudes aparentemente contraditórias.»

Certeza e incerteza

A palavra «certeza» é, em geral, identificada com verdade. Do dicionário mencionado: «1. Característica daquilo que não levanta dúvidas, que é certo = evidência, verdade ≠ incerteza, probabilidade. 2. Aquilo que é seguro ou que se afirma como real, certo..., e acerca do qual não se tem dúvidas; dado adquirido = realidade ≠ ilusão, incerteza, invenção.» A história da ciência tem mostrado que a certeza de uma lei científica não passa de uma aspiração. SAGAN acrescentou noutro passo do referido livro: «Os seres humanos podem ansiar por certezas absolutas e aspirar a elas; podem pretender, como os adeptos de certas religiões, tê-las alcançado. Porém, a história da ciência – de longe a pretensão ao conhecimento mais bem-sucedida acessível ao homem – ensina-nos que o máximo que podemos esperar são melhoramentos sucessivos da nossa compreensão, a aprendizagem com os nossos erros, uma abordagem assimptótica do universo, mas com a limitação de sabermos que a certeza absoluta nos escapará sempre.»

Não deve ser escamoteado que a discussão e a incerteza fazem parte do processo da ciência. É precisamente a discussão científica que ajuda a reduzir a incerteza. Da discussão nasce a luz: tarde ou cedo, haverá respostas melhores do que as anteriores em resultado da aplicação do método científico.

A palavra «evidência» pertence ao campo semântico da «certeza»: «1. Qualidade do que não oferece dúvidas, do que é evidente. 2. O que não oferece dúvidas ao espírito, o que pode ser verificado. 3. Aquilo que serve para mostrar que alguma coisa é verdadeira = prova.» Podendo ser vista como sinónimo de prova, deve, porém, esclarecer-se que este termo tem em português um significado algo diferente do inglês *evidence*. Em português, uma coisa evidente é algo que não precisa de prova, que pode ser considerado uma verdade. A prova revela-se necessária precisamente quando não há evidência.

Denotando falta de certeza, «incerteza» é um termo usado, com significados diferentes, em diversas áreas, incluindo Física, Estatística, Psicologia, Economia, Sociologia, etc. Em Física, refere-se, em geral, ao grau de imprecisão de medidas físicas. Quando se realiza uma medida de uma grandeza física, existe sempre uma incerteza: há erros, quer ocasionais e inevitáveis, quer sistemáticos e evitáveis, ou pelo menos, minimizáveis. Por isso tem de ser realizado um conjunto de medidas em vez de apenas uma. No tratamento dos dados recorre-se à Estatística, disciplina que assenta no conceito de probabilidade. A probabilidade foi introduzida no século XVII na matemática para descrever jogos de fortuna, em que ocorrem situações imprevisíveis devidas, por exemplo, ao lançamento de dados. Quando a Física tratou, no século XIX, de descrever sistemas complexos, como os gases (formados por muitas partículas em movimento incessante), percebeu que tinha de recorrer à probabilidade e à estatística. As afirmações que formula nesse domínio são naturalmente incertas, sendo a probabilidade uma medida da incerteza. Em Física Quântica, disciplina que surgiu no início do século XX para descrever a realidade microscópica, a incerteza está incorporada a um nível mais fundamental. Verificou-se que, à escala do muito pequeno, é válido o chamado «princípio de incerteza de Heisenberg» (que, de facto, não é um princípio, mas um corolário dos princípios da teoria quântica), segundo o qual não podemos conhecer simultaneamente a posição e a velocidade de uma partícula, como por exemplo um electrão. Tanto a posição, como a velocidade de uma partícula só podem ser descritas por uma função probabilística. Einstein reagiu com a sua famosa frase «Deus não joga aos dados», que significa que para ele a realidade não podia ter uma natureza probabilística (para Einstein, Deus era sinónimo de mundo, ou melhor, de harmonia do mundo). Por outro lado, as Ciências Sociais e Humanas situam-se em pleno reino da imprevisibilidade. O termo «incerteza» refere-se nelas a situações em que não se pode prever com precisão o efeito de uma condição ou o resultado de uma acção. Essas ciências têm procurado fazer modelações e teorizações baseadas na metodologia das ciências exactas e naturais, mas o grau de incerteza nas suas afirmações é necessariamente maior, dada a enorme variabilidade que é característica dos seus objectos de estudo.

Objectivo e subjectivo

Embora estejam relacionadas, objectividade não é o mesmo que verdade ou certeza. O conceito é bastante mais moderno. Objectividade significa a procura da fidelidade ao real. Preocupa-se com a filtragem das variações que provocam incertezas. Mas comecemos por ver a definição do termo «objectivo» no referido dicionário: «1. Que é relativo a um objecto. 2. Que existe por si, independentemente do conhecimento, do pensamento ou do sujeito. 3. Que é válido para todos e não para um indivíduo em particular. 4. Que assenta na observação, na experiência.» Em contraste, «subjectivo» é: «1. Que é próprio do sujeito pensante ou relativo a ele. 2. Que é próprio do sujeito individual, que assenta na interioridade, no modo de ser de cada pessoa = pessoal. 3. Que emite juízos de valor sobre a realidade das coisas. 4. Que não corresponde a nenhuma realidade, que é aparente, ilusório.» Embora possa parecer clara a dicotomia entre objectivo e subjectivo – entre o que é próprio do mundo exterior e aquilo que é próprio do eu interior –, essa dicotomia é um dos temas da Filosofia, por não ser fácil separar o eu do mundo.

É curiosa a deriva semântica que ocorreu com as palavras «objectivo» e «subjectivo». Os escolásticos medievais, como Guilherme de Ockham, usavam essas palavras com significado oposto ao actual, isto é, objectivo dizia respeito a uma impressão individual e subjectivo, a uma comum (e ainda em Descartes se encontram marcas desse uso primitivo). Só com o filósofo Immanuel Kant, no século XVIII, se iniciou o uso moderno dos termos; e só a partir de 1820 os dicionários começaram a introduzir o significado actual.

A ideia de objectividade remonta a um tempo anterior a Kant: nos *Princípios de Filosofia* de Descartes encontramos as qualidades primárias (tamanho, forma, movimento), que diríamos hoje objectivas, e as secundárias (cores, odores, sabores), que diríamos subjectivas, e no *Novo Órgão* de Bacon surgem os «ídolos da caverna», que bloqueiam a mente de um indivíduo. Mas só a meio do século XIX, após Kant, o conceito de objectivo ganhou um consenso alargado tanto na filosofia como na ciência. A *Crítica da Razão Pura*, de 1781, obra principal da teoria do conhecimento de Kant, foi a primeira das suas três *Críticas*: as outras foram a *Crítica da Razão Prática*, de 1788, e a *Crítica do Juízo*, de 1790. A «validade objectiva» de Kant refere-se não a objectos externos, mas a «formas de sensibilidade», como o tempo, o espaço e a causalidade, que são condições da experiência. Para ele, subjectivo aplica-se a sensações meramente empíricas. A distinção é, portanto, entre o universal e o particular, em vez de ser entre o mundo e o indivíduo. Escreveu Kant na sua *Crítica da Razão Pura*: «Se algo for válido para todos os que estejam na posse da razão, seus fundamentos serão objectivos e suficientes.» O significado de objectivo ficou operacional com cientistas como o físico e médico Hermann von Helmholtz, o médico Claude Bernard e o biólogo Thomas Huxley: o primeiro, muito influenciado por Kant, ensaiou criar uma física do corpo humano; o segundo criou a medicina experimental ou baseada na evidência; e o terceiro foi o maior defensor da teoria da evolução de Darwin.

Como conseguir a objectividade em ciência? Os instrumentos que permitem registos sempre foram meios de procurar a objectividade, uma vez que uma visão individual é, aliás, difícil de partilhar pode não ser segura. A fotografia surgiu em 1826 e a sua utilidade na ciência sobressaiu logo nessa altura: as imagens fotográficas são vistas da mesma maneira por todos os observadores. Uma fotografia da Lua feita com uma câmara primitiva acoplada ao telescópio era mais objectiva do que um dos desenhos que Galileu fez do nosso satélite enquanto o observava com o seu telescópio. E uma fotografia feita com uma câmara moderna é ainda mais objectiva, no sentido de ser mais fiel à realidade. Mas em que medida serão as imagens fotográficas objectivas? Mesmo um instrumento como uma câmara fotográfica pode não fornecer um meio de prova objectiva. Já na época de Galileu, houve quem afirmasse que as lentes podiam ter defeitos que alterassem as imagens. E o mesmo pode, afinal, ser dito de uma lente moderna. A fotografia é uma tecnologia baseada na ciência, mas também é uma arte, sendo passível de manipulação. Essa possibilidade tornou-se particularmente evidente no mundo digital em que vivemos hoje, no qual o *Photoshop* se converteu numa tecnologia comum. O certo é que uma imagem é sempre diferente de um objecto real. Podem tirar-se, em várias circunstâncias e de vários modos, várias imagens do mesmo objecto, que diferirão necessariamente. O juízo treinado de um cientista é que permitirá escolher as imagens que mais se aproximam da realidade.

Os filósofos de ciência Lorraine Daston e Peter Galison escreveram uma história da objectividade em que enfatizam o poder da imagem; distinguem três fases na evolução histórica: a fidelidade à Natureza (uma ancestral preocupação da ciência), a objectividade mecânica (recorrendo, por exemplo, à câmara fotográfica) e o juízo treinado (um cientista experiente não se deixa enganar por uma imagem). O caminho para a objectividade não se faz sem dificuldades. Segundo aqueles autores, «a objectividade está para a epistemologia como o extremo ascetismo está para a moralidade».

Terminemos com a ética. Kant começou por estudar mecânica celeste, antes de enveredar pela filosofia. Na conclusão da *Crítica da Razão Prática*, Kant contrasta o mundo exterior, regulado por leis imperativas, e o eu, no qual as leis morais surgem: «Duas coisas enchem o ânimo de admiração e veneração sempre novas e crescentes, quanto mais frequentemente e com maior assiduidade delas se ocupa a reflexão: O céu estrelado sobre mim e a lei moral em mim. Não as hei-de procurar e simplesmente presumir a ambas como envoltas em obscuridades ou no transcendente, fora do meu horizonte; vejo-as perante mim e religo-as imediatamente com a consciência da minha existência.» De acordo com o programa iluminista, não existe nem ciência nem moralidade sem consciência.

Referências e leituras recomendadas

CARAÇA, João, *Ciência*, Lisboa, Difusão Cultural, 1997.

DASTON, Lorraine e GALISON, Peter, *Objectivity*, Nova Iorque, Zone Books, 2007.

Dicionário da Língua Portuguesa Contemporânea, 2 vols., Lisboa, Academia das Ciências de Lisboa e Verbo, 2001.

DUKAS, Helen e HOFFMANN, Banesh (org.), *Albert Einstein, O Lado Humano*, Brasília, Universidade de Brasília, 1979.

FIOLHAIS, Carlos, *A Coisa Mais Preciosa Que Temos*, Lisboa, Gradiva, 2002.

FIOLHAIS, Carlos e MARÇAL, David, *A Ciência e os Seus Inimigos*, Lisboa, Gradiva, 2017.

GALILEI, Galileu, O Ensaiador, *in Os Pensadores: Galileu e Newton*, São Paulo, Nova Cultural, 1991.

GALILEI, Galileu, Diálogo sobre Duas Novas Ciências, *in Aos Ombros de Gigantes: As Grandes Obras da Física e Astronomia*, coligido e comentado por Stephen Hawking, Lisboa, Texto Editores, 2010.

GEYMONAT, Ludovico, *Elementos de Filosofia da Ciência*, Lisboa, Gradiva, [*s.d.*].

JAMMER, Max, *Einstein e a Religião*, Rio de Janeiro, Contraponto, 2000.

KANT, Immanuel, *Crítica da Razão Pura*, Lisboa, Fundação Calouste Gulbenkian, 2008, 6.ª ed.

KANT, Immanuel, *Crítica da Razão Pura*, Lisboa, Gulbenkian, 2011.

LOSEE, John, *Introdução Histórica à Filosofia da Ciência*, Lisboa, Terramar, 1998.

MARÇAL, David, *Pseudociência*, Lisboa, Fundação Francisco Manuel dos Santos, 2014.

POPPER, Karl, *A Lógica da Pesquisa Científica*, São Paulo, Cultrix, 1998.

POPPER, Karl, *Conjecturas e Refutações*, Coimbra, Almedina, 2003.

SAGAN, Carl, *Um Mundo Infestado de Demónios*, Lisboa, Gradiva, 1997.

História da Ciência e História da Tecnologia: reflexões sobre ética e prática disciplinares

Maria Paula Diogo
Ana Simões

Centro Interuniversitário de História das Ciências
e da Tecnologia (CIUHCT), Faculdade de Ciências e Tecnologia
da Universidade Nova de Lisboa

No presente capítulo, abordaremos as questões éticas que se colocam aos historiadores da Ciência e da Tecnologia[1], em termos globais, mas, também, da perspectiva dos seus praticantes em Portugal. Estas reflexões definem-se, em primeiro lugar, a partir das tradições que fundamentam a disciplina e, depois, pela relação que estabelecem com o ofício do historiador.

---

[1] Optámos por usar a forma canónica de História da Ciência e da Tecnologia no singular. O uso de ciência ou ciências, de tecnologia ou tecnologias, de técnica ou técnicas na designação da nossa disciplina depende, por um lado, das várias tradições – da anglo-saxónica *history of science and technology* à francesa *histoire des sciences e des techniques*, passando pelas alemãs *Wissenschaftsgeschichte e Geschichte Der Technologie* – e, por outro, do debate clássico em torno da universalidade do método científico. Não podendo discutir aqui em detalhe estes aspectos, decidimos usar a forma mais comummente aceite, não

A História da Ciência e da Tecnologia como hoje se faz e é reconhecida na comunidade internacional testemunha, por um lado, o sucesso do conceito de História nascido, na década de 30 do século XX, na Escola dos Annales, sob a égide de Lucien Febvre e Marc Bloch, e, por outro, a capacidade de reclamar um espaço epistemológico para actores e locais inicialmente omitidos da narrativa histórica, entre os quais se incluem as chamadas periferias, em termos geográficos e humanos, tradicionalmente tratadas como actores passivos e cuja história se considerava, nos planos europeu e mundial, apenas uma nota de rodapé.

Assim, e para que o leitor possa acompanhar os principais temas e problemas que se põem no nosso ofício de historiadores, optámos por fazer uma breve história da História da Ciência e da Tecnologia, em termos internacionais e nacionais, que permita perceber, ao explicitar as tradições por detrás da nossa disciplina, o tipo de questões éticas que se nos colocam. Partilhamos, claro, muitas das questões globalmente abordadas nas reflexões sobre Ética e História, de que existe uma recente mas já extensa bibliografia, mas confrontamo-nos também, pelo nosso objecto de estudo – a Ciência e a Tecnologia –, com algumas questões específicas.

---

querendo deixar, contudo, de indicar que existe toda uma diversidade de práticas metodológicas que justifica o uso alternativo do plural. Igualmente, e para mais fácil leitura, optámos por usar no texto História da Ciência e da Tecnologia e não História da Ciência e História da Tecnologia, apenas mantendo esta designação no título e nos subtítulos, subentendendo-se nos restantes casos que nos referimos a duas áreas independentes, embora com ligações intensas.

1. História da Ciência e História da Tecnologia: trajectos internacionais de encontros e desencontros

A História da Ciência e da Tecnologia, que muitas vezes pensamos como uma disciplina única pelas relações e interacções fortes que atribuímos aos dois protagonistas, tem, na realidade, tradições muito diferentes, mas que se cruzam frequentemente, de forma mais ou menos tumultuosa. Como as próprias Ciência e Tecnologia, as suas relações são complexas e com múltiplas direcções, como a célebre imagem usada por Arnold Toynbee do par de dançarinos numa pista comum, em que ambos estão cientes dos passos a dar mas mudam de líder condutor, nos lembra[2].

Ambas as áreas se estabelecem como disciplinas distintas no século XIX: a primeira – a História da Ciência –, em 1892, sob a égide de Auguste Comte, através de uma cadeira no Collège de France leccionada por Pierre Laffitte; a segunda – a História da Tecnologia –, pela edição de duas obras de Johann von Poppe e de Ludwig Beck[3], também elas de inspiração positivista, ambas sobre invenções técnicas e com fins pedagógicos, usadas no ensino em escolas de Engenharia na Alemanha.

---

[2] TOYNBEE, Arnold J., *A Study of History*, Nova Iorque, Oxford University Press, 1934. Trinta anos depois, Derek de Solla Price retoma esta imagem em Is Technology Historically Independent of Science? A Study in Statistical Historiography, *Technology and Culture* 6, 1965: pp. 553–568 e, 60 anos depois, também Arie Rip em Science and Technology as Dancing Partners, *in* KROES, Peter e BAKKER, Martijn (org.), *Technological Development and Science in the Industrial Age*, Dordrecht, Kluwer Academic, 1992, pp. 231–270.

[3] VON POPPE, J. H. M., *Geschichte der Technologie seit der Wiederherstellung der Wissenschaften an das Ende des achtzehnten Jahrhunderts* (1811); BECK, Ludwig, *Die Geschichte des Eisens in Technischer und Kulturgeschichtlicher beziehung* (1893–1895).

No século XX, contudo, trilham percursos diferentes, algumas vezes mesmo em oposição[4]. No caso da História da Ciência, a sedimentação da disciplina passa por um percurso identitário próprio, ancorado na realização do primeiro congresso internacional em Paris, em 1900, na criação, imediatamente a seguir, das primeiras sociedades científicas e no ambicioso projecto editorial de Georges Sarton de publicação de uma história geral da Ciência, orientado pelo seu manifesto seminal de 43 páginas «L'histoire des sciences», publicado no primeiro número da revista *Isis*[5] (de que era editor), em que delineia o objecto e as principais directrizes metodológicas a serem seguidas pelos historiadores da Ciência.

Pelo contrário, a História da Tecnologia desenvolve-se no interior da História, no contexto das grandes modificações introduzidas pela Escola dos Annales a partir de 1929, ano da publicação do primeiro número da revista *Annales d'histoire économique et sociale*, cujo objectivo é escrever uma história completa, total, uma história-problema não limitada às tradicionais narrativas política, militar e diplomática. Em 1935, Lucien Febvre, um dos seus nomes de referência, escreve a frase que se tornará quase numa divisa para toda a comunidade de historiadores da tecnologia – «A cada época a sua técnica; a cada técnica a sua época»[6]. Às novas propostas dos Annales, junta-se a obra do sociólogo americano Lewis Mumford, que, em

---

[4] Por razões de espaço e do âmbito da presente obra, limitamo-nos a traçar esta breve história da História das Ciências e da Tecnologia no contexto europeu e norte-americano.

[5] *Isis* é a revista oficial da americana History of Science Society, publicando-se desde 1912 (https://www.journals.uchicago.edu/toc/isis/current). O seu nome homenageia a deusa egípcia e clássica da fertilidade e da magia.

[6] «Chaque époque a sa technique, et cette technique a le style de l'époque», *in* Febvre, Lucien, Réflexions sur l'histoire des techniques, *Annales d'histoire économique et sociale* 7, 1935: pp. 531–535.

1934, escreve *Technics and Civilization*[7], um texto marcante de reflexão crítica sobre o papel da tecnologia na sociedade contemporânea, em que o autor questiona a natureza e os limites dos conceitos de progresso e crescimento na era industrial.

Os caminhos da História da Ciência e da Tecnologia voltam a cruzar-se nos anos 50, sob a forma de um conflito que se tornou célebre. Em 1957, Melvin Kranzberg, que, enquanto docente no Departamento de Humanidades e Ciências Sociais do Case Institute of Technology em Cleveland, leccionava História da Tecnologia a futuros engenheiros, abordou o presidente da History of Science Society (HSS), o historiador da Química Henry Guerlac, da Universidade Cornell, no sentido de criar um espaço específico para a História da Tecnologia nas reuniões da sociedade e na revista *Isis*. Guerlac recusou, alegando que não podia permitir que a História da Ciência, habituada a tratar dos grandes pensadores, fosse contaminada por estudos sobre homens que se dedicavam a questões aplicadas. A justificação de que «lidamos com pensadores, não com manuseadores»[8] estimulou Kranzberg e os restantes investigadores que se debruçavam sobre a História da Tecnologia e da Engenharia a estabelecerem uma sociedade separada – a Society for the History of Technology (SHOT), com a sua própria revista, a *Technology and Culture*. Esta secessão, que ainda hoje se sente em termos internacionais, não teria muito provavelmente acontecido com o próprio Sarton, que morrera em 1956, mas que sempre se mostrara receptivo a um espaço próprio para a História da Tecnologia, tanto intelectualmente, como em termos editoriais.

---

[7] MUMFORD, Lewis, *Technics and Civilization*, Nova Iorque, Harcourt, Brace & Company, Inc., 1934.

[8] «We deal with thinkers, not with tinkers.»

Na Europa, e apesar de George Sarton ser belga (exilou-se nos Estados Unidos da América aquando da Primeira Guerra Mundial e não regressou, sendo professor na Universidade de Harvard até à aposentação) e ter assumido um papel de patrono, a dinâmica da História da Ciência não se revelou tão vívida como nos Estados Unidos da América (EUA). Em 1928, em Oslo, durante o congresso do International Committee of Historical Sciences, pela mão de Aldo Mieli, apoiado por Abel Rey, George Sarton, Henry E. Sigerist, Charles Singer, Karl Sudhoff e Lynn Thorndike, foi fundada a Académie Internationale d'Histoire des Sciences. Ironicamente, apesar de contar entre os seus fundadores com Charles Singer, editor dos cinco volumes de referência de *A History of Technology* (1954–1958)[9], a Académie concentrou-se essencialmente na História das Ciências.

A História da Tecnologia na Europa só reencontrará o seu espaço muito mais tarde, em 1968, uma vez mais pela mão de Melvin Kranzberg, com a fundação do International Committee for the History of Technology (ICOHTEC). O ICOHTEC, que se constituiu como uma secção científica da Divisão de História da Ciência e Tecnologia da União Internacional de História e Filosofia da Ciência, enquadrava-se num espírito de solidariedade internacional que visava ultrapassar, através da comunhão numa disciplina, a divisão criada pela chamada «cortina de ferro», pelo que o seu primeiro presidente foi o polaco Eugeniusz Olszewski, acompanhado pelos vice-presidentes S. V. Schuchardine (URSS) e Melvin Kranzberg (EUA), sendo o primeiro secretário-geral o francês Maurice Daumas.

Em 2003, foi fundada a European Society for the History of Science, num esforço para animar a comunidade europeia

---

[9] Singer, Charles [*et al.*], *A History of Technology*, Oxford, Oxford University Press, 1954–1958.

de historiadores das Ciências, mas também da Tecnologia e da Medicina, algo dispersa nas múltiplas redes de investigação que se afirmaram como fóruns privilegiados de debates a partir dos anos de 2000.

2. História da Ciência e História da Tecnologia em Portugal: percursos de construção de uma comunidade

Em Portugal, a História da Ciência e da Tecnologia é, ainda, uma disciplina muito jovem. De facto, a primeira geração profissional – no sentido de totalmente dedicada à investigação nesta área – de historiadores da Ciência e da Tecnologia doutorou-se em meados dos anos 90 do século XX, em universidades estrangeiras em que a disciplina se tinha já estabelecido.

Claro que há um passado que precede a década de 1990, tecido entre uma forte dimensão internacional e alguns episódios e personagens no espaço nacional, bem como por tradições diferentes que sustentam, por um lado, a História da Ciência e, por outro, a História da Tecnologia. Após a acreditação da Académie Internationale d'Histoire des Sciences, a que já nos referimos, Aldo Mieli visitou Portugal no início da década de 1930 para convidar alguns dos seus contactos portugueses para integrarem o Conselho-Geral, que estava aberto a essa colaboração. Sugeriu, ainda, a constituição de um comité local que tomou a designação de Grupo Português para a História da Ciência (designado, abreviadamente, por Grupo Português). Pouco depois, no Outono de 1934, o Grupo Português organizou o III Congresso Internacional de História da Ciência, após malogradas tentativas da Alemanha e de Espanha para o realizar.

A vida do Grupo Português para a História da Ciência não foi longa, terminando antes de atingir o 15.º aniversário, mas deixou uma marca relevante, a revista *Petrus Nonius*

(1937–1951), a versão latinizada do nome de Pedro Nunes (1502–1578), o matemático e cosmógrafo português do século XVI que introduziu a dimensão científica na muito prática arte de navegar. A escolha de Pedro Nunes não é acidental, convocando o período considerado de ouro da história portuguesa associado à expansão marítima dos séculos XV e XVI, ponto de partida de um império cujas fronteiras se estendiam da América do Sul até a África e à Ásia.

Embora a *Petrus Nonius* não seja uma história de sucesso de um grupo, individualmente alguns dos seus autores tiveram um papel relevante, quer no desenvolvimento subsequente da disciplina em Portugal, quer na sua definição epistemológica. A maioria dos membros do Grupo Português – com excepção da história da ciência náutica enquanto conhecimento e técnica de navegação, muito ligada, por razões óbvias, à história da expansão e em que se encontram alguns engenheiros – eram cientistas ou médicos com interesse amador – no sentido positivo do termo – pela história das suas respectivas disciplinas. Incluía, contudo, o filósofo e historiador da cultura Joaquim de Carvalho, responsável pelo nome da revista e editor da obra de Pedro Nunes, que olhava para a História da Ciência como a área mais jovem da História, reflectindo sobre a sua importância para a compreensão mais profunda da história nacional.

À investigação realizada no âmbito da *Petrus Nonius* juntam-se momentos de comemoração de instituições científicas, como, por exemplo, o centenário da Escola Politécnica de Lisboa e da Academia Politécnica do Porto, e, principalmente, no âmbito da Exposição do Mundo Português (1940), os trabalhos apresentados ao VIII Congresso, coordenado, precisamente, por Joaquim de Carvalho, que ocorreu em Coimbra sob o título «A Actividade Científica em Portugal». As comunicações apresentadas centram-se sobretudo no século XVIII, uma vez que o período dos séculos XV e XVI se apresentava no Congresso de História dos Descobrimentos e Colonização (III Congresso).

Embora a larguíssima maioria dos trabalhos na área da História da Ciência sejam, neste período, trabalhos meramente cronológicos, enumerativos ou de memórias pessoais, dois nomes emergem num patamar superior: o matemático Luís de Albuquerque e o professor liceal de Física e poeta Rómulo de Carvalho. Contudo, apesar de uma publicação constante de quatro décadas, ambos trabalharam isoladamente, sem deixar escola, e, não obstante a apropriação por parte dos historiadores da expansão europeia do trabalho de Luís de Albuquerque, a sua identidade disciplinar perdeu-se.

É, como já indicámos, na década de 90 do século XX que surge a primeira geração de historiadores da Ciência e da Tecnologia, treinada fora de Portugal e com formação profissional iniciada com o doutoramento. A reconhecida alteração positiva das políticas de apoio à investigação iniciada pela Fundação para a Ciência e a Tecnologia, sob a batuta de Mariano Gago, ministro da Ciência, Tecnologia e Ensino Superior, criou um ambiente propício à afirmação de disciplinas emergentes que nele encontraram espaço para se organizarem e ganharem massa crítica.

No caso português, e ao contrário do que aconteceu em termos internacionais, as duas comunidades uniram-se, integrando, também, historiadores da Medicina, para reforçar o seu espaço disciplinar nacional e internacionalmente. Embora com tradições diferentes e formações de base também diversas – na História da Ciência a formação de base da primeira geração é maioritariamente científica, enquanto na História da Tecnologia o peso dos historiadores formados na tradição da Escola dos Annales é dominante, na companhia da influência anglo-saxónica do movimento da Arqueologia Industrial dedicado ao conhecimento, protecção, conservação e valorização do património industrial desactivado –, foi possível forjar um espaço disciplinar comum de grande dinamismo que rapidamente assumiu um forte protagonismo internacional, participando de forma particularmente activa nas grandes redes de investigação europeia.

3. História da Ciência e História da Tecnologia: reflexões sobre ética e prática disciplinares

Setenta e cinco anos depois de Marc Bloch ter terminado a sua obra *Apologie pour l'histoire ou Métier d'historien*[10], a reflexão que nos apresenta sobre o que é a História – inclusive a História da Ciência e da Tecnologia – continua actual. Bloch e Febvre, ambos docentes da Universidade de Estrasburgo e fundadores da Escola dos Annales, apresentam a História como uma reflexão sobre os homens num tempo e num espaço, recuperando processos de longa duração, com o objectivo de tornar inteligíveis o que designavam por «mentalidades», ou seja, numa apropriação livre das palavras de Febvre, os utensílios mentais e materiais de uma cultura.

Esta ampliação do quadro das pesquisas históricas a actividades humanas até então pouco investigadas, por escaparem ao tempo breve do acontecimento, propunha, também, uma nova metodologia para a História e uma nova função para o historiador. Ao contrário da tradição historicista de Oitocentos – que perdura no início do século XX – de, como recomendava Leopold von Ranke, contar o passado tal como realmente tinha

---

[10] Bloch, Marc, *Apologie pour l'histoire ou Métier d'historien*, Col. Cahier des Annales, vol. 3, Paris, Librairie Armand Colin, 1949 (publicação póstuma). A obra, inacabada, foi escrita entre 1940 e 1943, durante o período em que Bloch esteve preso devido à sua acção antifascista na Resistência Francesa, acabando por ser fuzilado em 1944.

tido lugar («tal como aconteceu»[11]), os annalistas[12] propõem-se compreendê-lo e interpretá-lo, sem o julgar. Trata-se de uma profunda ruptura metodológica e epistemológica levada a cabo num período difícil da história mundial, entre a crise de 1929, a Grande Depressão subsequente e a prefiguração da Segunda Guerra Mundial.

O retorno dos homens e do tempo à História – homens no plural porque actores, e tempo não como medida, mas como lugar de inteligibilidade dos fenómenos – bem como o conceito de «economia-mundo» desenvolvido por Fernand Braudel, o chefe de fila da segunda geração dos Annales[13], são a estrutura seminal que permite acolher um conjunto de questões particulares da História da Ciência e da Tecnologia que constituem o seu cerne em termos epistemológicos, metodológicos e éticos.

A questão da agência humana é crucial, remetendo-nos, primeiro, para os debates clássicos entre internalismo e externalismo e entre presentismo e contextualismo, no primeiro caso em função do peso na matriz explicativa das restrições sociais, económicas e culturais (da sua ausência no internalismo extremo à sua omnipresença no externalismo mais radical), e, no segundo, em função de uma leitura do passado realizada tendo o presente como meta (presentismo) ou, ao

[11] No original, «Wie es eigentlich gewesen ist».

[12] Tornou-se comum a designação de annalistas como extensão, por analogia, do termo cunhado por Lucien Febvre para designar os historicistas liderados pela Sorbonne – os sorbonistas.

[13] Fernand Braudel é o mais forte representante da segunda geração da Escola dos Annales. O conceito de «economia-mundo» é enunciado na sua obra mais famosa, *La Méditerranée et le monde méditerranéen à l'époque de Philippe II* (escrita enquanto prisioneiro de guerra num campo alemão, sem acesso aos seus livros e notas, baseando-se apenas na sua memória e numa pequena biblioteca local).

contrário, nunca o convocando e ambicionando entender o passado nos seus próprios termos (contextualismo).

Mais recentemente, este tópico remete-nos para a construção social da Ciência e da Tecnologia. A afirmação de Bloch de que por detrás de máquinas, paisagens, teorias, documentos, práticas e instituições estão homens – e são esses actores quem o historiador pretende apreender – é convocada na área dos Estudos de Ciência e Tecnologia, inicialmente pelo *strong programme* (programa forte), que apresenta o conhecimento – no qual a ciência se insere – como uma parte da cultura, sendo o cientista um homem imerso na sociedade, partilhando de uma visão colectiva específica de um tempo e de um espaço. Posteriormente, o *strong programme* alarga-se, miscigena-se com a sociologia e transforma-se no conceito mais global de construção social do conhecimento científico e tecnológico, usando três modelos/ferramentas conceptuais, ainda hoje de referência – *social construction of technology* (SCOT) (construção social da tecnologia), *large technological systems* (LTS) (grandes sistemas tecnológicos) e *actor-network theory* (ANT) (teoria actor-rede)[14] –, que olham para a actividade e interacções dos diversos actores que escrevem a História, recusando a ideia do determinismo científico e tecnológico. Actualmente, estas contribuições são usadas, em diálogo intenso com outras áreas das Ciências Sociais, como esteios do que designamos por História Social e Cultural da Ciência e da Tecnologia, que reforça a investigação sobre as práticas sociais e discursivas presentes na actividade científica e tecnológica.

Esta abordagem afasta-se totalmente da tradicional narrativa baseada na genialidade e nos «grandes» cientistas e

---

[14] Bloor, David, *Knowledge and Social Imagery*, Chicago, University of Chicago Press, 1976; Bijker, Wiebe E.; Hughes, Thomas P. e Pinch, Trevor J. (org.), *The Social Construction of Technological Systems: New Directions in the Sociology and History of Technology*, Cambridge: Massachusetts, MIT Press, 1987.

engenheiros – e aqui o masculino é realmente indicativo de género, excluindo quase por completo o feminino da narrativa –, e recusa a visão maniqueísta do sucesso e do fracasso, tão típica do presentismo, procurando antes compreender como e por quem estes critérios são definidos.

Este olhar renovado sobre a construção dos saberes e práticas científicas e tecnológicas permite, também, reflectir criticamente sobre o modelo de interpretação das várias escalas geográficas, entre o local, o imperial (particularmente entre os séculos XVI e meados do XX) e o global. O conceito de «sistema-mundo» – baseado na economia-mundo de Braudel e desenvolvido por Immanuel Wallerstein para analisar as relações internacionais políticas e económicas através da divisão inter-regional e transnacional do trabalho, dividindo o mundo, de acordo com o seu dinamismo económico, em países centrais, semiperiféricos e periféricos – entra na História da Ciência e da Tecnologia, primeiro pelo modelo difusionista de George Basalla e, depois, pelo conceito de «ciência-mundo» de Xavier Polanco e pela perspectiva dinâmica de construção de centros e de assimetrias de poder de Bruno Latour[15]. Nos dois casos, e apesar de algumas diferenças, os conceitos de centro e periferia apresentam-se como categorias hierarquizadas, em que a periferia se limitava a receber de forma acrítica os desenvolvimentos transmitidos pelos centros.

A crítica a esta visão tem, também, estado no centro das reflexões actuais dos historiadores da Ciência e da Tecnologia.

---

[15] BASALLA, George, The spread of Western science. A three-stage model describes the introduction of modern science into any non-European nation, *Science* 156, 1967: pp. 611–622; POLANCO, Xavier, *Naissance et développement de la science-monde*, Paris, La Découverte, 1990; LATOUR, Bruno, *Science in Action: How to Follow Scientists and Engineers through Society*, Cambridge: Massachusetts, Harvard University Press, 1987, em particular o capítulo 6.

Nos últimos 20 anos, as contribuições conceptuais e metodológicas da História Social e Cultural da Ciência, com os estudos pós-coloniais, enfatizaram a Ciência e a Tecnologia em acção, a localização da produção de conhecimento e o destaque da circulação ou trânsito do conhecimento como processo criativo, bem como o papel inovador das periferias e dos espaços e agentes coloniais. O conceito de «europeizar o mundo e provincializar a Europa»[16] encorajou o debate sobre a construção do papel dominante da Ciência e Tecnologia europeias num mundo global, trazendo, por outro lado, as contribuições não europeias para o palco de análise.

A aplicação destas reflexões estendeu-se às relações assimétricas no interior do espaço europeu. As redes de investigação Science and Technology in the European Periphery (STEP) e Tensions of Europe (ToE)[17] propuseram-se olhar para a Ciência e Tecnologia como actores na construção da identidade europeia e perceber a sua circulação a partir do conceito de apropriação. Nesta nova estrutura, os agentes locais das chamadas culturas receptoras são dotados de funções criativas, transformando, adaptando e seleccionando novas práticas científicas e tecnológicas no contexto local, de formas muitas vezes conflituosas. A tradicional dicotomia centro-periferia é substituída por uma dinâmica da co-construção histórica de ambos, centros e periferias, tomados enquanto actores históricos cujo estatuto se pode alterar com o tempo.

O processo de investigação em Ciência e Tecnologia e a forma como se transformam no decurso do tempo foram, também, protagonistas de um forte debate. Em 1962, Thomas

---

[16] «Europeanizing the world and provincializing Europe», *in* CHAKRABARTY, Dipesh, *Provincializing Europe: Postcolonial Thought and Historical Difference*, Princeton, Princeton University Press, 2007.

[17] O STEP e o ToE nasceram em 1999 e os historiadores portugueses de Ciência e Tecnologia foram membros fundadores.

Kuhn publica a obra *A Estrutura das Revoluções Científicas*[18], em que contrapõe à tradicional interpretação continuísta a sua visão de descontinuidade, apoiada nos conceitos de paradigma e de incomensurabilidade. Em termos muito globais, trata-se de determinar se os conhecimentos novos são do mesmo tipo que os anteriores e sua consequência natural, ou seja, se o conhecimento é apenas cumulativo, ou se, ao contrário, há momentos que rompem com os anteriores e exigem perspectivas radicalmente novas que não são um aperfeiçoamento das já existentes, mas sim uma alternativa.

Este tema, que genericamente designamos por evolução da Ciência e da Tecnologia, é um território de interesse partilhado de forma vívida pela História, pela Ciência e pela Tecnologia, embora de forma diferente. A ideia kantiana de progresso como uma interminável linha de sinal ascendente em que nos aproximamos cada vez mais da verdade prevalece claramente entre os praticantes de Ciência e de Tecnologia[19]. Portanto, a maior capacidade explicativa de um modelo científico ou a eficácia superior de uma tecnologia são entendidas como parte de um percurso evolutivo de aproximação à verdade e, desde o século XVIII, como base fundamental do conceito de progresso. A História da Ciência e da Tecnologia impõe um conceito de evolução mais matizado, chamando a atenção, por um lado, para a caducidade dos modelos explicativos – que são sempre construídos num determinado tempo e espaço – e, por outro, para a relatividade da ideia de verdade, ela própria também uma construção social. A História permite, precisamente, ter uma visão na longa duração que confronta diferentes interpretações do mundo físico que nos

---

[18] KUHN, Thomas, *The Structure of Scientific Revolutions*, Chicago, University of Chicago Press, 1962.

[19] Para Kant o progresso é uma disposição moral, portanto intrínseca à humanidade, não podendo ser evitado.

cerca e contribui para reforçar a consciência social dos produtores de Ciência e Tecnologia.

Embora o historiador da Ciência e da Tecnologia tenha de lidar com questões específicas, que acima enunciámos brevemente, partilha, claro, das preocupações das restantes áreas da História, nomeadamente as relativas ao método. Aqui, mais uma vez, as linhas mestras do ofício indicadas por Marc Bloch continuam actuais: (i) observação histórica, necessariamente indirecta, baseada numa plêiade alargada de testemunhos, voluntários, isto é, escritos para serem registos de um tempo, e involuntários, resultado da simples presença humana; (ii) crítica das fontes pelo seu cruzamento e cotejamento e decisão sobre o que fazer perante eventuais discordâncias ou contradições; (iii) análise histórica, fundamentada no conceito de compreender a acção no lugar cronológico, incluindo o trabalho de recomposição e de conexão.

Embora nem sempre bem recebida, a História da Ciência e da Tecnologia é hoje incontornável para compreendermos a história mundial, na qual, pelo menos a partir do século XVII, a relevância da Ciência e da Tecnologia tem sido central. Por isso, está inevitavelmente «condenada» não só a dialogar com as restantes áreas da História, mas também de outras disciplinas sociais, partilhando territórios comuns e negociando espaços de fronteira, sem deixar, contudo, de reivindicar um espaço próprio de investigação.

4. À guisa de conclusão: o historiador da Ciência e da Tecnologia e o tempo da contemporaneidade

Charles Seignobos, mestre de Marc Bloch, terá dito certa vez aos seus alunos: «É muito útil formular perguntas, mas perigosíssimo responder a qualquer delas.» O trabalho actual do historiador, incluindo o do historiador da Ciência e da

Tecnologia, revê-se, precisamente, na última parte da frase, na necessidade de, para responder às interrogações, correr o risco da escolha. A história é um método de pesquisa, pelo que o trabalho do historiador implica sempre o risco da escolha: escolha das fontes, escolha do quadro interpretativo, escolha das metodologias, escolha até da unidade temporal de análise. Como vimos, estamos hoje longe da ideia de que o historiador é um narrador passivo; ao contrário, o trabalho de investigação tem a obrigação ética de ser activo e de se interrogar sobre as realidades que pretende analisar.

Precisamente porque se trata de escolhas, e embora no passado se insistisse na neutralidade do historiador como condição necessária para a objectividade da sua análise, tal concepção de História é não só indesejável como impossível. Cabe ao historiador dar a conhecer ao leitor qual o percurso que decidiu trilhar, com que ferramentas pretende trabalhar, que hipóteses orientam o seu trabalho. A ética do historiador passa, pois, largamente, pela explicitação do seu padrão de trabalho, de como narra a «verdade», a partir das fontes que explora, ciente de que, como Michel Foucault indica, a «verdade» é sempre de alguém, contada a alguém, por alguém e com um objectivo.

Cabe-lhe, ainda, reclamar o seu papel como intelectual interventivo, sendo esta, afinal, uma condição incontornável de um trabalho empenhado e inovador. Assim, na nossa opinião, e no que respeita ao papel do historiador da Ciência e da Tecnologia português, reclamamos como cerne da sua tarefa combater, por um lado, a ausência da dimensão da Ciência e da Tecnologia na história nacional e, por outro, o discurso, ainda muito frequente, do atraso ou declínio científico português. Esta visão, que assenta na concepção de História da Ciência e da Tecnologia que atrás criticámos, centrada nos grandes nomes e no poder dos centros, ignora uma realidade extremamente viva e complexa, cheia de ligações, por vezes perigosas, com política e ideologia, que urge estudar.

Para lá do protagonismo do período da expansão e de nomes como Pedro Nunes, há as vozes de muitos actores que permanecem ainda quase desconhecidos, mas que não são menos importantes para compreendermos os percursos da Ciência e da Tecnologia portugueses, bem como as relações tecidas com outros espaços e realidades históricas, através da circulação e apropriação do conhecimento e da integração em redes à escala transnacional, internacional e global.

Só com uma História da Ciência e da Tecnologia polifónica, aberta ao diálogo com outras disciplinas, com outros conceitos e outras metodologias, capaz de integrar novas fontes, chegaremos a uma visão mais rica e extensa da dinâmica complexa de construção da Europa e da importância da diversidade – incluindo a dos espaços não europeus – no moldar da sua identidade.

Num tempo em que a Ciência e a Tecnologia assumem, para o bem e para o mal, um papel preponderante no nosso quotidiano, determinando a mundividência contemporânea e a estrutura produtiva da nossa sociedade, a História da Ciência e da Tecnologia, enquanto área da História, tem uma responsabilidade acrescida, ao permitir compreender, no arco do tempo longo, estrutural, fenómenos que, sem esta dimensão, perdem densidade e parecem ser apenas conjunturais.

Referências e leituras recomendadas

DIOGO, Maria Paula; GAVROGLU, Kostas e SIMÕES, Ana (org.), FORUM STEP Matters, *Technology & Culture* 57, 2017: pp. 926–929.

GAVROGLU, Kostas, *O Passado das Ciências como História*, Porto, Porto Editora, 2007.

GAVROGLU, Kostas [*et al.*], Science and technology in the European periphery. Some historiographical reflections, *History of Science* 46, 2008: pp. 153–175.

GOLINSKI, Jan, *Making Natural Knowledge: Constructivism and the History of Science,* Cambridge, Cambridge University Press, 1998.

KOHLER, Robert E. e OLESKO, Kathryn M. (org.), *Clio Meets Science: The Challenges of History,* [*s.l.*], University of Chicago Press, 2012.

MISA, Thomas J. e SCHOT, Johan, Introduction, *History and Technology* 21, 2005: pp. 1–19.

SIMÕES, Ana; CARNEIRO, Ana e DIOGO, Maria Paula, Perspectives on Contemporary History of Science in Portugal, *Nuncius* 23, 2008: pp. 237–263.

STAUDENMAIER, John M., *Technology's Storytellers: Reweaving the Human Fabric,* Cambridge: Massachusetts, MIT Press, 1989.

Relações entre ciência e tecnologia

Maria Manuel Araújo Jorge
Departamento de Filosofia da Faculdade de Letras
da Universidade do Porto

Tales de Mileto – que Aristóteles considerou ter sido um dos primeiros homens a procurar perceber a natureza, propondo causas naturais e não explicações sobrenaturais – está associado a vários relatos anedóticos, entre eles o de que, distraído a observar as estrelas, teria caído a um poço, o que lhe terá merecido um comentário jocoso que lamentava, nessa atitude de mera procura de conhecimento sem finalidade prática, uma desatenção aos desafios concretos da vida. Tales, contudo, ao prever alterações no comportamento das estações e ao obter, desse modo, uma boa colheita, mostrou que podia usar esse conhecimento a seu favor, mas terá deixado bem claro que não era nisso que estava interessado.

Apesar de ter aperfeiçoado e inventado numerosos instrumentos e os procedimentos de diversas artes, a cultura grega antiga colocou a excelência do esforço humano no exercício do pensamento que nos eleva – tal como Tales parece ter preferido –, e não nas rotinas técnicas dos artesãos.

Deixemos a Antiguidade e olhemos agora para o século XVII, para os começos da ciência moderna. A natureza foi sendo entretanto «dessacralizada» e a proliferação das máquinas, aperfeiçoadas pelo cálculo, podia melhorar as armas (como Galileu mostra aos senhores de uma Veneza cosmopolita), mas também medir com maior rigor o tempo e outros fenómenos físicos, explorar, como fazem os novos artesãos, a energia da água ou do vento, e tudo isso entra no quotidiano, mudando os comportamentos e as metafísicas. Estas parecem agora dispostas a aceitar que, afinal, estamos rodeados por um mundo de mecanismos e não de mistério e finalidades, o que facilitará o convite a intervir na natureza para desvendar os seus segredos de um modo muito mais decisivo do que pelo recurso à palavra dos mestres. E aí está Francis Bacon a exortar os seus contemporâneos a fazerem «experiências» que se irão transformando em experimentos controlados, em que o recurso a instrumentos mostrará o que a natureza tentava esconder. E será com esse saber, conseguido pelo nosso «fazer» – Bacon promete-o –, que a natureza, afinal imperfeita, será mudada a nosso favor. Tudo poderá ser melhorado, incluindo o mundo vivo, refazendo o Éden, como é nosso dever moral.

Como Tales está agora distante... na intenção do conhecimento teórico. Este vale não tanto por si mesmo, mas na sua aplicação e intenção práticas.

Se a agenda da ciência moderna está logo aí desenhada, a possibilidade, todavia, de fazer uma ciência que nos faça viver tantos anos como os antigos profetas – como, então, Descartes esperava de uma nova medicina – é ainda remota. A aceitação, contudo, de que a representação do que a natureza é, o seu conhecimento, se consegue pela intervenção, pelo recurso a procedimentos sistematizados, a técnicas e instrumentos que melhoram os actos de observar e de medir está subjacente à filosofia experimental de Robert Boyle, no seu esforço para aperfeiçoar uma bomba de ar que mostre «sem atrito» que o vazio existe, ou às deambulações de Newton pelas feiras e mercados de Cambridge à procura dos melhores vidros para fabricar os prismas que, uma vez transformados em instrumentos sérios, legitimariam a sua teoria óptica.

E saltemos agora para o nosso tempo...

Jennifer Doudna está no seu laboratório de química e biologia molecular e celular, na Universidade da Califórnia, rodeada de uma equipa de colaboradores bem treinados em diferentes procedimentos especializados, no meio de uma profusão de máquinas, de destrezas técnicas, satisfeita com o financiamento que conseguiu para o seu projecto de investigação do comportamento imunitário de bactérias. À margem do seu projecto central, Doudna percebeu que um processo de manipulação do sistema de defesa bacteriano permitiria criar um instrumento simples e preciso para a edição de genomas, incluindo os humanos. Pouco tempo depois, e após várias publicações reconhecidas, já a vemos a fazer conferências em diversos pontos do globo, para explicar em que consiste o CRISPR-Cas9 e quais são as possibilidades abertas pela invenção. E, embora insista que trabalha em biologia estrutural, e que o seu desafio era de conhecimento básico, motivado pela curiosidade e impulso para compreender, e que foi inesperada a chegada a esta aplicação, rapidamente aparece a mostrar como a descoberta poderá revolucionar a medicina de precisão e a acrescentar que isso irá aumentar o leque de preocupações à volta do seu trabalho científico, num sentido que ultrapassa as fronteiras dos laboratórios[1].

Entretanto, outros, até mesmo «investigadores» amadores, estão a desenvolver este instrumento barato e eficaz e, mesmo que delas não cuidem, a levantar interrogações não só à compreensão científica do processo, como ao seu significado social e ético.

---

[1] Cf. DOUDNA, Jennifer, *A Crack in Creation: Gene Editing and the Unthinkable Power to Control Evolution*, Nova Iorque, Houghton Mifflin Harcourt, 2017.

Em todo este trajecto, tão sumariamente evocado, foi-se traçando um processo de enlaçamento cada vez mais íntimo entre duas empresas culturais profundamente complexas, a ciência e a tecnologia.

O que esteve em jogo foi a construção progressiva de uma ideia de ciência e de tecnologia, dos seus propósitos, das valorações com que foram encarados, de modos divergentes/ /convergentes de actuar, em função de factores que promoveram percursos ora mais separados ora mais cruzados, constatando-se, desde os meados do século passado, com a transformação das condições sociais da investigação, uma decisiva aproximação e uma instalação do desafio da sua significação cultural e humana. Tentarei, focando apenas alguns tópicos, dar conta dos pontos enumerados.

1. O que quer a ciência?

É consensual (apesar de ser recorrente a ideia de que a ciência está sob ataque permanente) que se trata do melhor meio para conseguir informação fiável sobre o mundo. Na expressão do físico Steven Weinberg, o que a ciência quer é saber o que as coisas são; a sua motivação seria um desígnio de verdade, estimulado pela curiosidade. Ela aparece, na tentativa de o realizar, como um corpo de conhecimentos (observações, dados, conceitos, teorias, ...) cuja credibilidade está associada aos processos controlados da sua obtenção, ao rigor das suas observações, medições e experimentações que abrem a capacidade de se submeter a uma contínua revisibilidade, por um mecanismo interno de autocorrecção.

A filosofia da ciência do princípio do século XX deixou-nos, contudo, uma imagem idealizada da empresa, desenhada a partir da consideração da disciplina de maior sucesso explicativo e preditivo da época: a Física. Esta aparecia como expressão de uma racionalidade lógica e matemática susceptível de uma metódica tradução experimental, justificando o seu valor de verdade, uma verdade amplificável ao longo do tempo, o que permitia demarcar a ciência no meio de uma selva de preconceito e superstição.

A «Lenda» – como alguns designaram essa celebração da ciência veiculada por várias formas de pensamento positivista –, embora se focasse num «princípio de empiricidade» (uma hipótese só seria cientificamente pertinente se se prestasse a ser discutida num controlo empírico), não avançou para uma reflexão atenta sobre o significado do recurso experimental, centrando-se antes nos «enunciados» observacionais, e não naquilo que realmente os cientistas fazem, para lá da teorização, com os seus procedimentos de medida.

A ciência aparecia, assim, acima de tudo, como uma produção discursiva, linguística, uma actividade em que o essencial seriam as palavras ou a produção de texto, como se de uma cultura «etérea» (para usar a expressão de Peter Galison) se tratasse[2]. A ideia também veiculada de que a moralidade científica seria a devoção à verdade que valeria por si mesma contribuiu para alimentar uma imagem do cientista como um santo secular que «piedosamente» a procura e contempla, como um investigador totalmente distante de interesses mundanos.

Einstein seria uma das principais inspirações desta retórica de apresentação da ciência que favoreceu pelo menos dois pontos de vista que nos interessam para o nosso tema das relações entre ciência e tecnologia: o de uma ciência que seria essencialmente produção teórica, e não operatória e interventiva

---

[2] Cf. HACKING, Ian, *Representing and Intervening*, Nova Iorque, Cambridge University Press, 1983. A «concepção herdada», a «Lenda», não teria valorizado o conhecimento como uma transformação do mundo, o facto de as observações científicas estarem muito mais carregadas de técnica e intervenção humana do que de teoria...

(o que relegou a consideração do papel dos instrumentos e dos procedimentos técnicos para um lugar secundário, dificultando a visão do seu papel determinante na própria mudança científica), e o de uma ciência pura no seu objectivo, desligada da intenção aplicativa. E embora a força inspiradora desta imagem ainda permaneça, o recurso, desde as últimas décadas do século passado, a aproximações sociológicas e históricas da actividade científica dentro e fora dos laboratórios, com os *science studies*, mostrou-nos um modo de vida com muitas outras complexidades na sua forma de trabalhar e na sua inserção social. Para já, contudo, é necessário tentar a outra pergunta.

2. O que quer a tecnologia?

Ainda nos anos 30 do século XX, nas reflexões que dedicou à técnica, sem a qual o ser do homem nem sequer se entenderia, o filósofo Ortega y Gasset convidou-nos a vê-la não como um esforço de adaptação do homem ao meio, mas o contrário, como uma reacção enérgica à natureza, que nos faz necessitados e indigentes, um esforço em adaptá-la às nossas necessidades, que assim deixariam de o ser, satisfazendo uma aspiração natural a um bem-estar, para lá de todas as limitações que a biologia e o meio nos impõem. E se os primitivos recursos técnicos são encontrados de modo ocasional e na inconsciência de que se trata de um poder de invenção, como sucede entre outras espécies, a posterior chegada à fabricação de instrumentos e depois de máquinas abrirá à consciência de que se trata de uma fonte de actividade humana praticamente ilimitada na invenção de procedimentos e na sua execução, o que fará do supérfluo o necessário, hoje e na época paleolítica[3].

---

[3] Cf. ORTEGA Y GASSET, José, *Meditação sobre a Técnica*, Lisboa, Fim de Século Edições, 2009.

Poderíamos dizer que o que a técnica quer, o seu «espírito», é criar oportunidades, novas possibilidades de, ante as nossas limitações, acalentarmos o sonho de nos livrarmos delas[4].

Quando, na fundação da ciência moderna, o recurso a instrumentos, a novas perícias e modos de organização permite incorporar as técnicas e os seus conhecimentos no desenho dos experimentos e na construção dos factos – e basta lembrar Galileu recorrendo ao telescópio e aperfeiçoando-o, ou os químicos, à balança (o que os alquimistas não fizeram) –, abre-se a oportunidade de estabelecer com muito maior objectividade o que as coisas são, avançando no conhecimento. Esta ciência, por sua vez, vindo a ser usada no melhoramento e fabricação de novos meios técnicos, dentro e fora do laboratório, gerará uma muito mais poderosa forma de intervenção prática na natureza e em nós próprios, fazendo desta natureza, progressivamente, outra coisa diferente, ultrapassando-a.

É para essa ciência aplicada que o termo tecnologia genericamente aponta[5]. Embora a tecnologia exija um refazer desse

---

[4] «Enquanto a ciência e a arte geram verdade e beleza, a tecnologia gera oportunidades, novas coisas para explicar, novos modos de expressão, novos modos de comunicação e, se formos honestos, novas formas de destruição... Não resolverá os nossos males sociais, nem dará significação às nossas vidas. Para isso precisamos da cultura científica e humanística, mas o que trará às nossas vidas, e isso é suficiente, são possibilidades.» Kelly, Kevin, The third culture, *Science* 279, 1998: pp. 992–993. Cf., igualmente, *idem*, *What Technology Wants*, Londres, Penguin Books, 2011.

[5] O sentido do termo é controverso, mas mesmo na obra em que primeiro aparece – *Elements of Technology*, de Jacob Bigelow, um conjunto de conferências, em Cambridge, em 1829 («on the application of the sciences to the useful arts») –, curiosamente, alguns anos antes de William Whewell ter proposto o neologismo *scientist*, a ideia de organização do conhecimento em ordem à sua aplicação prática, com objectivos específicos, está já presente. Cf., igualmente, p. ex., Tiles, Mary, Philosophy of technology, *in* Newton-Smith, W. (org.), *A Companion to the Philosophy of Science*, U.K., Blackwell, 2000, pp. 483–491.

conhecimento que aplique e respeite o rigor do método científico, põe em jogo a mobilização de muito mais factores além do conhecimento científico (de ordem social, económica, política, cultural, ...), não sendo uma mera derivação linear da ciência, como a sigla I&D (investigação e desenvolvimento), para alguns, sugere. Apesar de a tecnologia, sobretudo à medida que se torna mais sofisticada, ter um efeito de retorno positivo sobre a representação científica do mundo, o que a mobiliza não é a procura da «verdade» (o sucesso no uso basta-lhe), mas o que é novo, melhorado. O que se espera dela é que funcione com eficácia (que envolva mais benefícios do que riscos), que transforme o mundo a nosso favor, dando-nos poder e controlo sobre as nossas vidas, enquanto muda o que vamos concebendo como fim desejável.

A tecnologia envolve por isso um espírito próprio, que remete para as ideias de progresso, de inovação e desenvolvimento, permitindo realizar fins nem sequer imagináveis pelos seus criadores; enquanto a ciência evocaria a ideia de maior poder intelectual, procedimento mais reflexivo, «desinteressado». Se a permanência da visão antiga de uma superioridade da «teoria» sobre a técnica, e que nos remeteu a Tales de Mileto, pode ainda ser remanescente, a tecnologia, o seu poder e o seu apelo, o modo como transformou a investigação e o mundo, interpela, cada vez mais, essa hierarquia axiológica.

E o seu «ar de família» com a ciência acentua-se: não apenas de um ponto de vista epistemológico, quando para lá das visões idealizadas dos filósofos consideramos a significação do recurso à experimentação e surpreendemos um poder de intervenção que resulta finalmente do recurso a tecnologias continuamente melhoradas pelo conhecimento e que o melhoram, mas também quando, apreciando a «ciência em acção», a *research*, damos conta de que a investigação se faz, cada vez mais, apoiada em tecnologia e em formas de organização que exigem múltiplos actores, redes comunicacionais, envolvimento social, económico, político cada vez mais presente, o que ajudará até a perceber porque é que na percepção pública a ciência é normalmente vista como tecnologia...[6] Mas reforcemos para já o primeiro aspecto.

2.1. «Não há cientistas mortos-vivos»: o papel dos instrumentos e a tecnociência

Para o reputado biólogo e Prémio Nobel Sydney Brenner, em ciência é importante ler, pensar, mas, «no fim, o que conta é fazer»[7]. A ciência compreende o mundo, refazendo-o, aparecendo toda a ciência laboratorial como uma engenharia, como o filósofo da ciência Ian Hacking nos sugere. Ela é uma produção de fenómenos, uma *fenomenotécnica*, já notava o filósofo Gaston Bachelard, ainda em meados do século XX.

Muito mais do que uma «cultura etérea», a ciência é uma «cultura material»[8]. No seu desenvolvimento, ela nunca foi uma pura meditação desencarnada de grandes espíritos. Não o foi em Galileu, não o foi em Newton, e já o evocámos, não o foi em Einstein[9]. Com efeito, quando Galison tenta perceber

---

[6] Cf. LATOUR, Bruno, From the world of science to the world of research, *Science* 280, 1998: pp. 208–209.

[7] BRENNER, Sydney, *My Life in Science*, Londres, BioMed Central, 2001, p. 175. Será curioso notar, a propósito deste comentário, que se trata de um biólogo que é uma referência numa disciplina que, contudo, apesar do seu sucesso actual, não dispõe de um poder explicativo da vida e seus processos, baseado numa forte teorização matemática, como sucede na física... aparecendo como ou sendo, essencialmente, uma engenharia.

[8] Cf. GALISON, Peter, Culturas etéreas e culturas materiais, *in* GIL, Fernando (org.), *A Ciência tal qual Se Faz*, Lisboa, Edições João Sá da Costa, 1999.

[9] Cf., igualmente, SCHAFFER, Simon, As instituições científicas e a geografia histórica dos laboratórios, *in idem, ibidem*.

o contexto concreto do trabalho de Einstein em Berna, no início do século XX, o que encontra, ao consultar os seus arquivos, não é um Einstein guiado apenas por preocupações teóricas. Grande parte da sua vida foi passada no mundo das patentes, dos inventos, das máquinas, tendo-lhe sido essencial o universo material da tecnologia científica na chegada à sua inspiração física e matemática.

É a consideração desta «cultura material» que permite ver, também, a importância da instrumentação, das técnicas e da sua progressiva sofisticação na observação, na medição, na construção da facticidade, na aceitação da teoria pela sua presença na demonstração experimental, no encontro com a «anomalia», etc., ajudando a definir e a regular o que é a ciência e como ela é praticada.

A profundidade com que um instrumento modifica uma disciplina exibe-se no facto de ser a partir dele que se estabelecem os problemas a que se dirige, a natureza das respostas, a direcção da investigação[10]. A sua influência pode ir mais

---

[10] Cf. BENNETT, Jim, O estatuto dos instrumentos científicos, *in idem, ibidem.* O autor mostra como a chegada do telescópio à astronomia mudou aquilo que a astronomia podia ser, obrigando a novas normas e convenções, novas habilidades práticas e técnicas, novos modos de abonar as observações e de comunicar resultados, enfim, uma cultura astronómica modificada. Em praticamente todos os campos da investigação observacional e experimental, é hoje corrente a presença de instrumentos complexos que o cientista por si ou com alguns poucos técnicos já não conseguiria fabricar: sequenciadores para o ADN (ácido desoxirribonucleico), grandes máquinas como o LHC (*Large Hadron Collider*) para a física das partículas... Mesmo os arqueólogos precisam de tecnologias como a datação por radiocarbono, os sociólogos e os matemáticos, de computadores... Em geral, é revolucionária a aplicação da microelectrónica aos aparelhos de investigação, enfim, toda a tecnologia de silício na era *big data* da revolução digital... já para não falar do recurso a instrumentos vivos, como o rato transgénico, quando a tecnologia permite que «o nascido seja fabricado».

longe, como no caso das biociências, que, seguindo a intuição do físico Richard Feynman quando apontava que «o que não posso fabricar não posso compreender», exploram a intervenção tecnológica como meio de conhecer o vivo, favorecendo uma concepção da própria vida intimamente ligada ao recurso computacional[11]. Ao mesmo tempo, a convergência entre a biologia e a tecnologia de informação está a melhorar esta última, por exemplo, quando se tenta construir algoritmos de segurança informática inspirados nos sistemas de defesa imunitária dos organismos, na linha, aliás, do movimento crescente de biologização das tecnologias.

A sofisticação dos instrumentos está assim a mudar o modo como pensamos a ciência, o que significa ser um cientista: «O estatuto do tecnólogo está em ascensão, porque, por agora e no futuro previsível, temos mais a aprender a partir da fabricação de novos instrumentos do que da construção de novos conceitos ou novas medições»[12]. O físico Freeman Dyson resumiu este poder da tecnologia na ciência ressaltando que os

---

[11] A crer em Craig Venter, a questão *What's life?* estaria agora nas mãos da biologia sintética. A entrada da biologia na sua «era digital», a analogia entre a biologia e os computadores, a descrição do ADN como o *software* da vida ampliaria a visão de Erwin Schrödinger: a vida é código, informação digital, *software* de ADN… e, por isso, é possível criar novas formas de vida baseadas em desenho computacional de ADN sintético. Cf. VENTER, Craig, *Life at the Speed of Light*, Nova Iorque, Penguin Books, 2013.

[12] «O que é a realidade? O que é a vida? O que é a consciência?» A estas questões herdadas dos filósofos naturais e dos cientistas, o tecnólogo responde não tentando, como a ciência tradicional, um diálogo entre a teoria e o experimento, mas criando uma realidade artificial, vida artificial, consciência artificial. A sua atitude não é primeiro pensar e depois fazer, mas «just do it!». Cf. KELLY, Kevin, The third culture, *op. cit.*

maiores avanços resultam mais frequentemente de novos instrumentos do que de novas teorias[13].

É tentando exprimir a face operatória da ciência, a sua dimensão interventiva não apenas enquanto teoria (porque toda a teoria é um plano de operações...) mas enquanto experimentação montada com tecnologia, envolvendo uma interiorização recíproca e, por isso, uma diluição de fronteiras, que vários autores propuseram, nas últimas décadas do século passado, o termo tecnociência[14]. Para outros, o conceito recuperaria também a novidade essencial da ciência moderna, logo como aparece em Francis Bacon, expressa, a tanta distância, no seu «sonho», como no início notámos, de uma ciência como engenharia, não apenas como meio para obter conhecimento, mas para, com ele, melhorar uma natureza que nos escraviza com o sofrimento e a morte, reagindo ao desconforto da condição humana. No seu projecto fundador, a ciência responderia a uma inquietação que, desde sempre, terá sido o desígnio da técnica humana, mas fazendo-o de «uma forma radicalmente diferente da magia, da religião, da literatura», enfim, dos meios simbólicos[15]. E foi nessa direcção que

---

[13] Dyson, Freeman, The scientist as rebel, *in* Cornwell, John (org.), *Nature's Imagination*, Nova Iorque, Oxford University Press, 1995. Há duas espécies de revolução científica, segundo Dyson, as que são resultantes do uso de novos instrumentos (como a revolução molecular em biologia, a partir do recurso a tecnologias importadas da física, como a difracção de raios x) e as que são abertas por novos conceitos (como a mecânica quântica). O efeito destas será explicar coisas velhas de novas formas. O das revoluções *tool-driven* é descobrir coisas novas que têm de ser explicadas. Cf., do mesmo autor, *Imagined Worlds*, [*s.l.*], Harvard University Press, 1997, pp. 49–53.

[14] Cf. Hottois, Gilbert, *Philosophies des sciences, philosophies des techniques*, Paris, Odile Jacob, 2004. O termo terá sido difundido no mundo anglo-saxónico por Bruno Latour.

[15] Cf. *idem*, *Entre symboles et technosciences*, Paris, Presses Universitaires de France (PUF), 1996.

avançámos e, como nunca, verificámos que a ciência é hoje, através da tecnologia (ou como tecnociência), o modo mais poderoso de transformação das sociedades.

Sabemos, no entanto, que Einstein, por exemplo, foi bem claro ao expressar como a sua motivação para a física matemática era tentar conhecer as equações que explicam uma ordem no universo e como reagiu fortemente à aplicação da teoria física num projecto tecnológico como foi a construção da bomba atómica. Vimos, por exemplo, também Jennifer Doudna, nos nossos dias, a ressalvar que toda a sua investigação bioquímica era puramente fundamental, longe da ideia de qualquer aplicação particular, embora ela se lhe tivesse deparado. É o momento, então, de perguntar se faz sentido o conceito de «ciência pura», mesmo que feita com recursos tecnológicos, porque ele remete de perto para o tema sobre o qual vimos reflectindo.

2.2. Ciência pura e ciência aplicada como tecnologia

A questão da ciência pura ou básica é um tema controverso, porque se, por um lado, aparece ligada à imagem que muitos cientistas gostam de dar de si mesmos como movidos apenas pela curiosidade intelectual, na esperança de fazerem uma contribuição para um conhecimento «fundamental», desinteressados de «qualquer aplicação prática» ou lucros comerciais, com o tempo, é difícil não lhe encontrar algum uso, mesmo que aplicações específicas não fossem previsíveis no início[16].

---

[16] Cf. ZIMAN, John, *Real Science*, U.K., Cambridge University Press, 2000. Pelo menos 10% da actividade científica seria o que se chama de ciência pura ou apenas «ciência» para a distinguir da ciência aplicada, de desenvolvimento tecnológico.

Como os próprios cientistas e os tecnólogos insistem, a diferença entre ciência básica e tecnologia seria profunda nos seus objectivos e nos seus papéis sociais. Contudo, nota Ziman, se o trabalho de um engenheiro de microelectrónica não é o mesmo do de um físico que trabalha em física do estado sólido, as duas profissões partilham os mesmos conceitos básicos, os mesmos dados, usam os mesmos instrumentos, encontram os mesmos obstáculos técnicos, e estes profissionais estão empregados, muitas vezes, lado a lado nas mesmas equipas de I&D[17]. Por vezes, é apenas olhando para o local onde estão a fazer a sua investigação (universidade ou laboratório pertencente a uma firma comercial) ou considerando as suas preocupações (uns pressionados com o seu desempenho no mercado, outros com as suas publicações ou prémios) que as diferenças podem fazer sentido[18]. E embora também seja necessário reconhecer que existem campos científicos cuja eventual aplicação prática seja dificilmente concebível, quando o financiamento que exigem, em virtude do pessoal e tecnologia que mobilizam, é muito elevado, por exemplo as investigações em física das altas energias, a questão da sua utilidade vem ao de

---

[17] *Idem, Prometheus Bound,* [*s.l.*], Cambridge University Press, 1994, p. 26.

[18] A distinção entre ciência básica e aplicada estaria a perder sentido, sendo preferível, para alguns sectores, a noção de investigação «estratégica», que, não visando aplicação imediata, indirectamente a podia vir a favorecer no longo termo. É díficil hoje, nota ainda Ziman na mesma obra, identificar temas que não possam em princípio ser justificados pela sua relação estratégica com o progresso em tecnologias médicas, agrícolas, industriais, empresariais ou de governo... embora uma grande distância possa existir entre a imaginação daqueles que fazem a investigação só pelo seu interesse no tema e aqueles que a financiam porque pensam poder vir a obter dela algum proveito. Por outro lado, a linha de demarcação entre investigação estratégica básica e investigação pura é díficil: a que distância da Terra a investigação espacial básica perde o seu valor estratégico e passa a ser pura astrofísica?

cima e os cientistas invocam, então, a sua relevância cultural e valores sociais mais profundos.

Apesar da concepção instrumental da ciência, remontar pelo menos a Bacon e ser, para muitos autores, a face mais própria da empresa, e o nosso tempo (sobretudo o que se passa nas ciências da vida) favorecer essa leitura, bastará para justificar a realidade da ciência básica, lembrar a tradição que se criou, ao longo do século XIX, com um *scientist* já profissionalizado a trabalhar longe do ruído social, em instituições académicas, dedicado a explorar o património de conhecimento que herdou. Uma elite como um Darwin, um Bohr, um Einstein e tantos outros pôde aparecer como motivada pela procura de compreensão puramente científica, integrada numa comunidade publicamente organizada visando esse objectivo, em virtude do qual treinou os que nela entravam.

Embora a organização contemporânea da investigação coloque uma forte pressão nesta tradição, Ziman alerta para o interesse da existência de investigadores essencialmente motivados pela pura curiosidade, trabalhando em projectos sem utilidade óbvia. Suprimir o progresso em qualquer sector da investigação, incluindo as Humanidades ou as Artes, teria repercussões sobre todos os outros campos e, por isso, o papel da ciência básica terá de ser considerado de um modo subtil, para lá da oposição entre valores utilitários e culturais, embora tenda a aparecer cada vez mais como uma categoria residual nos planos de I&D…

Tentando ultrapassar a controvérsia, e também porque suspeita de que a investigação científica é muito mais do que o exercício iluminado da curiosidade pessoal e de que uma aproximação sociológica será mais útil, Ziman propõe que aquilo para que estaríamos a olhar quando falamos de ciência básica seria a «ciência académica», um tipo de actividade geralmente financiado pelo governo, realizado essencialmente em universidades, embora não confinado a instituições de ensino, sendo o estereótipo do cientista puro o professor que procura e transmite o conhecimento e que, se podemos localizar na sua forma moderna na primeira metade do século XIX, perdurou, pelo menos, até aos anos 60 do século passado. O modo como se instalou e evoluiu é mais um recurso para percebermos as relações entre ciência e tecnologia, e será ainda com Ziman que avançaremos.

3. A ciência académica, a ciência industrial e a sua aproximação

A ciência académica é uma forma de organização institucional da investigação e acima de tudo uma cultura, com um *éthos* particular que, nos anos 40, Robert Merton considerou funcionar para os cientistas como um quadro social, aglutinador de um conhecimento fragmentado em diferentes disciplinas e o que, hoje, chamaríamos de diferentes culturas epistémicas. Tratava-se de um conjunto de princípios que definiam um modo de vida, na forma como se concretizavam na organização da investigação e na sua prática. Ora, entre as normas que definiam este *éthos* académico, e que permitiam a Merton pensar esta actividade como ciência pura, o «desinteresse» nos seus múltiplos sentidos representava também a distância da ciência de uma focalização nas suas aplicações.

À medida que as condições sociais da investigação se vão alterando, os recursos escasseando e a necessidade de mais financiamento para tecnologias em aperfeiçoamento contínuo se instala, a *Big Science* obriga a ciência académica a rever a sua relação com essa norma. Começa então a tornar-se, de algum modo, parecida com uma tradição de investigação da qual sempre quis manter-se diferente, a «ciência industrial», que na sua forma moderna só apareceu nos finais do século XIX. Embora a ciência moderna tivesse florescido lado a lado com um mundo de instrumentos, máquinas e antigas técnicas melhoradas tantas vezes no mundo dos artesãos e engenheiros, os futuros laboratórios industriais ligados a firmas comerciais (por vezes governamentais) e dedicados a uma exploração organizada desse saber, a uma «ciência aplicada», sempre apareceram, contudo, separados por «um fosso cultural»[19].

Regidos por regulamentos, tendo de fazer aquilo que os seus directores lhes indicam para satisfazer clientes particulares, os cientistas industriais aparecem como peritos, solucionadores criativos de problemas, mas desenvolvendo também investigação básica de qualidade, embora para ser aplicada num produto particular (basta pensar na indústria farmacêutica), e tudo isso adensa a dificuldade em distinguir a investigação pura e aplicada, a investigação básica e a tecnológica...

Em breve, e por pressão da procura do lucro e da entrada do mercado, o modo de trabalhar do cientista industrial reorganiza-se, mas as condições económicas pesam, igualmente, sobre o cientista académico.

Se a «cultura material» do laboratório terá funcionado sempre como elo com o mundo mais vasto das preocupações militares, industriais, de saúde, ele teve de começar a aprender, sobretudo depois dos anos 70 e para defender a profissão e o posto de trabalho, a sintonizar a sua actividade com os pedidos

---

[19] Recorrendo ao trabalho técnico dos artífices e engenheiros, a ciência newtoniana e as novas ciências do século XVIII sempre procuraram afirmar-se estabelecendo uma barreira e uma hierarquia entre as academias, o laboratório do *natural philosopher*, que conhecia o princípio explicativo do funcionamento das máquinas, e as oficinas dos artesãos, que podiam fabricá-las e usá-las mas não as compreenderiam. Cf. SCHAFFER, Simon, *op. cit.* Oportuno será também notar, relativizando a questão de barreiras e hierarquias, o caso, p. ex., da máquina a vapor, que James Watt aperfeiçoa sem perceber plenamente o seu princípio científico, mas que acabará por ser não só determinante para a Revolução Industrial como, de algum modo, influente na elaboração posterior da termodinâmica.

sociais e o seu novo tipo de exigências. Na sua agenda passaram a ter de estar presentes questões que não eram as suas, de aplicação do seu saber (desafiado também ele a superar o *gap*, o hiato ou fosso entre o laboratório e a chegada ao consumidor), de propriedade intelectual, de necessidade de parcerias com a indústria e as empresas, passando a mover-se num mundo que evoca o do cientista industrial, um mundo que é já de ciência «pós-académica», para outros, de tecnociência, um mundo onde, definitivamente, ciência e tecnologia só no seu enlaçamento se tornam produtivas[20].

4. O vasto leque de implicações da interpenetração entre ciência e tecnologia

Tudo isto tem consequências em vários planos que ultrapassam aqueles que anoto[21].

---

[20] «Resta ver», comenta Kelly, «como a nobre empresa da ciência lidará com o sucesso emergente da tecnologia». Cf. Kelly, Kevin, The third culture, *op. cit.*

[21] Não cuido aqui também da filosofia da tecnologia, uma subdisciplina filosófica que só surge nos meados do século XX, mais de 100 anos depois da filosofia das ciências, que dela não se ocupou. Na mesma época, o filósofo Martin Heidegger, por exemplo, embora tenha sido dos que cedo compreenderam a ligação íntima entre a ciência moderna e a tecnologia, centrou a sua reflexão na técnica a partir do desafio ontológico que ela representa. Jacques Ellul, entre outros, preocupou-se com a possível autonomia da técnica e como se tornou na força determinante da sociedade contemporânea. Mais de duas décadas depois, Hans Jonas produz uma influente interpretação moral da tecnologia, cuja significação seria tornar manifesta a metafísica mecanicista da ciência moderna, denunciando a lamentável despreparação da filosofia perante a sua primeira tarefa cósmica. Cf. Hanks, Craig, *Technology and Values*, Singapura, Wiley-Blackwell, 2010.

Do ponto de vista epistemológico, a incorporação de interesses no conhecimento põe em causa a viabilidade de concretização das normas mertonianas, abrindo para problemas como o da integridade na investigação. Neste ponto, fará também sentido lembrar o alerta do físico Stephen Hawking, e que hoje já não se afigura tão especulativo, sobre a possibilidade de passarem a ser as máquinas a fazer ciência, dada a superioridade do poder da computação diante dos *big data.*

Do ponto de vista social e político, a interpenetração da ciência com a tecnologia cria hesitação no que diz respeito ao financiamento, ao tipo de I&D em que as políticas governamentais devem apostar, uma vez que o sucesso tecnológico é um factor de competitividade decisivo para um país. Mesmo o financiamento privado hesita na compreensão de quem desencadeia de modo mais decisivo a criatividade e a inovação, parecendo esgotado o modelo tradicional de Vannevar Bush que, em 1945, aconselhava o apoio a uma investigação académica autónoma e aberta, e a sociedade recolheria inevitavelmente os frutos...

E como organizar as políticas educativas? Dirigindo-as sobretudo no sentido da investigação mais fundamental, a física teórica, por exemplo, ou a compreensão da evolução do genoma humano em biologia, questões de origens em geral, sabendo que o recurso à tecnologia será também aí decisivo?

Quando, contudo, no início evoquei Jennifer Doudna, o que pretendia salientar não era apenas a transformação das condições sociais e laboratoriais da investigação, a total dependência da tecnologia, mas também o incrível poder transformador da vida e do homem, que, por isso, a ela se associava e que lhe surgia como mais uma preocupação na sua actividade[22]. O leque

---

[22] Esse poder cresceu de modo surpreendente: A convergência das tecnologias, um programa que desde 2002 o governo americano passou,

das implicações em jogo abrange agora, efectivamente, dimensões inesperadas, metafísicas e éticas[23].

Todo o acto de obtenção de conhecimento, como intervenção no mundo, implica perturbação. Quando o físico dinamarquês Niels Bohr, contudo, a partir do problema da medição em física quântica se deparou com essa situação, a lição que tirou foi de uma limitação implícita ao poder de sabermos o que as coisas são. Hoje, no entanto, e as ciências da vida são aí exemplares, o modo como se tenta saber o que as coisas são, neste caso a vida, é, deliberadamente, mudando-as, nelas intervindo tecnologicamente, fazendo «outras coisas».

É esta condição tecnológica da produção contemporânea do conhecimento científico que o abre a desafios que são já extra-epistémicos e há, assim, outras lições a tirar... Por isso a pressão para o «fazer» antes de pensar, o *just do it!* (faça-o!), embora apareça como o modo de eleição para conhecer tecnocientificamente, será um preceito demasiado simplista, se não irresponsável.

Jennifer Doudna não esperava surpreender um tão poderoso processo de intervenção na vida. Rapidamente percebeu as suas potencialidades terapêuticas e médicas, mas também a sua ambiguidade ética como poder de intervenção na

---

decididamente, a apoiar, centrado no cruzamento das nanotecnologias, biotecnologias, tecnologias de informação e ciências cognitivas, potenciou, entre outros, o desenvolvimento da inteligência artificial e do que se designa «tecnologias emergentes». Se para alguns podemos ver aí e em todo o progresso tecnológico uma esperança, que os intelectuais não compreendem porque farão mal o diagnóstico do que, moralmente, graças a ele, melhorámos (Cf. Pinker, Steven, *Enlightenment Now*, Nova Iorque, Allen Lane, 2018), outros assustam-se pela forma como a investigação é, agora, orientada: primeiro faz-se, depois então pensa-se... e eventualmente, como alguns dizem ser o *éthos* próprio de Silicon Valley, pede-se desculpa...

[23] Aflorei alguns desses aspectos no texto «A ética no contexto das ciências da natureza», incluído no primeiro volume desta colecção.

evolução. Como para outros, o seu problema é agora como envolver o público, a sociedade em geral, numa «conversa», mobilizando aliados.

A reflexão, porém, que viemos fazendo ao tentar dar conta da imbricação da ciência com a tecnologia, do conhecimento com a sua aplicação, da sua potenciação mútua, do esbater de fronteiras entre investigação académica, industrial, governamental, impõe a todos os investigadores um princípio a ter sempre presente: *science affects people* (a ciência afecta as pessoas)[24]. Esta afectação vai muito para lá de um plano simbólico, não mudando apenas o modo como vemos o mundo e nos vemos a nós próprios. Ela concretiza-se num poder de transformação impregnado na nossa vida e para lá dela.

Só uma atenção colectiva a esta situação nos poderá ajudar a preservar a generosidade implícita no sonho baconiano.

Referências e leituras recomendadas

BENNETT, Jim, O estatuto dos instrumentos científicos, *in* GIL, Fernando (org.), *A Ciência tal qual Se Faz*, Lisboa, Edições João Sá da Costa, 1999.

HOTTOIS, Gilbert, *Entre symboles et technosciences*, Paris, Presses Universitaires de France (PUF), 1996.

HOTTOIS, Gilbert, *Philosophies des sciences, philosophies des techniques*, Paris, Odile Jacob, 2004.

KELLY, Kevin, *What Technology Wants*, Nova Iorque, Penguin Books, 2011.

[24] A expressão é de FORGE, John, *The Responsible Scientist*, Pittsburg U.S., University of Pittsburgh Press, 2008.

VENTER, Craig, *Life at the Speed of Light*, Nova Iorque, Penguin Books, 2013.

ZIMAN, John, *Prometheus Bound*, U.K., Cambridge University Press, 1994.

ZIMAN, John, *Real Science*, U.K., Cambridge University Press, 2000.

II

QUESTÕES ESTRUTURANTES

A origem do Universo

Orfeu Bertolami e *Cláudio Gomes*

Departamento de Física e Astronomia da Faculdade de Ciências da Universidade do Porto

1. Visões cosmogónicas

As ideias acerca da origem do Universo estão intimamente associadas ao estádio de conhecimento que historicamente a Humanidade alcançou. A observação do céu nocturno e o movimento aparente do Sol propiciaram as primeiras noções a respeito da imensidão do Cosmo e da sua extraordinária dinâmica. Os múltiplos mitos da criação, comuns às mais diversas culturas, concernem invariavelmente à separação do céu e da Terra e à origem do Universo. A compreensão de que a dinâmica dos céus era distinta da que regia o mundo emprestou uma dimensão necessariamente teológica à descrição cosmogónica. Na primeira religião revelada, o judaísmo, esta descrição adquiriu uma dimensão ética. As outras religiões reveladas seguiram o mesmo caminho e impuseram e ainda impõem, quando hegemónicas, os seus códigos éticos de forma coerciva e despótica. Naturalmente, a evolução social e científica da Humanidade transformou os modelos sociais e estes criaram códigos éticos mais justos e consentâneos com a diversidade das experiências antropológicas e, sobretudo, libertos de condicionamentos arbitrários, ilógicos, não factuais e historicamente incongruentes. A única ética consistente com o conhecimento científico e que é digna da riqueza humana é necessariamente universal, respeita incondicionalmente a vida e a sua dignidade e é socialmente justa e fundamentalmente laica.

Mas voltemos à discussão das concepções do Universo. Os primeiros modelos minimamente científicos do Universo descreviam essencialmente os planetas do sistema solar até então conhecidos. Podemos apontar o exemplo do modelo geocêntrico, que admitiu diversas variações, mas que, no fundo, considerava a Terra o centro do Universo, estando o Sol, os planetas e as estrelas organizados em camadas esféricas concêntricas. Uma das suas primeiras versões é atribuída ao grego Anaximandro de Mileto (cerca de 600 a. C.), o qual considerava que a Terra apresentava o aspecto de um cilindro circundado por rodas cósmicas gigantes e cheias de fogo. O Sol e a Lua correspondiam a dois furos em duas dessas rodas que permitiam ao fogo escapar. Como a roda era móvel, os furos moviam-se e assim se explicava o movimento aparente do Sol e da Lua, sendo que, se por acaso fossem obstruídos, então ver-se-ia um eclipse, ou as fases lunares. Já as restantes estrelas eram furos na terceira roda, que estava mais próxima da Terra do que as duas anteriores. Anaximandro foi também o primeiro pensador a introduzir a noção de princípio; e embora o Universo fosse eterno e infinito, outros mundos existiram antes do nosso e se dissolveram na matéria primordial no decurso dos tempos, dando origem a novos mundos.

A versão mais desenvolvida de geocentrismo é a do astrónomo Cláudio Ptolomeu plasmada no seu livro *Almagesto* (compilação de 13 volumes escritos por volta de 150 a. C.), segundo o qual a Terra ocupava a posição central em torno da qual existiam oito esferas celestes giratórias de cristal, ocupadas pela Lua, Mercúrio, Vénus, Sol, Marte, Júpiter e Saturno, e as estrelas na esfera do firmamento. Para explicar os movimentos retrógrados dos planetas, Ptolomeu introduziu a ideia de que a trajectória planetária consistia em dois círculos percorridos com velocidades diferentes e que cada planeta descrevia um epiciclo sobre um círculo menor, centrado num ponto do círculo principal correspondente ao planeta. Ainda que este modelo fosse mais complexo do que os modelos anteriores e que não descrevesse correctamente o posicionamento orbital de todos os planetas e da Lua, foi a teoria aceite durante 14 séculos.

Somente no Renascimento e com a Revolução Científica é que novas ideias foram avançadas para descrever o Universo conhecido. Nicolau Copérnico, em 1543, recuperou a ideia de um modelo heliocêntrico proposto cerca de 1800 anos antes pelo astrónomo e matemático grego Aristarco de Samos, em que a Terra detém uma posição secundária no Universo, girando sobre si e em torno do Sol, que passara a ser considerado estrela e não planeta como até então havia sido classificado. Os restantes planetas orbitavam o Sol em órbitas circulares. Contudo, as estrelas eram pontos fixos numa última esfera: a *stellarum fixarum spharae immobilis.* Somente mais tarde, o astrónomo inglês Thomas Digges considerou que as estrelas não ocupavam uma esfera, mas que deviam estender-se até ao infinito. O modelo heliocêntrico foi essencial para que, posteriormente, Galileu Galilei e Isaac Newton construíssem a estrutura básica da astronomia moderna. Todavia, o movimento circular dos planetas só foi substituído pela descrição elíptica da órbita planetária por Johannes Kepler em 1605, com base nos dados do seu mentor Tycho Brahe, o que foi comprovado com observações telescópicas por Galileu. Não obstante estes avanços científicos, a Igreja Católica opôs-se fortemente a estas teses, sustentando serem contrárias à perfeição divina, de tal modo que Galileu foi obrigado, pelo Tribunal da Santa Inquisição, a renegar os seus estudos e a visão heliocêntrica.

Outro marco importante no conhecimento humano do Universo prende-se com a utilização de técnicas espectroscópicas para observar objectos então estranhos, difusos e pouco brilhantes no céu, designados nebulosas espirais. Assim, em 1864 e em 1888, o astrofísico William Huggins observou um espectro contínuo e algumas linhas de emissão da grande nebulosa de Andrómeda, M31. Havia muita discussão sobre estes objectos, sobre a sua composição e se apresentariam movimento de rotação. Entre 1916 e 1920, o astrónomo Adriaan van Maanen verificou que as nebulosas espirais apresentavam inequivocamente movimento de rotação. E em 1923, a distância até Andrómeda foi calculada pelo astrónomo norte-americano Edwin Hubble com base no método de observação de estrelas do tipo cefeidas (estrelas que pulsam radialmente, variando a sua temperatura e brilho de forma periódica e bem definida, característica essa que permite determinar a sua luminosidade absoluta e, com esta, as suas distâncias com alta precisão), permitindo também concluir que este objecto deveria existir fora da Via Láctea. Posteriormente, Hubble dedicou-se à observação e sistematização deste tipo de nebulosas de acordo com a sua morfologia. E a partir de 1925, Hubble defendeu que estes objectos eram realmente galáxias independentes.

Estes marcos históricos e científicos foram a base de muitos outros, permitindo avanços significativos. Com a teoria do espaço-tempo, a Relatividade Geral, proposta por Einstein em 1915, muitos desenvolvimentos ocorreram. De facto, pode afirmar-se que a cosmologia moderna é uma decorrência da Teoria da Relatividade Geral de Einstein, e diversas previsões e explicações para as observações puderam ser avançadas.

Decorridas muitas décadas, várias missões espaciais, como o COBE (*Cosmic Background Explorer*) em 1989, a WMAP (*Wilkinson Microwave Anisotropy Probe*) em 2001 e a Planck em

2009, permitiram uma compreensão aprofundada do Universo, designadamente, através do estudo dos seus constituintes e da radiação cósmica de fundo. Uma das conclusões é a de que o Universo se apresenta hoje como espacialmente plano, homogéneo e isotrópico. A teoria do Big Bang, segundo a qual o Universo teve origem numa explosão do espaço-tempo há 13,8 mil milhões de anos, é a que melhor descreve a evolução do Universo dada a consistência com todas as observações até ao presente. Todavia, a origem do Big Bang, seja através de uma flutuação quântica ou da colisão de duas membranas, onde o nosso Universo existe isolado ou no seio de um Multiverso, está além do conhecimento científico do nosso tempo.

Sabemos, contudo, que depois do Big Bang houve uma época de rápida expansão acelerada, designada por inflação cósmica, em que o Universo passou a ter uma geometria espacialmente plana. Vestígios desta época estão presentes nas diminutas flutuações (cerca de seis partes por milhão) de temperatura na radiação cósmica de fundo. Posteriormente, o Universo passou por uma época de reaquecimento, em que houve produção de partículas que muito mais tarde se combinaram electromagneticamente para formar os átomos primordiais. As condições termodinâmicas nos primeiros minutos do Universo foram favoráveis à formação de outros núcleos atómicos e, subsequentemente, por conta da atracção gravitacional, formaram-se as primeiras grandes estruturas do Universo, as galáxias. Por diferenciação interna sucessiva, formaram-se os sistemas estelares e planetários, e por atracção gravítica, as estruturas de larga escala como os enxames de galáxias. Aos constituintes conhecidos, temos de adicionar as misteriosas matéria escura e energia escura, responsáveis por efeitos gravíticos que não são causados pela matéria observável nem pela expansão acelerada do Universo, respectivamente (Bertolami e Gomes, 2017a e b). Sobre o futuro, não há certezas: a expansão do Universo pode continuar de forma acelerada e destruir inclusivamente o espaço-tempo ou voltar a desacelerar, ou eventualmente contrair-se num *Big Crunch* (Grande Colapso). Estes cenários dependem do balanço entre os efeitos repulsivos inferidos por meio da observação da energia escura e os efeitos atractivos do colapso gravitacional da matéria.

2. Escavando o espaço-tempo: a evolução do Universo no contexto do modelo do Big Bang

Em 1927, o padre jesuíta belga Georges Lemaître propôs o modelo do «átomo primordial», afirmando que o Universo estava em expansão com base na Relatividade Geral de Einstein e no modelo evolutivo do Universo em expansão do engenheiro russo Aleksander Friedmann, de tal modo que retrocedendo no tempo deveria ter havido uma origem. Dois anos mais tarde, as observações de Edwin Hubble mostraram que as galáxias se estavam a afastar umas das outras em ritmo progressivamente maior consoante a distância entre elas. São estes os dois pilares da teoria do Big Bang, sendo esta designação algo jocosa atribuída ao astrónomo britânico Fred Hoyle, que rejeitava veementemente esta hipótese e que considerou em 1948, em alternativa, a ideia de um universo estacionário (modelo este também proposto independentemente pelos astrónomos Hermann Bondi e Thomas Gold). Todavia, nos seus detalhes concretos, a hipótese de Lemaître estava equivocada, pois admitia que o Universo primitivo era frio e que as observações eram compatíveis com os decaimentos radioactivos dos elementos primordiais. Em 1948, George Gamow propôs alternativamente que os elementos químicos teriam sido sintetizados a partir das partículas elementares primordiais, isto é, de um Universo primordial muito quente. Esta hipótese foi confirmada pela descoberta da radiação cósmica de fundo, prevista por Gamow, Ralph Alpher e Robert Herman, e observada em 1965 pelos norte-americanos Arno Penzias e Robert Wilson.

Assim, juntando teoria e observação, o Big Bang teve origem numa singularidade: um «ponto» de elevada densidade e altíssimas temperaturas que começou a expandir rapidamente dando origem ao espaço-tempo. Desta forma, o Universo teve um início, mas não teve um centro.

Importa, pois, agora reconstituirmos a história do Universo desde o Big Bang. Após este evento, o Universo passa por uma fase de expansão acelerada designada inflação cósmica, supostamente suportada por um campo escalar – o inflatão. Este processo ocorre em apenas 10^{-35} segundos após a criação do Universo! Independentemente da geometria inicial do Universo, esta expansão torna a parte deste que nos é acessível espacialmente plana.

Seguidamente, entre 10^{-6} e uns poucos segundos, os *quarks*, partículas elementares, isto é, sem estrutura interna, juntaram-se em estados ligados conhecidos como hadrões e mesões. Nesta fase, já está estabelecida a assimetria bariónica, ou seja, existem mais partículas do que antipartículas num excesso de 6 partículas para cada 10^{10} pares de partículas e antipartículas. Se partículas e antipartículas existissem na mesma proporção, então aniquilar-se-iam libertando fotões.

Entre 10 e 10^3 segundos, ocorre o processo da nucleossíntese, em que os protões e neutrões (estados ligados de *quarks*) se juntam formando isótopos do hidrogénio primordial. Este, por sua vez, permite a formação de outros elementos: cerca de 23% de hélio-4 (^{4}He), de 10^{-3}% de hélio-3 (^{3}He), de 10^{-3}% de deutério (D) e de 10^{-8}% de lítio-7 (^{7}Li). Contudo, nesta altura, a temperatura do Universo é ainda consideravelmente alta para que se formem átomos, pelo que existe um mar de núcleos, fotões e electrões.

Por volta de 380 000 anos após o Big Bang, as temperaturas são mais baixas, cerca de 3000 °C, de modo que os fotões já não estão em equilíbrio térmico com a matéria, dando-se uma última dispersão de que resulta a radiação fóssil conhecida como radiação cósmica de fundo. Por esta altura, designada recombinação, os electrões, menos energéticos, ligam-se electromagneticamente aos núcleos formando os átomos.

As flutuações de densidade originárias da época inflacionária vão evoluindo gravitacionalmente, de modo a dar origem às primeiras grandes estruturas: as galáxias. Sucessivamente, por atracção gravitacional, estas vão-se organizando em grupos: enxames e superenxames de galáxias. Por diferenciação interna e colapso gravitacional de poeiras, começam a formar-se os primeiros sistemas solares, com estrelas e mais tarde planetas, um dos quais o nosso sistema solar, há cerca de 4,6 mil milhões de anos. Depois, os restantes elementos químicos até ao ferro foram sintetizados no interior das estrelas, e os restantes, na explosão das supernovas.

Subsequentemente, as condições necessárias à existência e desenvolvimento de espécies de vida tiveram lugar no planeta Terra. Todavia, é de se esperar que noutros locais do Universo também existam condições semelhantes que possam albergar outras formas de vida.

Esta história cósmica está baseada em milhares de factos experimentais e observacionais que corroboram a sua plausibilidade. Um dos quais advém, como mencionámos, do estudo da radiação cósmica de fundo, que tem vindo a ser analisada pelas missões COBE, WMAP e Planck, dando-nos informação extremamente detalhada acerca dos vários parâmetros que descrevem a expansão do Universo. Por exemplo: sabemos que cerca de 68,3% do conteúdo energético do Universo está na forma de um fluido que o permeia e é responsável pela actual expansão acelerada do mesmo, a energia escura; cerca de 26,8% deve existir sob a forma de matéria escura, matéria essa que interage muito fracamente ou não interage de todo com a radiação e é responsável pelos efeitos gravitacionais adicionais à matéria regular; apenas 4,9% do conteúdo energético do Universo corresponde às partículas elementares de matéria que conhecemos.

A reconstrução da cronologia de eventos cósmicos após o Big Bang é um dos capítulos mais extraordinários da física do século XX. No presente século, cabe-nos completar, pormenorizar e dirimir as dificuldades que ainda persistem no modelo acima descrito. Por exemplo, há que desvendar a natureza da matéria escura e da energia escura; há que compatibilizar a teoria quântica com a Teoria da Relatividade Geral ou com uma teoria alternativa à gravitação de Einstein. Uma proposta para resolver esses problemas prende-se com a teoria de cordas quânticas, a qual tem implicações muito interessantes, nomeadamente, a de que o Big Bang pode não ter sido a origem dos tempos!

3. Mundos-membranas: um possível passado do Big Bang

A teoria do Big Bang explica, com a hipótese inflacionária, os estádios iniciais para o Universo e sua evolução. Todavia, o que deu origem ao Big Bang? Sabemos que as leis da física, tal como presentemente as conhecemos, deixam de ser válidas nas condições iniciais do Universo, quando as densidades de energia, temperatura e pressão são elevadíssimas. Em particular, Stephen Hawking e Roger Penrose mostraram, nos anos de 1960, que a Teoria da Relatividade Geral apresenta intrinsecamente «singularidades», pontos em que as grandezas físicas divergem e as equações de campo de Einstein não são válidas. Estes teoremas de singularidade sugerem que a Relatividade Geral tem de ser estendida a uma teoria da gravitação quântica para superar o problema das singularidades.

Algumas hipóteses têm sido consideradas para resolver esta aparente incompatibilidade da teoria de Einstein com a mecânica quântica, nomeadamente a teoria de cordas quânticas na sua versão mais geral, a teoria M ou a gravidade quântica em *loop* (*loop quantum gravity*). Tentar harmonizar estas duas teorias tem sido um desafio desde os anos de 1960. Uma das primeiras propostas foi desenvolvida pelo físico norte-americano Bryce DeWitt (e muito divulgada por John Wheeler), culminando na chamada equação quântica da gravitação, ou equação de Wheeler-DeWitt, que tem como incógnita a função de onda do Universo. Esta equação é análoga à de Erwin Schrödinger da mecânica quântica, mas tem por base a interpretação de 1957 de «muitos mundos» da mecânica quântica do norte-americano Hugh Everett III.

Como consequência desta proposta, em 1983, Stephen Hawking em colaboração com o norte-americano John Hartle iniciaram um programa sobre a origem dos tempos, conhecido por cosmologia quântica. Uma das ideias é a de que a função de onda descreve um espaço-tempo sem fronteira espacial (*no boundary proposal*). Assim, quando retrocedemos no tempo até ao instante inicial, a nossa noção de tempo deixa de fazer sentido, e o tempo é apenas mais uma dimensão do tipo espacial. Para entendermos isto, podemos imaginar alguém que vai ao Pólo Norte: segue sempre para norte, mas, ao atingir aquele ponto, o sentido norte não tem mais significado. De modo análogo, temos a noção de tempo a deixar de fazer sentido, e a singularidade inicial é evitada. Isto dá lugar a uma geometria como a ilustrada na Figura 1.

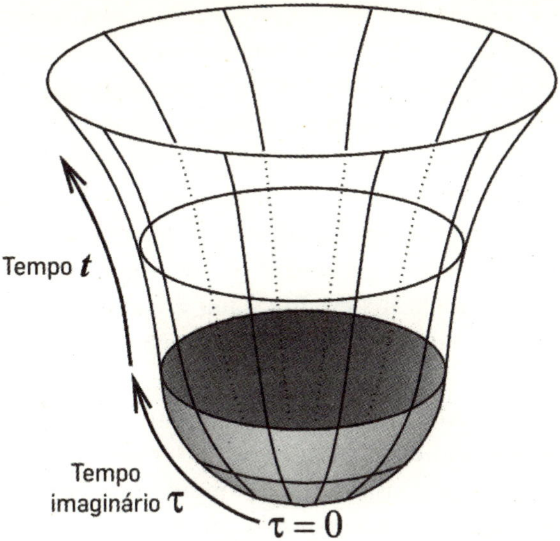

Figura 1: Representação em três dimensões do modelo da não fronteira de Hartle-Hawking (*no boundary proposal*). A base corresponde a uma semiesfera quadridimensional e a estrutura que apresenta o tempo como uma direcção distinta das espaciais corresponde a um Universo em expansão (Kiefer e Sandhoefer, 2008; Bertolami e Gomes, 2018).

Outra possibilidade é a de que o Universo pode ter sido criado por meio de uma enorme flutuação quântica do vazio, como na proposta do físico norte-americano Edward Tryon, em 1973. Ideias semelhantes referentes ao «tunelamento» a partir do «vácuo» foram também desenvolvidas matematicamente pelo físico russo-norte-americano Alexander Vilenkin, em 1984.

Regressando à discussão da cosmologia quântica, importa chamar a atenção de que este cenário corresponde a uma grande simplificação da gravitação quântica, o que permite uma análise mais aplicada a muitas situações físicas de interesse. Uma destas corresponde ao enigma da constante cosmológica, cujo valor observado é 10^{120} ordens de grandeza menor do que o previsto pela Teoria Quântica de Campos. Este é um dos problemas mais desconcertantes da física contemporânea.

Na teoria de supercordas, existem propostas explicativas para a origem do Universo, designadamente, o Universo poderia ter-se iniciado a partir de um gás de supercordas, o que definiria o número de dimensões do espaço que, com o tempo, se expandem. Várias propostas foram sugeridas como, por exemplo, o modelo do Pré-Big Bang e o modelo ecpirótico.

Em geral, a teoria de cordas prevê a existência de uma partícula escalar, o dilatão, que determina as propriedades do espaço-tempo, adicionalmente ao gravitão, o *quantum* da gravitação. No modelo do Pré-Big Bang, desenvolvido pelos físicos italianos Maurizio Gasperini e Gabriele Veneziano em 1993, existe um processo inflacionário anterior ao Big Bang que conduz a uma transição para o Universo conhecido graças ao estado dinamicamente não trivial do dilatão. No entanto, este modelo padece de dificuldades, porque exige um ajuste muito preciso de parâmetros e a própria transição para o Universo actual pode não ocorrer da forma pretendida.

No modelo ecpirótico, inspirado num limite da teoria M, assume-se existir duas membranas quadridimensionais imersas num espaço-tempo pentadimensional, sendo que o Universo observável corresponde a uma das membranas e a outra nos é inacessível. O espaço-tempo inicialmente tem 11 dimensões, característica da teoria M; seis dessas dimensões mantêm-se compactas e muito pequenas e, em consequência, não são observadas directamente; as restantes quatro dimensões espaciais e uma temporal expandem-se. Em 1998, Andre Lukas, Burt Ovrut e Daniel Waldram consideraram que a distância entre estas duas membranas poderia evoluir temporalmente. Esta hipótese levou a que Burt Ovrut, Paul Steinhardt, Neil Turok e Justin Khoury, em 2001, concebessem um modelo em que uma dessas membranas poderia emitir uma terceira membrana que colidiria com a outra membrana, cuja conflagração consequente, *ekpirosis* em grego, originaria um proto-Universo que, rapidamente, evoluiria para um Universo muito semelhante ao nosso após a inflação cósmica. Assim, o Big Bang corresponderia a esta colisão entre membranas. A evolução do Universo, neste modelo, segue muito de perto a da teoria do Big Bang na explicação da formação de estruturas com base na flutuação de densidade de energia resultantes daquela explosão. Porém, existe uma diferença entre os dois modelos no que respeita ao fim do Universo, pois no modelo ecpirótico o processo de colisão de membranas poderia ocorrer novamente, dando origem a um novo Big Bang, e continuar ciclicamente.

A ideia de universos cíclicos já havia sido explorada nos anos de 1920 e de 1930, mas admitia uma sucessão de ciclos progressivamente mais longos de contracções e expansões, ou seja, no limite, «Big Crunches» e «Big Bangs». Ora, retrocedendo no tempo, haveria seguramente um ponto de origem dos tempos, o que exigiria uma outra explicação para este instante, pelo que esta ideia não era completamente consistente. Todavia, o Universo cíclico no modelo ecpirótico acima descrito não apresenta estes problemas. Pelo contrário, este modelo é bastante elegante, pois com recurso a apenas um campo escalar, que representa a distância entre as duas membranas, resolve o problema da ignição do Big Bang e evita a singularidade inicial, oferecendo um mecanismo para a geração das flutuações de densidade e para a expansão acelerada do Universo actualmente. Tem a virtude de ser baseado na teoria M, embora se possa criticar que esta teoria apresenta dificuldades no seu tratamento matemático, o que pode impossibilitar a previsão de assinaturas observacionais. Contudo, os proponentes do modelo ecpirótico advogam que a ideia pode ser testada através da missão espacial eLISA (*evolved Laser Interferometer Space Antenna*) com a (não) observação de ondas gravitacionais primordiais, pois aquele modelo não prevê produção destas ondas, devido a o processo de colisão entre membranas ser muito lento. Este será seguramente um ponto importante na confirmação ou exclusão deste modelo.

A teoria de cordas é, de facto, prolífica em cenários algo exóticos. Inclusive, outra das possibilidades tem que ver com a ideia de Multiverso, ou seja, o nosso Universo ser apenas um entre muitos outros, os quais até podem interagir entre si gravitacionalmente.

4. O Multiverso

Estudos no contexto da teoria de supercordas quânticas sugerem que o nosso Universo é um entre muitos outros. Na verdade, supõe-se que existem cerca de 10^{500} universos com propriedades físicas distintas entre si, formando uma superestrutura, o Multiverso.

Importa também distinguir entre Multiverso e universos paralelos. O primeiro conceito refere-se à multiplicidade de universos, ou mínimos locais no espaço dos múltiplos campos da teoria de supercordas, e o segundo à hipótese, «muitos mundos» discutida acima, de que existem universos semelhantes ao nosso com diferenças entre si, de modo a acomodar potenciais estados associados às transições quânticas. Em 2011, Raphael Bousso e Leonard Susskind defenderam a ideia de que o Multiverso era a concretização da proposta «muitos mundos» da mecânica quântica. Podem, todavia, apontar-se dificuldades, devido à presença de efeitos não lineares relativamente a esta associação (Bertolami e Herdeiro, 2013).

Mas o cenário de Multiverso é interessante também por outros motivos. Em geral, assume-se que cada universo não interage com os restantes. Contudo, um dos autores deste texto, Orfeu Bertolami, propôs em 2008 um princípio da curvatura que descrevesse a dinâmica de interacção gravitacional entre dois universos, o que levaria a que o valor da constante cosmológica de um fosse extremamente pequeno à custa do aumento do seu valor no outro universo. Versões quânticas deste cenário foram desenvolvidas posteriormente.

Em qualquer destes cenários, a ideia de Multiverso pode apresentar alternativas para os problemas do modelo do Big Bang, porém estas soluções só fazem sentido se derem origem a implicações que possam ser testadas observacionalmente.

5. Uma responsabilidade cósmica?

Vimos acima que, desde o início da Humanidade, as ideias sobre a origem do mundo e a religião estiveram ligadas. O avanço da ciência e da tecnologia substitui naturalmente as concepções dogmáticas de natureza ideológica religiosa por uma visão fundamentalmente alicerçada na evolução científica da Humanidade.

Mas vivendo nós num mundo em que a ciência, em particular a cosmologia, oferece respostas a muitos dos mistérios do Universo com base em teorias testáveis, poderemos desenvolver uma «ética cósmica» associada a valores essencialmente humanistas? Talvez a resposta mais honesta seja a negativa. Ao longo da história da Humanidade, as descobertas são, por via de regra, motivadas por fins de sobrevivência e pela curiosidade humana, e não por impulsos humanistas ou antropocêntricos. De facto, não faz sentido perguntar-se sobre as implicações éticas da investigação do microcosmo e do macrocosmo, ainda que as leis que descrevem a dinâmica às escalas que nos são mais familiares sejam um subconjunto específico das leis mais gerais. Todavia, a cosmologia oferece-nos uma visão de quão modesta é a nossa condição no seio de um Universo que, para fins práticos, é infinito. Assim, dada a imensidão do Cosmo e a universalidade das leis da física, parece-nos lógico pensar que a vida é extremamente abundante no Universo. Esta convicção realça o papel muito particular e único da nossa espécie e reforça a nossa responsabilidade para com todos os seres vivos terrestres, tão dependentes das condições físicas e químicas específicas do sistema terrestre (o conjunto de todos os processos e interacções que acontecem na biosfera, na geosfera, na atmosfera, na hidrosfera, na criosfera e na litosfera superior). Na realidade, o Big Bang criou apenas as condições espaçotemporais para a nossa existência, contudo, a vida exige condições mais específicas que envolvem a assimetria bariónica (dominância da matéria sobre a antimatéria), valores relativos adequados das constantes fundamentais (essencialmente, a velocidade da luz, a constante de Planck, a constante de Boltzmann e da gravitação universal de Newton) e das constantes de acoplamento das quatro interacções fundamentais da Natureza, e a taxa de expansão do Universo ao longo da sua história nem exageradamente acelerada nem demasiado lenta, o que levaria a uma destruição do tecido do espaço-tempo ou ao colapso de toda a matéria do Cosmo. Estas condições, e outras de natureza físico-química, indicam que o surgimento da vida requer uma conjugação de factores que só um Universo em evolução e suficientemente grande para que no seu seio todas as condições, por mais específicas que estas sejam, pode assegurar. Na verdade, a possibilidade da existência de múltiplos universos torna o aparecimento da vida numa certeza absoluta: de todos os universos possíveis, o nosso é o que obviamente tem as condições adequadas. Destarte, a espécie humana tem uma responsabilidade em assegurar a manutenção das condições de equilíbrio que permitem a existência e continuidade de vida no planeta Terra. De facto, na sua obra *Entre o Passado e o Futuro*, a filósofa Hannah Arendt defendeu, em 1961, que estas responsabilidades deveriam também ser consideradas aquando da conquista do Espaço pela Humanidade.

Assim, parece-nos lógico estender os pontos de vista do texto de Hannah Arendt ao contexto da nossa discussão. Neste sentido, no desenvolvimento científico da cosmologia e no eventual processo de expansão da Humanidade para o Espaço, importa respeitar a integridade dos meios ambientes a encontrar (evitar a sobreexploração dos recursos naturais encontrados e não alterar as suas condições prístinas) e, naturalmente, não interferir no desenvolvimento de outras formas de vida, sencientes ou não.

Não seria completamente honesto não mencionar que os avanços científicos e tecnológicos também podem alterar consideravelmente o sistema terrestre, tornando-o potencialmente insustentável para a continuidade da Humanidade. Por isso, julgamos ser imperativo que aos avanços científicos se junte uma ética de respeito pela Humanidade e por todos os seres vivos. Para tal, julgamos que quatro pontos devem ser considerados:

1. a coesão da civilização humana só é eticamente possível com a resolução das injustiças sociais e da pobreza material e moral;
2. os princípios civilizacionais mais universais e consensuais são incompatíveis com o dogmatismo do fundamentalismo religioso e político. A ciência insere-se naturalmente nas correntes mais universais de uma cultura de igualdade de direitos e responsabilidades, de solidariedade, de tolerância e de liberdade;
3. o declínio da importância da educação e da cultura em confronto com a volubilidade dos valores da riqueza e do consumo conduz a um perigoso deslizar dos padrões civilizacionais, dando origem à intolerância e ao sectarismo;
4. a visão estritamente economicista e tecnocrática do planeta levou-nos ao Antropoceno e à ameaça de não sermos capazes de garantir as condições de sustentabilidade da Humanidade. Neste sentido, pare-

ce-nos pertinente evocar ideias generosas que unem o conhecimento científico às propostas que procuram estabelecer o equilíbrio com as condições de sustentabilidade do planeta enquanto casa comum da Humanidade. Na verdade, a existência de um projecto que visa construir um código jurídico compatível com os conhecimentos científicos acerca do sistema terrestre (Steffen [*et al.*], 2015; Bertolami e Francisco, 2018) parece-nos particularmente relevante (Magalhães [*et al.*], 2016).

Os quatro princípios enunciados acima parecem ser suficientemente consensuais e universais para nos guiar colectivamente até que os avanços científicos, sociais e tecnológicos nos permitam estender a ocupação humana além do planeta Terra. A cosmologia ensina-nos quão modesto é o papel que desempenhamos na ordem geral das coisas, mas também nos coloca como parte integrante de um belo e gigantesco mosaico.

6. Conclusões

A Humanidade sempre se indagou acerca das questões mais essenciais: quem somos, de onde viemos, para onde vamos? Inicialmente, as perguntas associadas à origem da vida e à origem do Universo tiveram explicações mitológicas e religiosas. Foi só no século XX que foi possível entender cientificamente a origem do espaço-tempo, por meio do modelo do Big Bang. Porém, cenários no contexto da teoria de cordas e das membranas foram desenvolvidos, nos quais o Big Bang pode não ter sido a origem dos tempos, e possibilidades como o modelo ecpirótico ou o Multiverso foram avançadas. Este último também oferece uma explicação imediata para o problema da origem da vida: em incontáveis universos possíveis, com condições completamente distintas, o nosso corresponde ao que tem as necessárias e compatíveis com a existência de vida. Assim, o chamado Princípio Antrópico, que, na sua versão mais forte, afirma que o Universo tem necessariamente de abrigar vida, é consequência de um cenário científico mais abrangente e pode ser dispensado enquanto hipótese adicional ao modelo do Big Bang.

Por meio de teorias e observações, a descrição científica da evolução do Universo é bastante robusta. Existem, naturalmente, inúmeros problemas conceptuais e técnicos por resolver e as observações são os guias fundamentais neste trabalho. Somente através do desenvolvimento das teorias científicas testáveis, por intermédio da observação e dos avanços tecnológicos levados até aos seus limites, poderemos ter mais respostas aos mistérios cósmicos.

Referências e leituras recomendadas

ADE, Peter A. R. [*et al.*], Planck 2015 results, XIII. Cosmological parameters, *Astronomy & Astrophysics* 594, 2016: pp. 1–63. doi: 10.1051/0004-6361/201525830.

ARENDT, Hannah, *La crise de la culture*, Paris, Gallimard, 1972.

BERTOLAMI, Orfeu, *O Livro das Escolhas Cósmicas*, Lisboa, Gradiva, 2006.

BERTOLAMI, ORFEU, A Curvature Principle for the interaction between universes, *General Relativity and Gravitation* 40, 2008: pp. 1891–1898. doi: 10.1007/s10714-008-0608-6.

BERTOLAMI, Orfeu, «Princípios Antrópicos e o Multiverso», 2009. Disponível em: http://web.ist.utl.pt/orfeu.bertolami/Multiverso.pdf.

BERTOLAMI, Orfeu, «Cosmological thinking: cultural heritage and challenge», 2010. Disponível em: arXiv:1001.4196 [physics.pop-ph].

Bertolami, Orfeu, «Digging down the past», 2011. Disponível em: arXiv:1110.4528 [physics.hist-ph].

Bertolami, Orfeu, *O Big Bang: A Origem do Universo,* in Bertolami, Orfeu, Couto, Helena (coord.), *Do Big Bang ao Homem,* Porto, U. Porto Edições, 2016.

Bertolami, Orfeu e Herdeiro, Victor, Nonlinearities in the quantum multiverse, *International Journal of Modern Physics D* 22, 2013. doi: 10.1142/S0218271813500685.

Bertolami, Orfeu e Páramos, Jorge, *Seis Breves Apontamentos de Cosmologia Contemporânea,* Porto, U. Porto Edições, 2016.

Bertolami, Orfeu e Gomes, Cláudio, Energia Escura, *Revista de Ciência Elementar* 5, 2017a: p. 065. doi: 10.24927/rce2017.065.

Bertolami, Orfeu e Gomes, Cláudio, Matéria Escura, *Revista de Ciência Elementar* 5, 2017b: p. 064. doi: 10.24927/rce2017.064.

Bertolami, Orfeu e Francisco, Frederico, A physical framework for the Earth System, the Anthropocene Equation and the Great Acceleration, *Global and Planetary Change* 169, 2018: pp. 66–69. doi: 10.1016/j.gloplacha.2018.07.006.

Bertolami, Orfeu e Gomes, Cláudio, Stephen Hawking e a sua contribuição para a física teórica, *Revista de Ciência Elementar* 6, 2018: p. 044. doi: 10.24927/rce2018.044.

Bertolami, Orfeu, «Utopia: Utopian and Scientific», 2018. Disponível em: https://web.ist.utl.pt/orfeu.bertolami/Bertolami_Utopia_2018.pdf.

Bertolami, Orfeu, O Big Bang: a origem do Universo, in Borges, Frederico Sodré [et al.] (org.), Do Big Bang ao Homem, Porto, U. Porto Edições, 2016.]

Bousso, Raphael e Susskind, Leonard, The Multiverse Interpretation of Quantum Mechanics, *Physical Review D* 85, 2012: pp. 1–22. doi: 10.1103/PhysRevD.85.045007.

Gasperini, Maurizio e Veneziano, Gabriele, The Pre-Big Bang Scenario in String Cosmology, *Physics Reports* 373, 2003: pp. 1–212. doi: 10.1016/S0370-1573(02)00389-7.

Hartle, James B. e Hawking, Stephen W., Wave function of the Universe, *Physical Review D* 28, 1983: pp. 2960–2975. doi: 10.1103/PhysRevD.28.2960.

Khoury, Justin [*et al.*], The Ekpyrotic Universe: Colliding Branes and the Origin of the Hot Big Bang, *Physical Review D* 64, 2001: pp. 1–24. doi: 10.1103/PhysRevD.64.123522.

Kiefer, Claus e Sandhoefer, Barbara, «Quantum Cosmology», 2008. Disponível em: arXiv:0804.0672 [gr-qc].

Lukas, André; Ovrut, Burt A. e Waldram, Daniel, Heterotic M-Theory Vacua with Five-Branes, *Fortschritte der Physik* 48, 2000: pp. 167–170. doi: 10.1002/(SICI)1521-3978(20001)48:1/3<167::AID-PROP167>3.0.CO;2-O.

Magalhães, Paulo [*et al.*] (org.), *The Safe Operating Space Treaty: A New Approach to Managing Our Use of the Earth System*, Newcastle upon Tyne, Cambridge Scholars Publishing, 2016.

Steffen, Will [*et al.*], Planetary boundaries: Guiding human development on a changing planet, *Science* 347, 2015: pp. 1–10. doi: 10.1126/science.1259855.

Tryon, Edward P., Is the Universe a Vacuum Fluctuation?, *Nature* 246, 1973: pp. 396–397. doi: 10.1038/246396a0.

A origem da Terra

Maria Helena Henriques

Centro de Geociências e Departamento de Ciências da Terra
da Faculdade de Ciências e Tecnologia da Universidade de Coimbra

Como se formou a Terra? – é uma pergunta que, apesar de não fazer parte do quotidiano dos cidadãos, quase todos alguma vez a terão formulado. Ou ainda: o que tem este planeta de tão extraordinário, que faz dele o único onde, até agora, se conhece vida? Mais frequentemente, sobretudo em resultado de uma certa mediatização dos chamados «fenómenos extremos», surge a dúvida, mais ou menos alarmista: até quando aguentará a Terra a pressão que sobre ela exercemos, fruto de uma relação Homem-natureza cada vez mais tóxica?

A resposta a esta questão dá azo a todo o tipo de elucubrações, com maior ou menor fundamento, mas raramente tendo em perspectiva que a Terra, tal como hoje a conhecemos, é uma entidade complexa e dinâmica, cujo *modus operandi* é objecto de estudo e compreensão de uma comunidade científica de dimensão ínfima, quando comparada com os quase oito mil milhões de pessoas que a habitam.

Os geólogos, que Saramago descreveu, em *A Jangada de Pedra*, como «os sábios da terra e das terras, os averiguadores de movimentos e acidentes, estratos e blocos erráticos, de martelinho na mão, batendo em tudo quanto fosse pedra ou pedra parecesse», estão particularmente qualificados, não para afirmar peremptoriamente como se formou a Terra, mas para debater as hipóteses, de momento mais plausíveis, que podem explicar a sua origem no contexto do sistema solar. São eles os que melhor conhecem os processos que modelaram o planeta desde a sua formação, interpretados a partir do registo geológico, e são seguramente os mais habilitados para avaliar os que ocorrerão no futuro, seja qual for o tempo que a espécie humana nele permaneça.

As preocupações crescentes nos domínios político, económico e social que emergem de desequilíbrios reconhecidos na relação entre as actividades humanas e os sistemas terrestres conferem à actividade dos geólogos uma dimensão ética que há-de reflectir-se nas suas práticas quotidianas, quer enquanto profissionais chamados a resolver um problema técnico específico, como o da exploração eficiente de recursos geológicos ou o da identificação de locais mais vulneráveis ao risco sísmico, quer enquanto investigadores ou educadores do domínio das Ciências da Terra.

O carácter simultaneamente histórico e hermenêutico do pensamento geológico assenta num modelo de raciocínio para muitos tido como o mais adequado para a resolução de problemas globais de relevância social, como os que se relacionam com a alteração do clima ou com a necessidade de reduzir os riscos naturais e de utilizar, de forma racional, os recursos naturais da Terra, a maior parte deles não renovável (Frodman, 2001).

1. A origem da Terra e a natureza do conhecimento em geociências

Uma das hipóteses mais antigas acerca da origem da Terra considerava que a sua formação teria resultado do colapso gravitacional de uma nuvem de poeira cósmica. As missões espaciais da Apollo, nos anos 60 do século passado, permitiram um estudo detalhado das crateras lunares, estruturas de impacto de corpos celestes que terão ocorrido com frequência há cerca de 4,5 mil milhões de anos, e que rapidamente abrandaram à medida que as poeiras cósmicas se foram agregando e formando objectos de maiores dimensões – os planetas e seus satélites (Figura 1). Este processo lento e violento de acreção, isto é, de aumento gradual de volume por justaposição de matéria, envolveu o impacto de grandes corpos que terão produzido enorme quantidade de calor no interior da Terra, fundindo a poeira cósmica ali encontrada. O magma oceânico terá permanecido activo durante milhões de anos, provocando intenso vulcanismo que, aliado à queda de corpos celestes de grandes dimensões, tornou impossível o aparecimento de vida na Terra. Será necessário esperar mais 120 a 150 milhões de anos até que a Terra, que desde a sua formação começou a arrefecer, organize a sua estrutura interna, composta por crusta, manto e núcleo, e crie uma atmosfera. E mais tempo será necessário ainda passar até à diferenciação dos continentes, que representam as partes da crusta que não foram destruídas pelo incessante ciclo de absorção e deformação de materiais litosféricos, movido pelas correntes de convecção do manto, que ocorre nas zonas de limites entre placas tectónicas até aos dias de hoje.

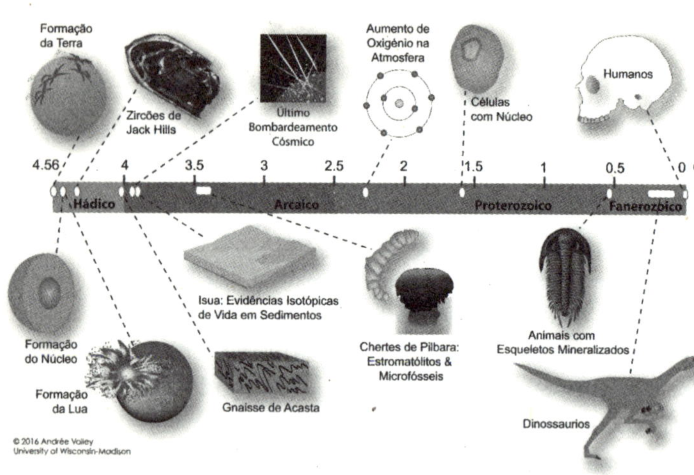

Figura 1: A história da Terra nos últimos 4,56 mil milhões de anos (ou giga-anos = Ga) com algumas das evidências geológicas que a sustentam (cortesia de Andrée Valley, Universidade do Wisconsin-Madison).

Se a história mais antiga da Terra pode ser contada através da determinação de idades isotópicas de meteoritos análogos àqueles que se terão agregado para formar o planeta, recorrendo ao cálculo da sua idade absoluta através da medição da quantidade de energia emitida pelos elementos radioactivos que os compõem, a história mais recente assenta na interpretação do registo geológico, isto é, nas rochas e suas propriedades.

As rochas mais antigas que se conhecem até hoje, também datadas através de métodos assentes na taxa de decaimento dos elementos radioactivos constituintes dos seus minerais, foram encontradas na América do Norte (Acasta), e forneceram uma idade radiométrica de 3,96 mil milhões de anos (Iizuka, 2007). Contudo, na Austrália (Jack Hills), foram encontrados minerais de zircão com cerca de 4,4 mil milhões de anos que terão constituído, com outros minerais menos resistentes à erosão, uma rocha da mesma idade (Valley [*et al.*], 2014). Das que existiram antes disso, não há memória, isto é, não há registo geológico expresso nas rochas que hoje afloram, ou porque foram erodidas em resultado da actuação de processos geodinâmicos externos, ou porque foram transformadas por via dos processos geodinâmicos internos.

Significa isto que essa é a idade das rochas mais antigas da Terra? Não. Significa apenas que são as que se conhecem até agora e para as quais a datação radiométrica de elementos radioactivos presentes nos minerais que as constituem permite chegar a um número com um certo grau de certeza. No caso das rochas australianas, referimo-nos à possibilidade de um erro de cálculo que pode chegar aos oito milhões de anos, o grau de confiança admitido para aquela datação, o que corresponde, nada mais nada menos, a 80 mil séculos. Significa, igualmente, que se chegou a esse número através dos mecanismos de validação científica corrente, por consenso entre a comunidade científica da especialidade, que avaliou os fundamentos da pesquisa subjacente ao resultado alcançado e os aceitou como válidos.

Mas, mais cedo ou mais tarde, esse número pode vir a ser substituído por outro. Isto porque poderão vir a ser encontrados outros materiais líticos mais antigos em locais, de momento, inacessíveis para a colecta de amostras, ou poderão vir a ser concebidas outras técnicas mais fiáveis para os datar, ou poderão ainda vir a ser aperfeiçoadas as técnicas actualmente usadas. E esta é a única certeza que podemos ter.

2. A vida e o registo fóssil

As evidências mais antigas de vida na Terra foram encontradas na Gronelândia (Isua) e datam de 3,8 mil milhões de anos (Nutman [*et al.*], 2007), mas as provas mais inequívocas dos primeiros seres que povoaram o planeta são um pouco mais tardias, de há cerca de 3,5 mil milhões de anos, e correspondem a vestígios de algas verdes encontrados na Austrália e na África do Sul (Allégre e Schneider, 2005). Desde então, a vida diversificou-se, assumindo formas cada vez mais elaboradas, que só muito esporadicamente ficaram preservadas no registo fóssil.

É necessário esperar até há cerca de 550 milhões de anos, altura em que muitos organismos adquiriram esqueletos mineralizados, incrementando exponencialmente a probabilidade de se fossilizarem, para se ter um retrato mais nítido da componente paleobiótica do planeta. Há quem aponte este momento como o da «explosão de vida no Câmbrico», mas, na verdade, o registo fóssil é mais rico a partir de então devido ao facto de os organismos terem adquirido a capacidade de segregar esqueletos, total ou parcialmente constituídos por substâncias minerais, que facilitam a transferência de informação da biosfera para a litosfera através da fossilização.

A expressão «explosão de vida» talvez seja mais apropriada para definir os longos episódios que antecederam o Câmbrico, apesar da escassez de fósseis de organismos de corpo mole, que relatam transformações tão importantes para a evolução biológica como o aparecimento das primeiras células eucarióticas há cerca de 1,7 mil milhões de anos. Quando analisamos a complexidade morfofuncional de uma trilobite, com os olhos compostos por múltiplas lentes à semelhança dos insectos actuais, não podemos deixar de admitir que terá havido uma longa história de evolução biológica praticamente desconhecida, e que terá sido suficientemente complexa para resultar naquele grupo de invertebrados que dominou as plataformas marinhas da Terra durante cerca de 250 milhões de anos.

São igualmente escassas as evidências de profundas transformações que terão igualmente ocorrido na atmosfera, na hidrosfera e na litosfera. Contudo, é inequívoco que aconteceram e que, da interacção entre esses geossistemas, resultou o aparecimento da vida, bem como a sua proliferação sob as mais variadas formas. As afinidades morfológicas que vamos encontrando entre as formas de vida antigas e as que actualmente existem vão-se acentuando à medida que percorremos a história da vida na Terra através do registo fóssil, desenhando uma cadeia complexa que une os seres mais primitivos aos que compõem a biosfera actual. Se o conhecimento que podemos ter da Terra de há 550 milhões de anos é difuso, com placas continentais e oceânicas com formas e posições geográficas bem distintas das actuais e com padrões de circulação de massas de ar e de água certamente diversos dos que hoje existem, ele vai-se tornando cada vez mais definido à medida que percorremos a linha do tempo. Somos capazes de aceitar, sem relutância, que a América do Sul e África já estiveram juntas, dada a configuração do bordo oriental da primeira e do bordo ocidental da segunda, que encaixam perfeitamente. O registo fóssil permite ir mais longe e estabelecer quando esses dois continentes se separaram a partir de um único continente, o Gonduana, bem como quando de um e do outro lado, a partir de ancestrais comuns, a vida terrestre tomou formas distintas, para sempre separadas por um oceano intransponível. Foi há cerca de 190 milhões de anos, de sul para norte, a partir da latitude das ilhas Falkland.

A análise do registo fóssil é uma tarefa sem fim, e as inferências que a partir dela se podem fazer acerca da história da Terra jamais serão concluídas. Estima-se que menos de 1% do que outrora foi vivo possa ter fossilizado, tudo o resto tendo desaparecido na voragem do ciclo natural que permanentemente reduz a matéria orgânica a compostos inorgânicos, e os transforma depois em novos compostos orgânicos. Os fósseis representam disfuncionalidades raras desta engrenagem, em que uma concha, em vez de se dissolver até se transformar em pó, é enterrada, mantendo mais ou menos a sua forma inicial, pressionada nas profundezas da litosfera até petrificar, tal como a rocha em que está incluída no momento em que a colectamos num afloramento hoje erguido à superfície da Terra.

Mas, apesar de a fossilização ser um fenómeno raro, mais de dois séculos de estudos sistemáticos em paleontologia já permitiram identificar muitos milhares de espécies de animais e plantas que outrora habitaram o planeta, bem como as suas relações evolutivas. Para muitas delas, conhece-se razoavelmente bem de quando data a sua primeira ocorrência, que nichos ecológicos ocupavam, como se expandiram ao longo do tempo e do espaço, quando evidenciaram sinais de declínio e quando se extinguiram. Estes indicadores ilustram de forma eloquente o pensamento de Stephen Jay GOULD em *O Sorriso do Flamingo* (1991), quando perspectiva a vida como «o produto de um passado contingente, e não o resultado inevitável e previsível de leis da natureza simples e intemporais». Tais indicadores, aliados a outro tipo de assinaturas de carácter abiótico inscritas no registo geológico, fundamentam o calendário extraordinariamente pormenorizado da história da Terra. A escala do tempo geológico (Tabela Cronostratigráfica Internacional) é um referencial de tempo global que integra intervalos de tempo geológico (unidades cronostratigráficas) cujos limites estão em actualização permanente, sob coordenação da Comissão Internacional de Estratigrafia da União Internacional de Ciências Geológicas, de acordo com a identificação de novos indicadores, bióticos ou abióticos, que permitam calibrar tais limites (Figura 2; ICS, 2017).

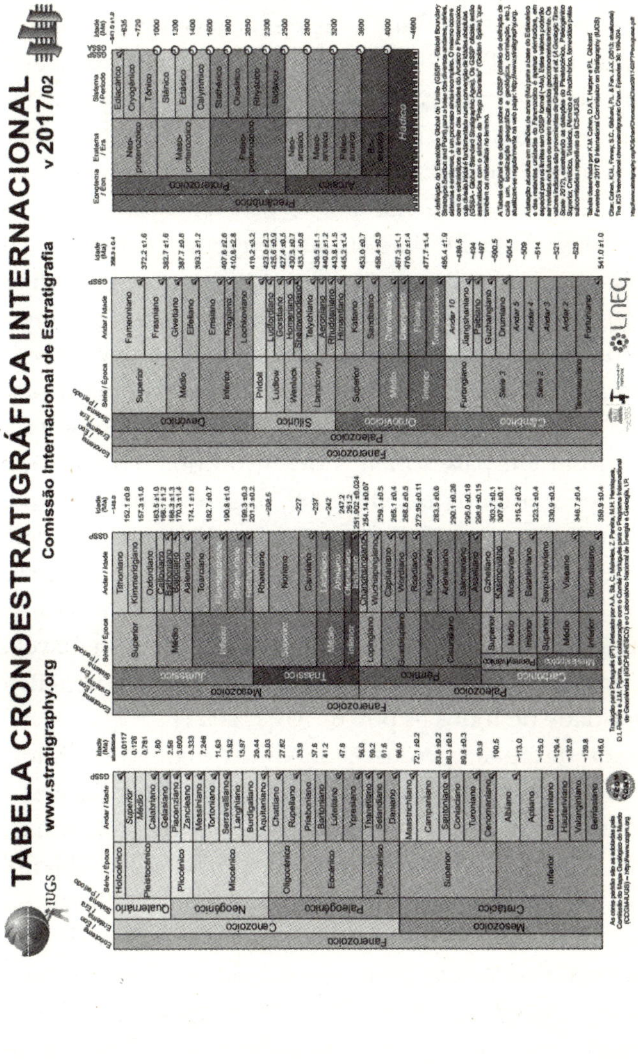

Figura 2: A Tabela Cronostratigráfica Internacional na sua edição de 2017 (ICS, 2017).

3. Geologia e sociedade

A Terra é um planeta especial que temos o dever de conhecer e valorizar, até porque será o único onde iremos viver toda a nossa vida. Nesse sentido, a Assembleia-Geral das Nações Unidas proclamou 2008 o Ano Internacional do Planeta Terra, subordinado ao tema «Ciências da Terra para a Sociedade». Esta iniciativa conjunta entre a Unesco e a União Internacional de Ciências Geológicas teve por objectivo relevar o papel social de cerca de meio milhão de geocientistas (geólogos, engenheiros-geólogos e de minas, geofísicos, geógrafos, ...), frequentemente subutilizado, enquanto detentores de conhecimento profundo acerca dos processos que modelam o planeta, na construção de uma sociedade mais segura, saudável e próspera, numa perspectiva de promoção de sustentabilidade e com vista à melhoria do quotidiano das pessoas, sobretudo das que vivem em países menos desenvolvidos. Pretendeu-se que, durante o triénio de 2007–2009, os geocientistas de todo o mundo procurassem demonstrar como trabalham para compreender e manter intactos para as gerações futuras os registos da história do planeta, o conhecimento da sua estrutura e do seu equilíbrio dinâmico, bem como para tornar sustentável o uso das riquezas da Terra e da sua diversidade para o benefício e prosperidade de todos os povos (AIPT, 2007).

Escassez de água, perdas económicas e de vidas humanas decorrentes de desastres naturais, desertificação, gestão não sustentável de recursos geológicos, desordenamento do território e perda de bio e de geodiversidade são problemas correntes em muitas regiões do mundo, que confluem nas temáticas seleccionadas para o Programa Científico do Ano Internacional do Planeta Terra: Água Subterrânea: reservatórios para um planeta com sede?; Desastres Naturais: minimizar o risco, maximizar a consciencialização; Terra e Saúde: construir um ambiente mais seguro; Alterações Climáticas: registos nas rochas; Recursos: a caminho de um futuro sustentável; Megacidades: o nosso futuro global; O Interior da Terra: da crusta ao núcleo; Oceanos: abismo do tempo; Solo: a pele da Terra; Terra e Vida: as origens da diversidade (De Mulder, Nield e Derbyshire, 2006).

A iniciativa destacou igualmente o papel da educação científica, nomeadamente em geociências, como instrumento fundamental na formação de cidadãos comprometidos com a sustentabilidade do planeta e dos seus recursos, em linha com preocupações subjacentes à Década das Nações Unidas da Educação para o Desenvolvimento Sustentável (2005–2014), na qual se inseriu (Henriques, 2008a).

Em Portugal, as actividades do Ano Internacional do Planeta Terra decorreram ao longo do triénio de 2007–2009, sob coordenação de um comité nacional, com forte envolvimento de agentes políticos, económicos e sociais (Henriques [*et al.*], 2010). Algumas foram implementadas em articulação com comités nacionais de outros países da Comunidade dos Países de Língua Portuguesa (CPLP), num esforço de partilha de conhecimento entre os membros de uma comunidade com mais de 240 milhões de pessoas que falam a mesma língua. Dessa articulação resultou uma declaração conjunta, da qual ressalta uma visão assente em pressupostos que convergem nos alicerces fundamentais que sustentam a geoética (Henriques, 2008b):

- os geocientistas, e particularmente os geólogos, têm um importante papel social a desempenhar;
- promover uma educação em geociências mais vasta melhorará a consciência dos povos lusófonos para a necessidade duma gestão sustentável do ambiente e dos recursos naturais da Terra, tendo em conta a existência de uma relação estreita entre a geodiversidade, a biodiversidade e a diversidade sociocultural do nosso sistema terrestre;

- fortalecer as infra-estruturas científicas e promover centros regionais de excelência favorecerá de modo sustentável a emergência de investigação geocientífica de alta qualidade na CPLP;
- melhorar a extensão e a qualidade da cartografia geológica e desenvolver redes melhoradas de informação em geociências irá ajudar na exploração de recursos minerais, energéticos e hídricos, e a encarar desafios ambientais que os territórios afectos à CPLP enfrentam.

4. Geoética: o futuro da Terra nas nossas mãos

Os humanos são reconhecidos como uma «força geológica», capaz de modificar ambientes naturais e, em virtude desta prerrogativa, têm uma responsabilidade ética para com o planeta (Peppoloni e Di Capua, 2017). Os geólogos têm uma responsabilidade social acrescida na consciencialização da sociedade em relação a emergências planetárias como as que resultam da exploração descontrolada de georrecursos, da ocupação de territórios sujeitos a elevados riscos geológicos ou à perda de geodiversidade, preocupações que devem orientar as suas práticas profissionais quotidianas.

A geoética refere-se a um corpo de princípios morais que devem orientar a nossa relação com a Terra enquanto entidade geológica (Martínez-Frías, González e Pérez, 2011), e que são particularmente necessários para enfrentar os dilemas que resultam do carácter limitado da superfície da Terra, dos processos geodinâmicos que a modelam e da finitude dos seus recursos. A Associação Internacional para a Promoção da Geoética (International Association for Promoting Geoethics) é uma plataforma científica multidisciplinar que reúne membros de 124 países e que pretende implementar a discussão e consciencialização dos problemas de ética aplicados às geociências (IAPG, 2018). A Associação Internacional para a Geoética (International Association for Geoethics) cumpre objectivos análogos, considerando que a investigação em geologia planetária e a astrobiologia também carecem de abordagens geoéticas (IAGETH, 2018).

A geoconservação diz directamente respeito a esta nova responsabilidade social concernente ao uso dos recursos da Terra, mais especificamente à identificação, avaliação, conservação, valorização e monitorização de elementos geológicos com valor científico, educativo, turístico ou cultural excepcionais – o património geológico da Terra representado por geossítios –, fundamentais para compreender os processos que a modelaram e modelam (Henriques [*et al.*], 2011). Um geossítio é um local da superfície da Terra que representa, de forma eloquente, processos ou eventos verdadeiramente significativos para a compreensão da história da Terra e que, por isso, deve ser preservado para as gerações futuras. É o caso dos «golden spikes» ou «pregos dourados», os únicos locais no mundo que representam fisicamente cada limite entre andares na Tabela Cronostratigráfica Internacional – os *Global Stratotype Section and Point* (GSSP) –, de que são exemplo em Portugal o GSSP do Toarciano, estabelecido em Peniche, e o GSSP do Bajociano, estabelecido no Cabo Mondego (Figura 3).

Figura 3: O *Global Stratotype Section and Point* do andar Bajociano definido nas rochas carbonatadas que afloram no Monumento Natural do Cabo Mondego.

Em Portugal, reconhecem-se territórios com valor patrimonial estabelecido, reconhecidos e enquadrados em Monumentos Naturais de âmbito nacional tutelados pelo poder central (por exemplo, Monumento Natural do Cabo Mondego, Figueira da Foz), a par de outros, de âmbito regional e tutelados pela administração local (por exemplo, Monumento Natural das Pedras Ruivas, Viana do Castelo), a que acrescem quatro geoparques incluídos na Rede Global de Geoparques da Unesco, geridos por associações de direito privado (Naturtejo, Arouca, Açores e Terras de Cavaleiros).

Os geoparques são territórios dotados de património geológico excepcional, de relevância internacional, onde geologia e sociedade se articulam de forma mutuamente proveitosa

(Henriques e Brilha, 2017). Configuram uma via sociocultural criativa de interpretação das condições naturais por parte de uma comunidade que garante a manutenção da integridade física dos geossítios, a par com formas sustentáveis de desenvolvimento local, nomeadamente através do geoturismo. Além disso, cumprem um papel social não menos importante enquanto recursos educativos de grande relevância para a promoção de educação para o desenvolvimento sustentável (Henriques, Tomaz e Sá, 2012).

Geoconservação e geoeducação são alguns dos desafios correntes que os geólogos enfrentam num mundo globalizado e sobrepovoado que carece de soluções que permitam conciliar as suas práticas com valores geoéticos. As implicações decorrentes da exploração irracional de recursos geológicos, dos efeitos das mudanças climáticas, das repercussões políticas energéticas e de práticas de gestão territorial que não respeitam a dinâmica natural do planeta são problemas globais que requerem igualmente uma consciência ética sólida que permita aos geólogos responderem de forma eficaz e sustentável às necessidades da sociedade, tendo em conta a natureza e duração dos processos geodinâmicos (Bobrowsky [*et al.*], 2017). As suas obrigações éticas resultam de possuírem conhecimentos específicos que têm implicações práticas para a sociedade, o que os torna numa parte activa e responsável na busca do bem comum (Peppoloni e Di Capua, 2015).

Mas será possível alcançar um equilíbrio entre a conservação da natureza e o desenvolvimento das sociedades? Será ético omitir as consequências ambientais que decorrerão da exploração de lítio em Portugal, uma notícia que inunda a agenda mediática actual? Sendo um país com uma indústria mineira incipiente, será ético obstaculizar tal projecto, que poderá criar postos de trabalho num território de fraca densidade populacional? E como se pode defender o cancelamento de concessões à prospecção de hidrocarbonetos ao largo da plataforma continental portuguesa, quando temos uma economia que depende totalmente dessa fonte de energia? Como impedir a ocupação arriscada das zonas costeiras sujeitas a erosão permanente e que seguramente conduzem a perdas humanas e económicas? Estes são alguns exemplos que ilustram dilemas geoéticos que os geólogos enfrentam nas suas práticas profissionais quando têm de tomar decisões ou sugerir escolhas entre duas ou mais opções, cada uma delas com um possível impacto negativo sobre o planeta e/ou a população. Estas questões mostram que o seu trabalho, além de incorporar uma componente técnico-científica, também inclui uma dimensão sociocultural assente na partilha de valores (Peppoloni e Di Capua, 2017), o que requer uma interacção mais estreita não só com outros saberes no âmbito das Ciências Naturais, mas também com conhecimentos afectos às Ciências Sociais e Humanas (Stewart e Gill, 2017).

Isso significa ter de superar a divisão estabelecida entre as Ciências Naturais e as Ciências Sociais e Humanas, integrando conhecimento científico natural, social e humanista a formas não científicas e não ocidentais de conhecimento, tal como preconizado pelo Ano Internacional para o Entendimento Global, iniciativa organizada pelo Conselho Internacional de Ciências (International Council for Science) e pelo Conselho Internacional de Ciências Sociais (International Social Science Council), que, em 2016, implementou um conjunto diversificado de acções a nível internacional, destacando a necessidade de incrementar a consciencialização pública acerca da relação inequívoca que existe entre acções locais e efeitos globais (Werlen, Oosterbeek e Henriques, 2016). As acções antrópicas, instantâneas à escala geológica, que produzem efeitos sobre os sistemas terrestres, cuja dinâmica pode envolver milhões de anos, são ainda mais difíceis de compreender, sobretudo para o cidadão comum, para quem dez mil séculos correspondem a um horizonte temporal longínquo.

Por isso, e tal como refere Peppoloni e Di Capua (2012), «uma grande responsabilidade histórica está nas mãos dos geocientistas: demonstrar que o conhecimento geológico é realmente um benefício para a humanidade, e que a sua contribuição pode ser decisiva na busca de um novo equilíbrio nas relações entre Homem e natureza».

Referências e leituras recomendadas

AIPT (Ano Internacional do Planeta Terra), «O Planeta Terra nas nossas mãos», 2007. Disponível em: http://www.yearofplanetearth.org/ [consultado em 8 de Maio de 2018].

Allégre, C. J. e Schneider, S. H., Evolution of Earth, *Scientific American* 15, 2005: pp. 4–13. doi: 10.1038/scientificamerican0705-4sp.

Bobrowsky, P. [*et al.*], The Emerging Field of Geoethics, *in* Gundersen, L. C. (org.), *Scientific Integrity and Ethics with Applications to the Geosciences*, Washington, Special Publication American Geophysical Union, John Wiley & Sons, 2017, pp. 175–212.

De Mulder, E. F. J.; Nield, T. e Derbyshire, E., The International Year of Planet Earth (2007–2009): Earth Sciences for Society, *Episodes* 29, 2006: pp. 82–86.

Frodman, R., A epistemologia das geociências, *in* Marques, L. F. e Praia, J. (org.), *Perspectivas Ciência-Tecnologia-Sociedade na Inovação da Educação em Ciência*, Aveiro, Departamento de Didáctica e Tecnologia Educativa, Universidade de Aveiro, 2001, pp. 31–38.

Gould, S. J., *O Sorriso do Flamingo: Reflexões sobre História Natural*, Lisboa, Gradiva, 1991.

Henriques, M. H., Ano Internacional do Planeta Terra e Educação para a Sustentabilidade, *in* Vieira, R. M. [*et al.*] (coord.), *Ciência-Tecnologia-Sociedade no Ensino das Ciências: Educação Científica e Desenvolvimento Sustentável*, Aveiro, Departamento de Didáctica e Tecnologia Educativa, Universidade de Aveiro, 2008a, pp. 110–116.

Henriques, M. H., Declaração de Coimbra sobre o Desenvolvimento das Geociências na Comunidade dos Países de Língua Portuguesa, *Memórias e Notícias* 3 (Nova Série), 2008b: pp. 539–542.

Henriques, M. H. [*et al.*], The International Year of Planet Earth in Portugal: past activities and further developments, *Episodes* 33, 2010: pp. 33–37.

Henriques, M. H. [*et al.*], Geoconservation as an emerging geoscience, *Geoheritage* 3, 2011: pp. 117–128. doi: 10.1007/s12371-011-0039-8.

Henriques, M. H.; Tomaz, C. e Sá, A. A., The Arouca Geopark (Portugal) as an educational resource: A case study, *Episodes* 35, 2012: pp. 481–488.

Henriques, M. H. e Brilha, J., UNESCO Global Geoparks: a strategy towards global understanding and sustainability, *Episodes* 40, 2017: pp. 349–355. doi: 10.18814/epiiugs/2017/v40i4/017036.

IAGETH, International Association for Geoethics. Disponível em: http://www.icog.es/iageth/index.php/home/ [consultado em 8 de Maio de 2018].

IAPG, International Association for Promoting Geoethics. Disponível em: http://www.geoethics.org/ [consultado em 8 de Maio de 2018].

ICS (International Commission on Stratigraphy), Tabela Cronostratigráfica Internacional, 2017. Disponível em: http://www.stratigraphy.org/ICSchart/ChronostratChart2017-02PTPortuguese.pdf [consultado em 8 de Maio de 2018].

Iizuka, T. [*et al.*], Geology and zircon geochronology of the Acasta Gneiss Complex, northwestern Canada: New constraints on its tectonothermal history, *Precambrian Research* 153, 2007: pp. 179–208. doi: 10.1016/j.precamres.2006.11.017.

MARTÍNEZ-FRÍAS, J.; GONZÁLEZ, J. L. e PÉREZ, F. R., Geoethics and Deontology: From fundamentals to applications in Planetary Protection, *Episodes* 34, 2011: pp. 257–262.

NUTMAN, A. P. [*et al.*], The Itsaq Gneiss Complex of Southern West Greenland and the Construction of Eoarchaean Crust at Convergent Plate Boundaries, *in* VAN KRANENDONK, M. J.; SMITHIES, R. H. e BENNETT, V. C. (org.), *Earth's Oldest Rocks, Developments in Precambrian Geology* 15, Amesterdão, Elsevier, 2007, pp. 187–218.

PEPPOLONI, S. e DI CAPUA, G., Geoethics and geological culture: awareness, responsibility and challenges, *Annals of Geophysics* 55, 2012: pp. 335–341. doi: 10.4401/ag-6099.

PEPPOLONI, S. e DI CAPUA, G., The meaning of Geoethics, *in* WYSS, M. e PEPPOLONI, S. (org.), *Geoethics: Ethical Challenges and Case Studies in Earth Science*, Amesterdão, Elsevier, 2015, pp. 3–14.

PEPPOLONI, S. e DI CAPUA, G., Geoethics: ethical, social and cultural implications in geosciences, *Annals of Geophysics* 60, 2017: pp. 1–8. doi: 10.4401/ag-7473. Disponível em: http://www.annalsofgeophysics.eu/index.php/annals/article/view/7473/6810 [consultado em 8 de Maio de 2018].

STEWART, I. S. e GILL, J. C., Social geology – integrating sustainability concepts into Earth sciences, *Proceedings of the Geologists' Association* 128, 2017: pp. 165–172. doi: 10.1016/j.pgeola.2017.01.002.

VALLEY, J. W. [*et al.*], Hadean age for a post-magma-ocean zircon confirmed by atom-probe tomography, *Nature Geoscience* 7, 2014: pp. 219–223. doi: 10.1038/NGEO2075.

WERLEN, B.; OOSTERBEEK, L. e HENRIQUES, M. H., 2016 International Year of Global Understanding: Building bridges between global thinking and local actions, *Episodes* 39, 2016: pp. 604–611. doi: 10.18814/epiiugs/2016/v39i4/103894.

A origem da vida

Nuno Ferrand de Almeida

CIBIO-InBIO (Centro de Investigação em Biodiversidade e Recursos Genéticos) e Museu de História Natural e da Ciência da Universidade do Porto

A espécie humana é certamente a única que tem consciência da morte. Muito antes da emergência das sociedades modernas e daquilo que hoje chamamos de civilização, essa consciência começou por se traduzir numa série de práticas designadas por culto dos mortos que chegaram até hoje através do trabalho desenvolvido pelos arqueólogos. Essas práticas deixavam evidente a interrogação perante o fim da vida e, manifestamente, o desejo ou a esperança de que haveria uma continuação da existência num qualquer outro lado.

Com a invenção da agricultura e da escrita, a sedentarização, o surgimento dos primeiros povoamentos e, subsequentemente, a emergência das sociedades organizadas tal como as conhecemos hoje, ficam criadas as condições para que essa consciência inicial sobre o fim da existência do indivíduo dê origem a explicações detalhadas e sofisticadas sobre a vida e o seu significado, explicações que são partilhadas por sociedades inteiras e se tornam também elementos fundamentais que estruturam essas mesmas sociedades. Nascem, assim, as grandes religiões, que têm em comum a atribuição da origem da vida a uma entidade divina, sobrenatural, mas que, ao mesmo tempo, fornecem uma explicação coerente e confortável sobre a organização do mundo e o destino individual de cada um de nós.

Durante milhares de anos, as concepções mitológicas, religiosas, filosóficas dominam a explicação de um mundo que é, naturalmente, antropocêntrico e onde tudo é concebido para benefício da espécie humana. A invenção da ciência, que ocorre a partir do século XVI e se caracteriza pela utilização cuidada da observação e da experimentação, vem finalmente pôr em causa os alicerces em que a civilização se vinha construindo e provocar uma profunda revolução, que dura até hoje. Na verdade, e num período que é extraordinariamente reduzido, percebe-se que afinal o Sol não gira à volta da Terra, que a Terra terá uma idade muitíssimo superior à que lhe era atribuída, e que todas as espécies poderiam não ser imutáveis mas evoluir ao longo do tempo. Está, pois, criado o caminho para que a origem da vida seja, também ela, uma questão abordável através da aplicação do método científico.

Surgem, assim, as primeiras interrogações: seria possível que a vida se tivesse originado a partir de reacções químicas só possíveis num planeta ainda muito primitivo? E, nesse caso, ter-se-á originado uma única vez ou, pelo contrário, múltiplas vezes? Neste último caso, seríamos nós capazes de o reconhecer, mesmo através do estudo das espécies que existem hoje? E como e onde se originou a vida? E se tudo se tiver passado desta maneira, será a Terra o único local com vida no Universo, ou haverá vida noutros planetas? Se houver, seremos capazes de a reconhecer?

A evolução da biologia e o seu caminho enquanto disciplina progressivamente mais autónoma tem objectivamente um momento marcante, que aconteceu há mais de 150 anos, quando Charles Darwin terminava a sua obra maior, *A Origem das Espécies*, com um parágrafo extraordinário:

> Há uma grandeza nesta concepção de a vida, com os seus vários poderes, ter sido insuflada pelo Criador em algumas formas ou numa única; e que, enquanto este planeta começou a girar de acordo com a lei imutável da gravidade, de um começo tão simples tenham evoluído, e continuem a evoluir, inúmeras formas tão belas e maravilhosas.

Tanto tempo depois, e apesar da revolução da ciência e, em especial, da biologia, da descoberta do ADN (ácido desoxirribonucleico) e da sequenciação completa de inúmeros genomas, estas palavras permanecem absolutamente actuais. Não importa naturalmente aqui a menção à possibilidade de a vida resultar de um acto de criação divina, mas sim o facto de Darwin ter sido capaz de perceber que a vida teria evoluído a partir de um número muito reduzido de estruturas muito simples, ou mesmo de uma só. Hoje, a mais sofisticada biologia confirma, sem nenhuma dúvida, a extraordinária previsão de Darwin e permite compreender, de forma muito mais aprofundada, quando e como se originou a vida.

Antes, contudo, de o procurarmos fazer ao longo deste capítulo, torna-se necessária uma definição de vida, e uma forma simples de a conseguir é dizer que vida é matéria organizada capaz de se reproduzir e de se modificar através do processo de selecção natural (Barton [*et al.*], 2007).

1. Há quanto tempo existe vida na Terra?

Esta primeira questão é naturalmente de uma importância enorme para podermos depois tentar responder à outra acerca da sua origem, e ainda a respeito do tempo necessário para que os processos evolutivos conduzissem à diversidade espantosa que podemos encontrar no nosso planeta. De forma simplificada, isso faz-se hoje por meio da identificação de limites temporais, entre os quais seja possível colocar seguramente a origem da vida, e recorrendo a métodos geológicos, físico-químicos e paleontológicos.

Um óbvio limite inferior para perceber há quanto tempo existe vida na Terra é calcular a sua idade. Este cálculo pode ser feito através da datação das rochas mais antigas existentes no planeta ou através do estudo da origem do sistema solar. No primeiro caso, a análise de isótopos radioactivos provenientes das camadas geológicas mais antigas da Terra permite a obtenção de uma primeira estimativa. Isótopos são formas distintas de ocorrência de alguns elementos químicos, algumas das quais são instáveis e por isso radioactivas. As formas instáveis desses isótopos apresentam a propriedade de se irem transformando em formas estáveis de maneira extraordinariamente regular ao longo do tempo, fornecendo assim uma espécie de relógio geológico de elevada precisão. Usando esta metodologia, pode estimar-se a idade da Terra em cerca de quatro mil milhões de anos. No segundo caso – estudo da origem do sistema solar –, a análise de meteoritos ou das próprias rochas recolhidas na Lua permite um cálculo que se aproxima muito do valor referido antes, o que, por sua vez, reforça o apreciável grau de confiança na estimativa da idade da Terra.

O mais popular de todos estes métodos de datação é o radiocarbono, ou carbono-14. O carbono-14 é um isótopo instável cujo decaimento é muito rápido e permite a datação de objectos que tenham uma idade de até cerca de 60 mil anos. A sua popularização deve-se ao enorme uso na datação de fósseis e outro tipo de vestígios de origem biológica, sobretudo relativos a todo o período após o Último Máximo Glacial (que ocorreu há cerca de 20 mil anos, durante a glaciação de Würm), incluindo a expansão das populações da espécie humana bem como de muitas outras espécies, a história da domesticação e inúmeros outros aspectos históricos que incluem a utilização de materiais de origem biológica. Contudo, para estudar a idade da Terra, são naturalmente necessários isótopos cujo decaimento seja muitíssimo mais lento. É o caso do decaimento do urânio em chumbo, que permite a datação de rochas com idades a partir de um milhão de anos e até vários milhões de anos, bem acima da idade estimada para a Terra. A extraordinária semelhança obtida nos resultados das análises de material geológico terrestre e extraterrestre (proveniente de meteoritos), por intermédio da utilização desta metodologia, é especialmente notável.

A obtenção de um limite superior para o início da vida na Terra depende da capacidade de detecção de vestígios inequívocos de organismos vivos no registo fóssil ou da sua actividade. A evidência actual é igualmente muito sólida e sugere que, tanto através da observação de fósseis de células como de actividade química fóssil, que só poderia provir da existência de sistemas vivos, a vida já estaria presente no planeta há pelo menos 3500 milhões de anos. Como é óbvio, este é um resultado extraordinário, que indica que a vida se originou muito rapidamente e quase logo após a formação e estabilização das condições gerais da Terra.

Os vestígios fósseis mais antigos encontrados na Terra designam-se estromatólitos e terão resultado da actividade de microrganismos (como, por exemplo, cianobactérias) em regiões lagunares de baixa profundidade, o que, por sua vez, terá determinado a deposição de partículas sedimentares em sucessivas camadas e levado à formação das rochas com este nome. Os estromatólitos são relativamente comuns no Pré-Câmbrico e apresentam uma grande variedade de morfologias, que têm sido interpretadas como o resultado de actividade biológica. Os estromatólitos mais antigos foram descobertos na Austrália e, mais recentemente, na Gronelândia.

2. Como se originou a vida?

Se perceber há quanto tempo se originou a vida já é razoavelmente complicado, perceber como é possível que sistemas vivos possam ter-se originado a partir de sistemas não vivos é certamente não só muito mais difícil, como bem mais fundamental. É por isso natural que esta seja uma das questões mais prementes da investigação científica actual e, ainda, que esteja no imaginário de vastas camadas mais informadas da população. Em particular, procurar responder a esta questão é também procurar perceber se a vida é exclusiva da Terra ou se, pelo contrário, pode existir em muitos outros locais do Universo.

Dado o conhecimento anteriormente descrito sobre os limites temporais que balizam a origem da vida na Terra, a investigação científica tem procurado responder a esta segunda questão de duas formas distintas: por um lado, reconstituindo as condições que caracterizaram o planeta logo após a sua formação e procurando entender de que modo sistemas vivos muito simples poderiam ter emergido; por outro lado, identificando o que poderia ter sido a forma de vida mais primitiva através da comparação das formas actuais, nomeadamente por meio da utilização de ferramentas provenientes da genómica comparativa.

A ideia de que processos químicos simples poderiam originar moléculas orgânicas existia já no tempo de Darwin, mas só muito mais tarde é que a célebre experiência de Miller-Urey (realizada em 1953) veio demonstrar que a simulação de condições admitidas como próximas de uma Terra com quatro mil milhões de anos conduzia facilmente à formação de muitas moléculas orgânicas essenciais à vida, como por exemplo aminoácidos, os constituintes das proteínas. Adicionalmente, foi possível confirmar a ocorrência de aminoácidos em meteoritos e outros corpos com origem no Espaço, ou regiões no próprio planeta cujas condições extremas poderiam ter estado na origem da vida, como é o caso das fontes hidrotermais.

As fontes hidrotermais merecem aqui uma menção especial, porque a sua exploração nas últimas décadas resultou numa série de descobertas de enorme relevo para a questão da origem da vida. Na verdade, foi possível descobrir e descrever uma insuspeitada diversidade biológica nesses locais tão extremos, que se situam tipicamente em zonas marinhas de grande profundidade e onde placas tectónicas se encontram e estão associadas a fenómenos de vulcanismo. A este respeito, não se deve deixar de assinalar que os Açores constituem uma das regiões do globo onde é mais abundante este tipo de formação geológica. A muitos dos organismos descritos nas fontes hidrotermais, essencialmente constituídas por árqueas (mas onde existem também bactérias e eucariotas), chamaram-se extremófilos, precisamente por exibirem uma série de adaptações notáveis (por exemplo, à temperatura, à pressão ou à salinidade) que permite a sua vida nesses locais. A investigação continuada sobre os organismos extremófilos e, de forma mais geral, sobre a complexidade das comunidades biológicas existentes em regiões extremas tem originado um diversificado conjunto de ideias com implicações no nosso conhecimento sobre a origem da vida na Terra, ou mesmo sobre a existência de vida noutros planetas do nosso sistema solar ou dos seus satélites.

Contudo, mesmo admitindo todas estas possibilidades, a reconstrução do caminho até à vida permanece cheia de incógnitas e dificuldades experimentais e, por isso, altamente especulativa. De alguma forma, terão existido condições que não só protegeriam as moléculas orgânicas que se formariam continuamente, como promoveriam a constituição de polímeros (série linear de subunidades idênticas, como, por exemplo, sequências de aminoácidos ou de nucleótidos) mais complexos que poderiam constituir mais um passo nesse caminho. Alguns investigadores sugeriram, por exemplo, que as irregularidades presentes na superfície de muitos minerais poderão ter sido abrigos adequados para essa constituição. A partir daqui, seria necessário introduzir um novo passo essencial à vida: a capacidade de replicação, ou seja, a capacidade de esses polímeros iniciais poderem fazer cópias de si próprios e, mais do que isso, fazerem-no com erros (ou seja, cópias imperfeitas), gerando assim variação sobre a qual a selecção natural poderia então actuar. Foi precisamente essa a definição de vida com que se iniciou este capítulo.

Mais uma vez, a investigação científica depara-se aqui com múltiplas dificuldades que não podem ser agora expostas com detalhe. No entanto, é muito provável que a existência de compartimentação tenha acelerado esta parte do caminho em direcção à vida. Esta percepção é facilmente compreensível quando se observam hoje as estruturas fundamentais em que se baseia a vida, e de entre as quais a célula é das mais importantes. Uma célula é precisamente uma forma de compartimentação, um ambiente protegido, mas funcional, um ambiente que terá facilitado a resolução de muitas das dificuldades anteriormente referidas. Assim, terá por certo existido uma protocélula que permitiu não só a emergência de polímeros mais complexos, como a evolução de um sistema de replicação desses mesmos polímeros.

Hoje, quando se reflecte precisamente sobre a emergência e evolução desse sistema de replicação, no qual actuaria depois a selecção natural, surge uma nova dificuldade: todos os organismos usam a molécula de ADN como armazenadora de informação e capacidade de transmissão de informação, mas essa molécula, e os processos bioquímicos a que está associada, é demasiado complexa para não ter havido outras mais simples que a terão precedido no caminho para a vida. A solução para este problema foi pela primeira vez sugerida por um dos co-descobridores da estrutura molecular do ADN, Francis Crick, e implicava a existência de um papel fundamental desempenhado pela molécula de ARN (ácido ribonucleico). Ao contrário do ADN, o ARN é muito mais versátil e desempenha uma série de funções na célula, pelo que hoje se aceita perfeitamente que terá sido uma molécula deste tipo que, pela primeira vez, terá combinado funções de armazenamento e transporte de informação e, ao mesmo tempo, de catalisador da sua própria replicação.

De forma muito resumida, a molécula de ADN é uma hélice dupla e antiparalela constituída pelo emparelhamento de quatro tipos de substância química designados bases, que são a adenina, a timina, a citosina e a guanina, às quais se ligam ainda um açúcar (a desoxirribose) e um grupo fosfato (formando os nucleótidos). O emparelhamento dá-se através da formação de ligações co-valentes estáveis entre os pares adenina-timina e guanina-citosina, e o seu armazenamento e empacotamento acontece no núcleo das células eucarióticas, onde forma estruturas filamentosas designadas cromossomas. Nas árqueas e nas bactérias, que não possuem um núcleo diferenciado, a molécula de ADN ocorre no citoplasma da célula. Em contraste, a molécula de ARN é em geral uma hélice simples constituída também por quatro nucleótidos, mas onde a timina é substituída pelo uracilo, e o açúcar é a ribose. Mais relevante é o facto de as moléculas de ARN serem cadeias muito mais curtas do que as de ADN, podendo dobrar-se sobre si próprias e, desta forma, desempenhar uma enorme variedade de funções de catalisação em muitos processos bioquímicos. Em particular, a combinação das suas formas mensageira (mARN), de transferência (tARN) e ribossomal (rARN) permite que se cumpra a sua função basilar e universal, que é a transformação de uma linguagem de nucleótidos armazenada nas células numa linguagem de aminoácidos que origina toda a diversidade de proteínas que conhecemos e o funcionamento dos organismos vivos.

As dificuldades, porém, não acabam aqui. Se o mundo começou por ser constituído por moléculas simples de ARN, foi depois preciso que um código genético evoluísse (fazendo corresponder determinadas sequências de nucleótidos a determinados aminoácidos, que iam depois formar os polímeros que hoje se chamam proteínas) e, mais tarde, que o ADN substituísse finalmente o ARN como a molécula que armazena a informação. Como é óbvio, a complexidade evolutiva de todos estes passos não pode ser analisada com detalhe no espaço deste capítulo, mas o que importa é referir que existe actualmente abundante evidência experimental que suporta este caminho em direcção a um mundo mais estável, no qual as proteínas passam a ser as protagonistas nos processos bioquímicos celulares, a informação é adequadamente armazenada nas moléculas de ADN, e o fluxo de informação que liga ADN e proteínas é protagonizado pelas moléculas de ARN. A esta relação deu-se o nome de dogma central da biologia.

3. LUCA e a árvore da vida

O livro *A Origem das Espécies* tem, como se sabe, uma única figura (aqui reproduzida na Figura 1). Essa figura é mais uma das extraordinárias percepções de Darwin e representa o modo como a vida terá evoluído através de sucessivos processos de ramificação a partir de uma única forma inicial. A esse processo chama-se árvore da vida e permite compreender de que forma todas as espécies estão relacionadas e como evoluíram. Isso quer dizer também que poderá ter existido um ancestral comum a todas as formas de vida, que se convencionou designar LUCA (*last universal common ancestor*), cujas características poderão eventualmente ser inferidas e fornecer informação do maior interesse para a compreensão da origem da vida e dos seus primeiros passos.

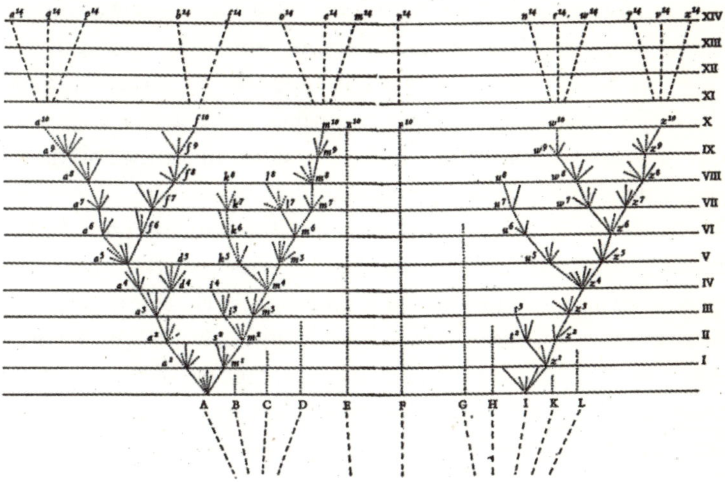

Figura 1: A única figura do livro maior de Darwin, *A Origem das Espécies*, sugere, de forma muito clara, que todas as espécies hoje existentes na Terra descendem de um único ancestral comum.

Neste domínio da investigação científica, é a biologia evolutiva que mais poderá ajudar na reconstrução do passado e na aproximação ao LUCA. Em particular, com a revolução da genómica (ou seja, a capacidade de sequenciar integralmente todo o tipo de organismos, de vírus até à espécie humana) e dos computadores (ou seja, a capacidade de armazenar e analisar quantidades gigantescas de dados que, na sua forma, são relativamente simples), tornou-se possível estimar com elevado grau de confiança a árvore da vida e as propriedades físico-químicas e biológicas do LUCA. Conceitos como árvore filogenética, divergência e homologia são hoje centrais neste entendimento e, por isso, vale a pena discuti-los brevemente.

Quando uma espécie se separa em duas, aquilo que ocorre – e que pode ser promovido por diferentes tipos de mecanismo – é uma divergência progressiva entre dois grupos populacionais que antes estavam juntos e que, com o tempo, vão acumulando diferenças até um ponto de não retorno. Esse ponto de não retorno corresponde à impossibilidade de formação de descendentes férteis entre os dois grupos que divergiram, ou seja, à emergência de incompatibilidades genómicas que tornam o cruzamento impossível e, portanto, à formação de duas novas espécies biologicamente válidas. Diz-se então que, nesse momento, o processo de especiação está terminado. No entanto, a quantidade de diferenças que se acumulou durante o processo de divergência que levou à especiação é uma fracção ínfima se comparada com as características que ainda ligam aquelas duas espécies, pelo simples facto de terem partilhado há muito pouco tempo um ancestral comum. Essas características que ainda partilham – porque afinal partilham uma história – chamam-se homologias, e são elas que nos permitem reconstruir as relações evolutivas entre as espécies e, por isso, as árvores filogenéticas. A título de exemplo, pode referir-se que a espécie humana e o chimpanzé partilham cerca de 98,8% do seu ADN ou, dito de outra maneira, acumularam durante os seus cerca de seis milhões de anos de divergência apenas 1,2% de diferenças. Esse valor é já maior se compararmos espécie humana e gorila, e ainda maior se a compararmos com o orangotango. Assim, e de forma ainda muito intuitiva, percebe-se facilmente como é possível ir reconstruindo a árvore da vida.

Neste contexto, é também fácil perceber que à medida que um qualquer par de espécies se encontra mais distante na sua localização na árvore da vida é porque divergiu mais a partir do seu ancestral comum, acumulou mais diferenças e partilha, por isso, uma fracção menor de homologias. A questão fundamental é então perceber até onde podemos ir nesta reconstrução do passado, caminhando cuidadosamente para trás. Dito de outra forma, será legítimo perguntar se existem homologias universais, ou seja, características que sejam actualmente partilhadas por todas as espécies que existem no planeta: uma resposta positiva a esta questão implica necessariamente a existência de um LUCA e de uma única origem para a vida.

Darwin foi o primeiro a perceber não só esta forma de inferir o processo de evolução biológica (daí a sua única figura no livro *A Origem das Espécies*), como também a possibilidade de toda a diversidade da vida se ter iniciado a partir de uma única forma ancestral. Fê-lo através da observação cuidadosa de milhares de espécies durante a sua viagem de cinco anos à volta do mundo, a bordo do *Beagle*, e relacionando a divergência morfológica dessas espécies com as peculiaridades da sua distribuição geográfica. Eram as mais sofisticadas ferramentas de análise de que dispunha no século XIX.

Muito mais tarde, já na segunda metade do século XX, a invenção dos métodos de sequenciação de proteínas trouxe uma poderosíssima confirmação da já então designada teoria sintética da evolução: a sequência de uma determinada proteína se comparada entre duas espécies era tanto mais diferente quanto mais diferentes elas fossem do ponto de vista morfológico ou, posto de outra forma, quanto mais distantes estivessem na sua disposição sistemática, elaborada há muito fazendo uso da metodologia de classificação binomial proposta por Lineu.

Mas é a invenção dos métodos de sequenciação de ADN, ainda no século XX, e a sua aplicação em massa com a popularização das tecnologias ditas de nova geração, já no século XXI, que vêm fornecer a evidência mais sólida relativamente aos processos evolutivos e à possibilidade de inferir a existência de um ancestral comum a todas as espécies que existem hoje no nosso planeta. A genómica comparativa é precisamente isso: a possibilidade que temos hoje de comparar genomas completos provenientes de organismos que representam a enorme diversidade da vida e perceber quais os processos que moldaram a sua evolução ao longo de milhões de anos.

A investigação científica é hoje inequívoca quanto a esta questão: existem múltiplas homologias universais, que têm por isso as implicações acima mencionadas, das quais se podem salientar algumas de mais fácil compreensão, nomeadamente os factos de:

- o ADN ser o material genético comum a todos os organismos;
- existir um código genético constituído por tripletos (conjuntos de três letras, neste caso de três nucleótidos) que assegura a tradução de uma linguagem de nucleótidos (ácidos nucleicos) para uma linguagem de aminoácidos (proteínas);
- e as proteínas serem compostas por um conjunto de 20 aminoácidos que têm à sua disposição.

É por isso extraordinário que o reconhecimento actual da existência de um LUCA conseguido por meio das mais sofisticadas ferramentas da biologia moderna seja precisamente a «forma única» a que se referia Darwin no parágrafo final de *A Origem das Espécies*.

Contudo, é igualmente muito importante perceber que esse LUCA não é de forma alguma o primeiro organismo vivo. LUCA é mais precisamente o ponto em que toda a vida conhecida hoje coalesce, ou seja, é de facto o último ancestral comum que conseguimos perceber com a evidência que temos hoje disponível. Isto quer também dizer que terão existido muitas outras formas de vida, não só contemporâneas do LUCA (cuja diversificação terá certamente ocorrido, mas sem deixar descendentes nos dias de hoje, não sendo, portanto, possível inferir a sua existência), mas também muito mais antigas e, certamente, mais simples e mais próximas dos estados iniciais de vida. Lamentavelmente, no estado actual do conhecimento não é possível aceder a todo o processo evolutivo que decorreu antes do LUCA.

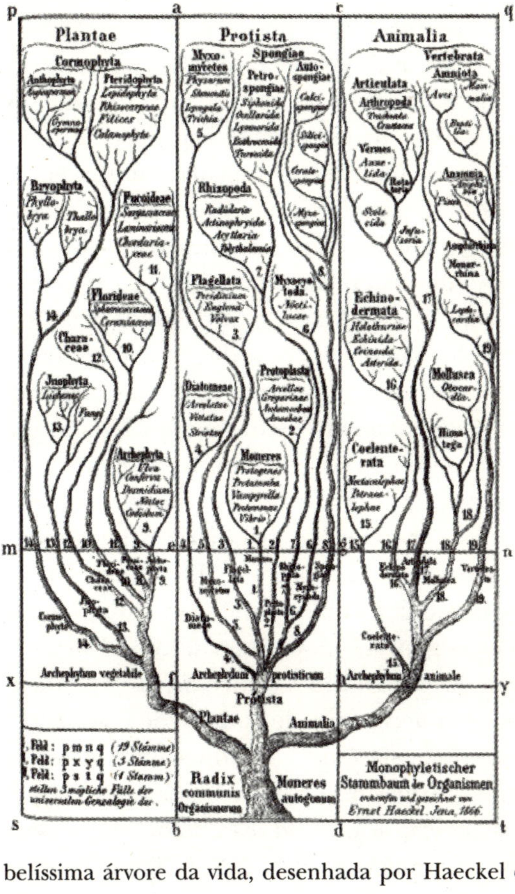

Figura 2: A belíssima árvore da vida, desenhada por Haeckel em 1866.

A representação e entendimento dessa árvore da vida, que tem como raiz o LUCA, é naturalmente muito recente e terá sido iniciada de forma consistente no século XIX por Ernst Haeckel, que a desenhou de maneira tão bela quanto inteligível (Figura 2). A partir daí, houve muitíssimo progresso e múltiplas propostas de estruturação dessa árvore, mas foi apenas nos anos 70 do século passado que os trabalhos de análise molecular de múltiplas sequências permitiram revolucionar o conhecimento e determinar que a vida é uma tricotomia e que as suas três grandes linhagens – hoje designadas domínios – são as bactérias, as árqueas e os eucariotas.

Esta descoberta trouxe, porém, uma dificuldade adicional: se entender as relações filogenéticas no seio de cada um dos três grupos não tem sido especialmente difícil, atribuir uma raiz à tricotomia da vida tem-se revelado extraordinariamente complicado, o que limita naturalmente a capacidade de inferir as propriedades essenciais do LUCA. A explicação para esta enorme complicação está fora do âmbito deste capítulo, mas resulta essencialmente de essa divisão tricotómica ter acontecido muito cedo logo após a origem da vida, pelo que o número de homologias capaz de separar adequadamente aqueles três domínios é muitíssimo reduzido. Apesar disso, os resultados mais recentes da investigação científica nesta área sugerem que árqueas e eucariotas partilharam há menos tempo um ancestral comum e que ambos se diferenciaram assim das bactérias. Ficam desta forma reunidas as condições para perceber que tipo de organismo poderá ter sido o LUCA.

No estado actual do conhecimento, pensa-se que este último ancestral comum de toda a vida poderia já ser similar a uma célula tal como a conhecemos hoje, dispondo de um genoma formado por ADN e possuindo também processos de transcrição e de tradução, bem como mecanismos de correcção da replicação do ADN. É muito interessante referir ainda que o processo de tradução que o LUCA poderia apresentar parece ser muito semelhante ao actual, enquanto o mesmo não acontece com os processos de transcrição e de replicação, muito mais rudimentares, e que sofreram múltiplas modificações. Este contraste poderá resultar de a tradução ter tido muito mais tempo para evoluir, porque foi necessária na transição de um mundo dominado pelo ARN para um mundo dominado pelas proteínas, ou seja, antes de o ADN substituir o ARN como o material genético capaz de armazenar a informação de todos os organismos.

4. A emergência da Astrobiologia

Hoje, a investigação científica sobre a origem da vida está mais activa e pujante do que nunca, porque combina a sofisticação científica e tecnológica que recebe das mais variadas disciplinas (a Biologia, a Química, a Física, a Astronomia) com a curiosidade e o fascínio que esta área desperta no público em geral. Não há notícias mais acompanhadas do que aquelas que estão relacionadas com a exploração espacial e a procura de vida noutros locais do sistema solar ou, ainda mais, fora dele, e não há conferências que despertem mais interesse do que aquelas que são proferidas por astronautas. A emergência da nova disciplina a que se convencionou chamar Astrobiologia é precisamente uma consequência de tudo isto, e procura dar uma nova dimensão a esta área do conhecimento que tem também profundas implicações filosóficas.

Estaremos verdadeiramente sozinhos no Universo? A vida terá surgido apenas uma vez e no nosso planeta, e evoluído durante quatro mil milhões de anos até hoje, dando origem à exuberância e diversidade naturais que actualmente ainda podemos apreciar? Ou, ao contrário, poderá ter surgido inúmeras vezes em múltiplos pontos do espaço cósmico e em momentos temporais muito diferentes? De uma forma geral, a maioria da comunidade científica inclina-se hoje para esta última hipótese, mesmo reconhecendo que deverão ter sido necessárias condições físicas, químicas e biológicas muito específicas para que tal acontecesse. A Astrobiologia procura dar sentido e unificar todas as abordagens científicas de carácter multidisciplinar que procuram responder a estas e a muitas outras questões relacionadas com a origem, distribuição e dispersão da vida no Universo.

O que sabemos é que os processos evolutivos que nos conduziram até aos dias de hoje não se terão repetido noutros locais, pelo que a vida que eventualmente exista nesses outros tantos locais diferentes do Universo será sempre extraordinariamente diferente daquela que conhecemos. Isso mesmo ficou traduzido de forma muito bela por um dos maiores divulgadores da teoria da evolução no século XX, Stephen Jay Gould, quando recorreu a uma metáfora comparando a história da vida ao desenrolar de um filme, deixando claro que tantas quantas fossem as vezes que o filme fosse rebobinado, tantos e sempre diferentes seriam os cenários finais obtidos. Talvez este seja afinal o aspecto mais fascinante e mais motivador desta área científica e, de forma geral, do esforço e empreendimento humanos: conhecer vidas diferentes ou, dito de outro modo, conhecer a variedade de expressões e percursos de diversidade biológica que se tenham originado em locais e momentos distintos no Universo.

Referências e leituras recomendadas

Barton, N. H. [*et al.*], *Evolution*, [*s.l.*], Cold Spring Harbor Laboratory Press, 2007.

Crick, F., *Vida*, Lisboa, Gradiva, 2000.

Dyson, F., *Origins of Life*, [*s.l.*], Cambridge University Press, 1985.

Levy, A. [*et al.*], *Vida: Origem e Evolução*, Colecção «Fundamentos e Desafios do Evolucionismo», Vol. 3, [*s.l.*], Esfera do Caos, 2011.

Maynard-Smith, J., *Os Problemas da Biologia*, Lisboa, Gradiva, 1994.

A origem do Homem: a nossa história evolutiva sintetizada e algumas reflexões sobre para onde vamos

Eugénia Cunha

Laboratório de Antropologia Forense do Centro de Ecologia Funcional, Departamento de Ciências da Vida da Faculdade de Ciências e Tecnologia da Universidade de Coimbra

O que nos torna humanos

O que nos faz humanos é, e será sempre, uma questão central da ciência e obrigatoriamente interdisciplinar. Somos o produto de cerca de sete milhões de anos de evolução, a qual nunca é finalista, predeterminada e continua a operar. Se no início da história da evolução humana, na segunda metade do século XIX, só os fósseis e a sua leitura anatómica poderiam dar pistas sobre este quebra-cabeça imenso da nossa história evolutiva, hoje é bem claro que não se trata de traçar a sucessão de fósseis. Acima de tudo, é a sua leitura interdisciplinar que permite avançar no conhecimento da nossa história natural. Presentemente redescobrem-se fósseis, isto é, fósseis descobertos há muito fornecem novas informações à luz das novas tecnologias. Mas não são só os fósseis, independentemente de serem ou não ossos, que nos contam histórias. Além disso, é cada vez menos verdade que uma descoberta fóssil possa revolucionar todo o conhecimento. Há outros protagonistas da nossa história. A genética, por exemplo, por si só, revela dados inéditos.

Somos um organismo intrincado, detentor de um órgão particularmente complexo, o cérebro, cuja história evolutiva é fulcral para compreendermos quem somos. Actualmente, não restam dúvidas de que os organismos humanos são governados/controlados por um «programa» igualmente complexo, o nosso genoma. Desde a sua descodificação, em 2001 (só em 2003 é que foi anunciada a descodificação completa), que as áreas da biologia sintética (área de pesquisa que combina biologia e engenharia para construir novas funções e sistemas biológicos) e da engenharia genómica (ciência que estuda as tecnologias utilizadas na manipulação de genes, genomas e genómica funcional) têm vindo a dar passos de gigante no conhecimento do funcionamento do sistema humano. Diferenças pequenas e aparentemente subtis nesse *software* (programa) resultam em grandes diferenças no *output* (produto final), como referem Church e Regis (2012). George Church é conhecido como Picasso do ADN e é também nele que me baseio neste texto. As alterações no código genético são necessariamente um assunto eticamente delicado. Este artigo pretende abordar o nosso emaranhado percurso evolutivo e discutir algumas questões éticas subjacentes.

Talvez não estejamos propriamente bem posicionados para opinar sobre nós próprios, pois não nos conseguimos distanciar o suficiente ou mesmo evitar um certo antropocentrismo. No entanto, a verdade é que não há outros seres que possam fazer este exercício. Somos os únicos animais que escrevem e lêem, que controlam o fogo, os únicos primatas que não comem e respiram ao mesmo tempo, os únicos que choram, que enterram os mortos, somos os primatas e um dos animais com maior longevidade, e somos os únicos primatas bípedes a tempo inteiro. Enfim, parece que somos ímpares em muitos aspectos que não cabe aqui enumerar. Importa sim enfatizar, como a excelente exposição da evolução humana do Museu do Homem em Paris bem destaca, que somos a única espécie que modifica o ambiente, a ponto de influenciar a nossa evolução e a das outras espécies.

Uma noção preambular fulcral é a de a evolução não ser um conceito que reporta apenas ao passado. A evolução não só é mais dinâmica do que se pensava, como é um processo em curso. A evolução aconteceu, está a ocorrer e a compreensão das mudanças que estão a suceder agora é crucial para sabermos o que nos vai acontecer. Obviamente, a escala de tempo, a noção do tempo geológico, o conceito de que o clima é um dos grandes motores da nossa evolução são conceitos transversais e centrais que não podem ser descurados, ou não fosse o clima o responsável pela extinção de muitas espécies.

As origens africanas

Vamos começar pelo início: quando é que nos separámos dos nossos parentes mais próximos, os chimpanzés? Deixámos de partilhar ancestrais comuns com os géneros *Pan* e *Gorilla* há cerca de seis a sete milhões de anos. Os chimpanzés não são simplesmente uma versão não evoluída de nós; pelo contrário, têm a sua própria história evolutiva. Como o chimpanzé e o gorila são africanos, é lógico esperar que o último ancestral comum, assim como os primeiros pré-humanos, seja africano. África é o berço dos humanos e de muitas outras espécies.

Toumaï, um crânio fossilizado encontrado no Chade em 2002, é um dos mais fortes candidatos a fóssil pré-humano mais antigo da humanidade. Rivaliza com o Homem do Milénio (descoberto em 2000), um conjunto de fósseis fragmentados do Quénia com cerca de seis milhões de anos. Em comum parecem ter a característica unificadora de todos os fósseis considerados pré-humanos e humanos, o bipedismo. Foi efectivamente um dos grandes marcos evolutivos, termo-nos posto de pé e andado somente sobre os membros inferiores. Além de bípedes, temos um grande cérebro e colonizámos o mundo inteiro. Importa referir que, enquanto o bipedismo é de facto uma característica unificadora de todos os hominíneos[1] (membros da nossa subfamília *Homininae*) que surge incipiente e, tal como todos os outros apanágios, fruto de várias tentativas, algumas bem-sucedidas e outras não (novas características podem surgir várias vezes e de modo independente), o mesmo não se passa com o cérebro e a colonização do globo. Durante cerca de quatro milhões de anos da nossa evolução – entre os sete e os três milhões de anos –, os nossos parentes não tinham cérebros grandes. Por outro lado, só o *Homo sapiens* (homem anatomicamente moderno, nós) é que colonizou os vários continentes. Apesar de já termos referido dois géneros fósseis, não é objectivo deste artigo elencar todos os fósseis importantes, mas tão-somente reportar as grandes conquistas humanas e o modo como os mais relevantes atributos humanos estão interligados. Além disso, no último quarto de século houve uma explosão de nomes de espécies fósseis, o que tornaria fastidioso e difícil de reter. Urge sim enfatizar que não se trata de uma sucessão de fósseis, uma vez que não houve, nunca, uma evolução unilinear. A nossa evolução é caracterizada pela coexistência de várias espécies. A única excepção acontece hoje, em que somos a única espécie viva de hominíneos que ocupa um dos arbustos

---

[1] Hominíneos refere-se à sub-família onde se incluem os humanos. Hominídeos faz referência à família dos humanos que também pode, de acordo com o tipo de classificação, incluir os chimpanzés e os gorilas. Assim, sempre que se quer especificar os humanos deve usar-se hominíneos e não hominídeos.

duma árvore com muitas ramificações e da qual só conhecemos alguns dos inquilinos.

A tríada humana: bipedismo, cérebro e dieta

O bipedismo pode ser visto como uma das primeiras estratégias da evolução da nutrição humana. O ser humano tornou-se bípede para poupar energia na locomoção. Uma deslocação energeticamente mais eficaz terá sido muito vantajosa na procura de alimento. Desde a descoberta da Lucy (*Australopithecus afarensis*), em 1974, que temos a certeza de que primeiro nos pusemos de pé e só depois é que se deu a evolução do tamanho cerebral, o que faz todo o sentido. O cérebro é o nosso órgão mais caro em termos energéticos. Muito daquilo que comemos serve para o alimentar. Ora, só depois de bípedes é que conseguimos uma dieta suficientemente rica para nutrir o nosso cérebro, que é três vezes maior do que aquilo que seria de esperar num primata do nosso tamanho corporal. Os hominíneos de cérebros grandes seriam também seres com grandes requisitos energéticos. Assim, a evolução cerebral esteve também dependente de uma dieta suficientemente rica em calorias e nutrientes para responder às necessidades energéticas. Mas o tamanho cerebral não é tão importante como se pensava. Não há uma relação clara entre o tamanho do cérebro e o comportamento. A complexidade e estruturação cerebrais são mais relevantes. A evolução humana mostrou-nos que cérebros pequenos eram também cérebros bons (veja-se o caso dos primeiros emigrantes africanos, com cérebros pequenos). E o tamanho e, sobretudo, a complexidade cerebrais estão relacionados com a sofisticação cultural, com a linguagem e com todos os nossos aspectos únicos, alguns deles já aqui enunciados.

Desde a sua emergência, em África, e até há cerca de 3 a 2,5 milhões de anos, os hominíneos eram detentores de cérebros do tamanho do dos chimpanzés ou um pouco maiores. Refiro-me, por exemplo, ao género *Australopithecus.* Até os autores das primeiras indústrias líticas – Lomekwi, Quénia, 3,3 milhões de anos –, apesar de ainda desconhecidos, não teriam cérebros maiores do que 500 cm^3. Depois, nos últimos três milhões de anos, o tamanho cerebral quase triplicou, para chegar aos cerca de 1450 cm^3 actuais.

A evolução dos *Hominíneos* e as suas conquistas

Os primeiros membros do nosso género, *Homo habilis,* têm cerca de 2,8 milhões de anos e terão permanecido em África durante um milhão de anos. Há sensivelmente 1,8 milhões dá-se o primeiro êxodo de África pelo *Homo erectus.* A sua natureza nómada permitiu-lhe chegar a Java (Indonésia) e Dmanisi (Geórgia), os primeiros redutos não africanos a ser habitados.

O *Homo erectus* foi pioneiro em muitos aspectos. Além de ter sido o primeiro a sair de África, foi o primeiro com um ritmo de crescimento humano (os bebés nascem com uma altricialidade secundária[2] idêntica à nossa); o primeiro *Homo* mais encefalizado (aumento do tamanho cerebral além do esperado devido ao aumento corporal), o primeiro verdadeiramente caçador, o protagonista do controlo do fogo (há cerca de 1,5 milhões de anos), o inventor de uma nova indústria lítica (os famosos bifaces acheulenses), entre outros. Convém

[2] Altricialidade secundária é um padrão de desenvolvimento neonatal, típico do *Homo sapiens,* em que o crescimento e maturação do cérebro, intensos durante a fase fetal, prosseguem a um ritmo rápido após o nascimento, tornando as crias indefesas e dependentes de cuidados parentais por muito tempo (Vieira, 1995, pp. 145–146).

relembrar a importância da dieta humana a fazer jus ao velho lugar-comum «somos aquilo que comemos». Com as alterações referidas, há novos nutrientes, há a possibilidade de cozinhar os alimentos, o que pode ter servido de combustível para a evolução cerebral. Comer carne cozinhada, em vez de crua, consome menos energia na digestão, o que permite a redução do aparelho digestivo concomitante ao aumento do aparelho cerebral. Richard WRANGHAM (2010) desenvolve mesmo a denominada «cooking hypothesis» (a hipótese do cozimento). A dieta dos nossos antepassados terá assim desempenhado um papel fundamental na nossa evolução. Igualmente relevante é referir que o cérebro não cresceu duma forma linear, nem tão-pouco continua a crescer. De acordo com estudos recentes (STRINGER, 2012), o cérebro humano reduziu o seu tamanho 5 a 10% nos últimos 20 mil anos. Uma das hipóteses deste facto pode ter que ver com ser um tecido energeticamente caro e que não deve ser mantido grande, a não ser que seja necessário. Mas também aqui entram os genes concedendo direito a outro aforismo, «os genes podem carregar a arma, mas é o ambiente que puxa o gatilho». Hoje sabe-se que há genes relacionados com a evolução cerebral (HARF1, por exemplo) e com a linguagem (FOXP2). A forma como esses genes foram activados terá sido determinante na evolução da complexidade do comportamento humano.

A partir daqui há uma série de mecanismos retroactivos, novas ferramentas, novos nutrientes, cérebros maiores, vida social mais complexa. Munidos dessas armas, os nossos parentes conseguem expandir-se para outros continentes. Há pouco mais de um milhão de anos chegam à Europa, onde os fósseis de Atapuerca (Sima del Elefante, uma mandíbula com 1,2 milhões de anos, e Gran Dolina, restos fragmentados de oito indivíduos, com cerca de 900 mil anos) continuam a constituir os vestígios fósseis mais antigos do Velho Continente.

A coexistência entre *sapiens*, Denisovanos e Neandertais

E é no continente europeu que vai nascer, há cerca de 400 mil anos, uma espécie sobejamente conhecida do grande público, o Neandertal, que foi, durante demasiado tempo, o patinho feio da evolução humana, devido, sobretudo, ao facto de as primeiras reconstituições feitas no início do século XX terem criado uma imagem errada, que demorou a ser reabilitada. Parcialmente por causa disso, durante mais de um século, as suas capacidades cognitivas foram subavaliadas. Certo é que convivemos com este hominíneo, que se expandiu até ao Próximo Oriente e Ásia Oriental. Mais importante ainda, cruzámo-nos com os Neandertais. Há cada vez mais provas de cruzamentos entre espécies diferentes, pelo menos nos últimos 100 mil anos. É um dos grandes contributos da paleogenética e da paleogenómica, que têm vindo a conseguir aceder a material genético de vários hominíneos fossilizados.

Há inclusivamente uma espécie que só é conhecida, desde 2008, através do seu ADN. Trata-se dos Denisovanos, nome inspirado pela gruta de Denisova, na Sibéria, onde foi descoberta uma falange e um dente. Não temos nenhuma ideia de como seria a sua aparência. Denisovanos, Neandertais e homens modernos conviveram e cruzaram-se entre si até à extinção dos Neandertais há sensivelmente 30 mil anos, cerca de dez mil anos depois da chegada dos humanos modernos à Europa. A partir daí, somos a única espécie viva. Todavia, não é totalmente correcto afirmar que os Neandertais se extinguiram completamente, já que temos – os não africanos – entre 1 e 5% de material genético de Neandertal.

Quanto à origem dos homens anatomicamente modernos, isto é, iguais a nós, os apelidados de sábios, *Homo sapiens*, terá sido há sensivelmente 300 mil anos. Os fósseis de Jebel Irhoud, em Marrocos, são, até à data, os vestígios mais antigos da nossa espécie. Vários outros fósseis apontam para África como o berço dos humanos modernos de onde terão saído há cerca de 150 mil anos para colonizar o resto do mundo, a segunda grande saída de África. A ordem da colonização dos continentes, sempre condicionada pelo clima, parece ter sido a seguinte: primeiro a Ásia (há 150 mil anos); depois a Austrália há 65 mil anos e que corresponde à primeira grande navegação humana; seguida da Europa (há 45 mil anos, onde os velhos Cro-Magnons descobertos em 1868 já não são os mais velhos homens modernos europeus); e finalmente a América (talvez há 30 mil anos), que, à semelhança da Austrália, nunca conheceu outra espécie de hominíneos. O Próximo Oriente (Israel) e a Arábia Saudita terão funcionado como corredores de passagem.

Mas se alguns marcos da história da evolução humana são menos difíceis de datar, como é o caso dos primeiros enterramentos, que terão 115 mil anos (Qafzeh, Israel), ou o primeiro instrumento musical, uma flauta com 67 mil anos atribuída aos Neandertais e descoberta na Eslovénia (descoberta recentemente contestada), sobre outras grandes conquistas não podemos avançar com datações, como é o caso da origem da linguagem. Convém, no entanto, referir que persistem as dúvidas sobre se os conjuntos fósseis da Sima de los Huesos, Atapuerca (400 mil anos, alegadamente *Homo heidelbergensis*), e do *Homo naledi*[3], na África do Sul (fósseis de pelos menos 15 indivíduos descobertos na gruta de Dinaledi, em 2013, com sensivelmente 250 mil anos), representam os primórdios de comportamentos rituais.

O *sapiens*, alegadamente detentor de uma capacidade cognitiva ímpar, tem uma linguagem articulada que parece

---

[3] Cérebro pequeno, mãos e pés humanos. Descoberto na África do Sul em 2010 e 2013. Há agora um total de 18 indivíduos. Os autores das descobertas argumentam que poderão ter praticado rituais funerários.

igualmente sem paralelo. Desde quando? A evolução da linguagem é provavelmente milhares de vezes mais rápida do que a evolução cerebral, e os tecidos moles responsáveis pela caixa vocal (que produz os sons) não fossilizam, impedindo assim de saber exactamente desde quando os hominíneos têm um aparelho vocal e, também, um aparelho cerebral capaz de produzir linguagem. As mais recentes descobertas arqueológicas, tais como as novas datações das primeiras pinturas rupestres, mostram que o Neandertal era o autor dessas obras de arte com 65 mil anos. Terá havido sempre uma tendência para subestimarmos os nossos ancestrais. Afinal, o Neandertal tinha capacidade de pensamento abstracto e simbólico. Não obstante, desapareceu. Para entender melhor as razões do seu desaparecimento, ainda grandemente desconhecido, muito têm contribuído os estudos do ADN antigo. Desde 1997 que as investigações lideradas por Svante Pääbo têm vindo a abrir uma caixa de Pandora. Conseguiu-se aceder ao ADN, primeiro mitocondrial e, mais recentemente, em 2010, ao ADN nuclear dos Neandertais (quatro biliões de nucleótidos de três indivíduos) e de outros fósseis coevos. O segundo genoma de um neandertal que viveu há 52 mil anos foi anunciado em 2017, com o de quatro homens modernos de há 34 mil anos. Hoje conhecemos a cor da pele, dos olhos, do cabelo dos Neandertais. Sabemos até que tinham o gene da linguagem, FOXP2. Se eles voltassem, provavelmente poderíamos conversar com eles. Até agora, o progresso das técnicas de análise de ADN antigo permitiu chegar a fósseis com 400 mil anos. Presentemente, o recorde mundial do ADN humano mais antigo é detido por um fóssil de Atapuerca, da Sima de los Huesos, alegadamente *Homo heidelbergensis*. Tem-se detectado ADN dos primeiros *sapiens* em fósseis de neandertais, ADN de neandertais em homens modernos coevos, enfim, todo o tipo de combinações, inclusivamente conseguiu detectar-se ADN mitocondrial de denisovanos e de neandertais em sedimentos de uma gruta na Sibéria, ou seja, não foi necessário descobrir fósseis para provar que passaram por ali. Já o ADN dos Denisovanos terá sido herdado pelos australianos indígenas da Papua-Nova Guiné. Há ainda a acrescentar um *hobbit* (apelidado em homenagem a uma das criaturas criadas por J. R. R. Tolkien) que viveu na remota ilha das Flores, na Indonésia, considerado uma espécie à parte, o *Homo floresiensis*, divulgado em 2004, com uma estatura e uma capacidade craniana anormalmente pequenas. Também ele coexistiu com o *sapiens*, já que só se extinguiu há cerca de 60 mil anos.

Não há dúvida de que é na capacidade de integrar dados das mais variadas proveniências que reside a maior fonte de informação.

E a partir de agora? A manipulação do genoma

A história humana é uma aventura com cerca de seis a sete milhões. E a partir de agora, como vai ser? A velocidade da evolução do conhecimento científico é bem superior à da evolução da mente humana. Como alude Church, a engenharia genómica, que permite modificar o genoma, está a tornar-se mais frequente e menos dispendiosa. É definitivamente possível voltar às células embrionárias. E, além da descodificação do genoma humano, também o dos grandes hominóides não humanos está hoje disponível: chimpanzé (e bonobos) (em 2005), orangotango (em 2011) e gorila (em 2012). Estes primatas são membros da nossa superfamília (*Hominoidea*) e as duas espécies de chimpanzés, o chimpanzé-comum (*Pan troglodytes*) e o bonobo (*Pan paniscus*), são os nossos parentes vivos mais próximos, com uma semelhança genética da ordem dos 98%. Conhecer a sua complexidade e diversidade genéticas, aparentemente maiores do que a nossa, pode ser muito elucidativo para a compreensão da nossa história evolutiva.

Mas seremos capazes de usar todas estas novas ferramentas de forma sensata? Como controlar a ambição e o radicalismo? Começa a ser possível a imunização contra alguns vírus. E se, por exemplo, se conseguir a imunização contra todos os vírus? Convém referir que a grande expectativa que rodeava a descodificação total do genoma humano não teve correspondência nos resultados alcançados. Afinal eram só cerca de 25 mil genes, afinal nem tudo se explicava pelos genes. Tão-pouco será possível olhar para o genoma duma pessoa e dizer-lhe o que lhe vai acontecer. Apesar de ser um avanço científico incomensurável, a descodificação do genoma não foi a panaceia que se pensava.

1996 é uma data célebre para a engenharia genómica, tendo-se conseguido o primeiro mamífero clonado, a mediática ovelha *Dolly*, literalmente *raised from the dead*. A partir de então abriu-se um enorme leque de hipóteses. A experiência do primeiro primata clonado com a mesma técnica, do género *Macaca*, foi publicada agora, em 2018, por pesquisadores chineses. Já o caso do íbex-dos-pirenéus prova que as espécies extintas podem ser ressuscitadas, não por milagre mas pela ciência (Church e Regis, 2012). Em 2009, uma equipa franco-espanhola ressuscitou um íbex-dos-pirenéus a partir de tecido congelado, oficialmente extinto desde o ano de 2000. Depois de cinco meses de gestação, a mãe de aluguer deu à luz uma cria de íbex-dos-pirenéus que, no entanto, só sobreviveu alguns minutos, não resistindo a um problema pulmonar. Qual o significado deste feito? Teoricamente é possível trazer de volta o mamute, os dinossauros e o Neandertal. O problema é conseguir núcleos intactos. Além dos problemas técnicos, há também obstáculos éticos. Estamos a viver um período apelidado por alguns de uma nova revolução. Church diz mesmo que estamos a viver a sexta revolução industrial, que chama de revolução informação-genómica. Projectos como o Personal Genome Project (de 2009), por ele liderado, que pretende melhorar a saúde através da genómica, são exemplo disso. Mas os limites, as fronteiras dessas melhorias, saber até onde se pode ir, a utilização da informação retirada de cada indivíduo, tudo isto levanta grandes questões éticas.

A luta pelo aumento da longevidade usa várias ferramentas de várias ciências, como da biologia sintética e da engenharia genómica. Aparentemente, só a baleia «cabeça em arco» vive mais do que os humanos (até aos 200 anos). Mas o aumento da longevidade, que tem naturalmente um limite, acarreta inevitavelmente o aumento de algumas doenças mais letais, como é o caso do cancro, cuja incidência é francamente maior depois dos 70 anos. É necessário estudar a fundo os indivíduos que vivem mais anos. E isso aplica-se não só a indivíduos vivos, mas também aos seus esqueletos. Uma das minhas áreas de investigação reside precisamente no envelhecimento do esqueleto, focando-me em esqueletos identificados de pessoas com uma grande longevidade. Também aqui há algumas contendas éticas. Se os países europeus, como Portugal e a recente colecção de esqueletos identificados do século XXI (FERREIRA [*et al.*], 2014), continuam a poder construir colecções de esqueletos identificados, seguindo protocolos oficiais aprovados pelas comissões de ética, países como o Canadá já não autorizam a construção das designadas séries de referência. Recentemente, a comunidade antropológica portuguesa insurgiu-se contra a exportação de esqueletos identificados portugueses para o Canadá. Este é um exemplo claro de problemas éticos que obrigam a uma interacção contínua e actualizada entre a ciência e o direito. Por outro lado, se as colecções de esqueletos identificados não são permitidas em certos países, outros autorizam a construção de quintas de cadáveres (a famosa Cadavers' Farm do Tennessee, iniciada nos anos 80), que continuam proibidas na Europa, onde a única excepção é a Holanda, que acaba de conseguir a primeira autorização para uma instalação desse tipo e onde se acompanha e regista a decomposição cadavérica de corpos humanos (somente enterrados) doados à ciência. Os dados daí provenientes têm uma enorme importância para a investigação forense e criminal, nomeadamente para resolver a questão de há quanto tempo aconteceu a morte.

Mas voltando à evolução humana propriamente dita, 15 anos depois da descodificação completa do genoma humano, estamos a viver o clímax da história do genoma, em que se pode ambicionar muito, inclusivamente ressuscitar um neandertal. No entanto, continua a não ser possível responder à questão acerca de para onde vamos. Seguramente, as alterações climáticas actuais estão a condicionar a nossa evolução e a manipulação genética pode produzir grandes alterações. Mas, e parafraseando Church e Regis (2012), a história do genoma inclui também questões morais e uma prescrição para o futuro.

Será que nos vamos tornar numa nova espécie? Pessoalmente, não creio que a nossa diversidade genética limitada, assim como as poucas alterações morfológicas que estão a acontecer possam permitir aos paleoantropólogos de daqui a uns milhares de anos analisarem holisticamente os nossos ossos e concluírem que se trata de uma espécie distinta. Será que vamos conseguir produzir em laboratório um transumano? Conseguiremos clonar um neandertal e trazê-lo de volta? Os chineses que clonaram o primeiro primata prometem outros mais para breve. Alegam que a criação de cópias genéticas de primatas poderá ajudar a pesquisar doenças genéticas ou imunitárias, cancro e o uso de medicamentos. Será que vamos operar o aparelho vocal de um chimpanzé, descer a laringe no pescoço, de modo a permitir a produção de sons articulados? Enfim, o campo de hipóteses é amplo.

Há cientistas a desenvolver células de Neandertal e até a produzir organóides dessa espécie para melhor compreender como é que a biologia dos Neandertais difere da nossa. Seria interessante voltar a conviver com outra espécie de humanos, aprender a lidar com uma diversidade ainda maior. Talvez tivéssemos muito que aprender até mesmo na sua resistência a algumas doenças.

O modo como se consegue controlar e modificar o genoma é um desafio, mas é igualmente assustador. Poder-se-á, ou já se pode escolher, ter filhos com um grande desempenho desportivo, programar supercampeões; conseguir-se-á ter filhos sem as alterações genéticas de algumas doenças, o que consistiria numa vantagem imensa; poder-se-á engravidar uma fêmea de chimpanzé ou mesmo uma voluntária humana com o material genético do Neandertal? Efectivamente, está a tornar-se possível mexer na nossa programação e reescrevê-la, porque se consegue, cada vez mais, alterar o genoma. Com isso, consegue-se também reprogramar os organismos a fazer coisas que não serão sempre necessariamente boas:

> A moral da história é que o progresso vem com custos ocultos, riscos e surpresas desagradáveis. (Church e Regis, 2012)

Pelo meu lado, continuarei a seguir, muito curiosa, a evolução do *Homo sapiens* e lamento não poder conhecer um neandertal.

Referências e leituras recomendadas

Church, G. e Regis, E., *Regenesis: How Synthetic Biology Will Reinvent Nature and Ourselves*, Nova Iorque, Basic Books, 2012.

Cunha, E., *Como Nos Tornámos Humanos*, Coimbra, Imprensa da Universidade de Coimbra, 2010.

Ferreira, M. T. [*et al.*], A new forensic collection housed at the University of Coimbra, Portugal: The 21st century identified skeletal collection, *Forensic Science International* 245, 2014: pp. 202.e1– 202.e5. doi: http://dx.doi.org/10.1016/j.forsciint.2014.09.021.

HUMPHREY, L. e STRINGER, C., *Our Human Story*, Londres, Natural History Museum, 2018.

PÄÄBO, S., *Neanderthal Man: In Search of Lost Genomes*, Nova Iorque, Basic Books, 2014.

STRINGER, C., *Lone Survivors: How We Came to Be the Only Humans on Earth*, Nova Iorque, Times Books, 2012.

VIEIRA, A. B., *Ensaios sobre a Evolução do Homem e da Linguagem*, Lisboa, Fim de Século, 1995.

WRANGHAM, R., *Catching Fire: How Cooking Made Us Human*, Nova Iorque, Basic Books, 2010.

A origem das sociedades

Filipe Carreira da Silva
Instituto de Ciências Sociais da Universidade de Lisboa
e Selwyn College da Universidade de Cambridge

1. Origens e começos

As palavras que se seguem, entrelaçadas de modo que possamos chamá-las de «texto», têm como ponto comum a origem das sociedades humanas. Seria difícil imaginar um ponto comum mais complexo para começar um texto; como seria mais fácil poder começar este texto sem passar pelo começo, iniciar pelo meio ou já perto do fim. Mas não, há que começar pelo princípio. E enfrentar a profunda ansiedade com que todos nós nos confrontamos quando começamos a escrever – olhar de fora para o texto que ainda não existe, imaginando aonde ele nos poderá levar, à medida que a sucessão entrelaçada de palavras for sendo escrita (Foucault, 1997).

O primeiro obstáculo a superar é a própria ideia de que as sociedades humanas têm uma origem. Dizer-se que há uma origem significa assumir que existe um ponto inicial, algures no passado distante, a partir do qual se pode contar toda a história da espécie humana. A busca por esse ponto a partir do qual irradia a nossa história comum assume que entender melhor a nossa origem nos ajuda a explicar quem somos e para onde vamos. Não é por acaso que, desde tempos imemoriais, todos os mitos da criação começam por esse exacto ponto e que todas as formas de religiosidade – das grandes religiões monoteístas à seita mais heterodoxa – contêm versões mais ou menos originais das nossas origens. De igual forma, as principais doutrinas de pensamento filosófico e social começam por explicar o nosso ponto de partida: o que nos faz ser o que somos (ontologia), o que nos permite saber quem somos (epistemologia), ou como devemos proceder para saber quem somos (metodologia). O estruturalismo de Saussure e Lévi-Strauss, por exemplo, apesar de assentar na recusa da diacronia em nome da sincronia, funda-se igualmente no pressuposto de que a nossa «origem» reside num processo contínuo de estruturação: somos inelutavelmente escritos, definidos pela linguagem e cultura que produzimos; linguagem e cultura, porém, existem independentemente da nossa vontade ou consciência. Deste ponto de vista, pode dizer-se que a nossa origem é estrutural, e que a nossa tarefa como pensadores é identificar que estrutura é essa e descrever, tão rigorosa e minuciosamente quanto possível, o seu modo de funcionamento. Em ambos os casos, a busca pelas origens é «teológica», porquanto visa encontrar aquele ponto perdido nas brumas da memória histórica que domina tudo o que dele deriva. Por isso mesmo, este é o primeiro obstáculo a superar num texto sobre as origens das sociedades humanas: em vez de «origem», faríamos melhor se pensássemos este problema com a ajuda de um outro conceito – o de «começo» (Said, 1975).

Se as origens são teológicas, os começos são seculares. Se o discurso sobre as nossas origens nos remete para um ponto comum – *o* começo, único e irrepetível – e para a ideia de uma temporalidade linear e sequencial (a seta do tempo descrita pela segunda lei da termodinâmica), falarmos em termos de começos reenvia-nos imediatamente para a pluralidade de eventos que se sucederam e continuam a suceder no tempo. Este tempo, todavia, é o tempo da história. Isto porque começar (e voltar a começar) a escrever uma vida a dois, um projecto comum são fenómenos que implicam descontinuidade e reversibilidade. Os começos são, por isso mesmo, especificamente modernos, típicos de uma era em que a história e o tempo se tornam, eles próprios, objecto da auto-reflexão e autodefinição das sociedades. A ideia de progresso, por exemplo, não é apenas uma ideia que nos permite descrever e explicar as sociedades modernas; é também, e fundamentalmente, um princípio que regula o funcionamento e a constituição dessas formações sociais.

Significa isto que todas as origens são necessariamente sagradas e todos os começos necessariamente seculares? Não, claro que não. A análise sugerida por Martin HEIDEGGER em *A Origem da Obra de Arte* é o exemplo acabado de como uma análise dos começos pode ser fundamentalmente «teológica». Em rigor, Heidegger colapsa o conceito de «começo» no conceito (sacralizado) de «origem» e associa ambos à procura da «essência» da obra de arte. Na conclusão desse ensaio, Heidegger explica-nos que o termo alemão para «origem», *Ursprung* (literalmente, salto primordial), reflecte a ideia de que uma obra de arte tem origem num salto para a existência, um evento fulgurante e fundador. A «origem» da obra de arte, por conseguinte, não se refere ao que precede temporalmente o surgimento ou criação da dita obra, mas ao seu próprio surgimento, que irrompe sem aviso enquanto um «acontecimento da verdade». Este surgimento inesperado tem, além de um poder revelatório, a capacidade de legitimar e guiar o curso da história. Ao chamar a nossa atenção para a função histórica das «origens», HEIDEGGER está efectivamente a argumentar que, «sempre que existe um começo, a história muda, a história ou começa, ou começa de novo» (2001, p. 74).

Um exemplo pode ajudar a explicar o que pretendo sublinhar ao distinguir a busca das origens do estudo dos começos. A busca das origens e o significado último do som produzido por seres humanos (a que chamamos «música») levou recentemente Christopher C. King a encetar uma autêntica odisseia pelo Epiro, a região fronteiriça entre o Sul da Albânia e o Noroeste da Grécia (King, 2018). É na música epirense que King crê ter encontrado a mais antiga tradição folclórica da Europa, uma tradição cujas origens remontam às culturas pré-homéricas e que não terão mudado de forma significativa nas últimas centenas de anos. Ao invés, uma análise sociológica dos começos buscaria antes estudar, por exemplo, o desempenho dos músicos epirenses que, nos anos 20 e 30 do século xx, motivaram a odisseia de King, bem como todos os desempenhos subsequentes enquanto episódios inscritos na História que permitiram que essa forma de expressão cultural se tenha mantido viva até aos dias de hoje. Cada novo desempenho é como um novo começo dessa forma milenar de expressão musical; cada novo começo é irredutivelmente diferente dos demais, cujo sentido emerge apenas no quadro mais amplo desse género de música. A história destes sucessivos começos que, a um só tempo, evocam a memória de desempenhos passados e suscitam continuamente novos desempenhos é, deste ponto de vista, a história da música do Epiro – não a narrativa quase teológica das origens da música no Ocidente.

Este enfoque nos começos dos processos sociais em vez da origem última da vida em sociedade tem, a meu ver, várias e significativas vantagens. Em primeiro lugar, permite-me restringir o âmbito da minha discussão. Tal estratégia de delimitação analítica promete respostas mais modestas, mas também mais rigorosas à vastíssima problemática da vida em sociedade.

Em segundo lugar, ao estudar o modo como uma instituição teve início e é continuamente reinventada em cada momento, em vez de nos centrarmos na procura das suas «origens» distantes em factores coadjuvantes ou condições estruturantes, alarga-se a análise à possibilidade de existir *descontinuidades* históricas. A Sociologia, tal como a Ciência Política, tem enfatizado sobremaneira a continuidade em detrimento da ruptura, a ponto de, por exemplo, a própria noção de «revolução», enquanto momento de genuína criação de algo novo e sem precedentes, ter caído em descrédito – em meu entender, um erro com vastas implicações.

Em terceiro lugar, o estudo dos começos e recomeços implica a recusa de uma temporalidade linear e sequencial, tornando a Sociologia mais sensível à fenomenologia da experiência temporal da perspectiva dos agentes sociais. Por outras palavras, a ênfase nos começos permite à Sociologia incorporar no seu repertório teórico-metodológico a noção de reversibilidade, evitando desse modo explicações causais estritamente lineares. Com efeito, as expectativas sobre o futuro funcionam muitas vezes não como a consequência, mas como a causa de decisões tomadas no presente (Abbott, 2001). Por todas estas razões, uma discussão, ainda que breve e preliminar, sobre como as sociedades, instituições e processos sociais começam e recomeçam permite-me revisitar em novos termos uma das questões fundacionais da Sociologia – quais as origens da ordem social?

2. Ordem social ou como de muitos se faz um

Várias respostas têm sido dadas a esta pergunta, todas elas envolvendo uma certa metáfora. Estas metáforas incluem a ideia de que a sociedade resulta de um contrato (2.1.), se assemelha a um corpo humano (2.2.), tem uma estrutura semelhante à da linguagem (2.3.), ou se organiza como um rizoma (2.4.). De todas estas metáforas sobre a origem das sociedades humanas, talvez a mais antiga e influente seja a ideia de contrato.

2.1. A ideia de contrato

A ideia que subjaz a esta última metáfora é muito simples. A ordem social resulta de um acordo ou contrato (real ou hipotético) entre dois sujeitos racionais com vista a garantir algo que ambos desejam ou valorizam. É este acordo original que explica e legitima, em última análise, as obrigações políticas e morais que asseguram a estabilidade da ordem social e a sua reprodução ao longo do tempo. Quando formulada nos termos da filosofia política, esta metáfora coloca nestes dois papéis as figuras do soberano e do súbdito. Em qualquer dos casos, a ideia de contrato é antiga, podendo ser encontrada já em Sócrates e Platão. Foi, porém, nos séculos XVII e XVIII, por intermédio de figuras como Thomas Hobbes, John Locke ou Jean-Jacques Rousseau, que esta metáfora ganhou o significado «moderno» que comummente hoje lhe atribuímos. Esta ideia permitiu aos autores contratualistas ajudarem a explicar as origens da vida em sociedade (ou da comunidade política) atribuindo às partes a faculdade da razão e certos interesses comuns, mormente o interesse da autopreservação. Fundada sobre tais atributos, tidos como naturais e irrenunciáveis, a sociedade adquire uma fundação particularmente sólida. Esta solidez é reforçada pelo contraste entre a sociedade civil e o estado de natureza, uma condição hipotética caracterizada pela ausência de autoridade política. O objectivo desta comparação era óbvio: demonstrar que, de um ponto de vista estritamente racional, é do interesse dos membros da sociedade consentir serem governados, desde que algumas condições fundamentais fossem observadas. Uma vez obrigado a obedecer ao soberano de forma voluntária, o súbdito (ou, mais tarde, o cidadão) estabelece com aquele um contrato social, do qual se podem deduzir de forma lógica e racional todos os direitos e deveres que definem os sujeitos enquanto cidadãos.

A influência desta metáfora estende-se aos dias de hoje. O século XX ficou marcado pelo ressurgimento do interesse em filosofia moral e política, sendo a versão kantiana da teoria do contrato social de John Rawls (1971) um dos seus pontos mais altos.

Significa isto que a ideia racionalista e individualista de que a origem da sociedade resulta de um acordo hipotético entre as partes não só se mantém válida em muitos círculos intelectuais, como permeia muitas das relações sociais de hoje. Estudar estas relações contratuais, não sob a perspectiva teológica das origens mas do ponto de vista secular dos começos, implica analisar-se, por exemplo, o processo de tomada de decisão da celebração de um contrato como envolvendo quer o passado quer o futuro como causas igualmente significativas da celebração desse contrato. Por exemplo, a metáfora do contrato social ajuda a perceber as relações entre consumidores e produtores no contexto de um mercado: a ideia de que uma marca comercial é uma «promessa» (de fiabilidade, qualidade, etc.) pode ser vista como resultante de um acordo hipotético entre as comunidades de consumidores e produtores em torno da qualidade do bem ou serviço em questão. A ideia de contrato deve ser vista, deste ponto de vista, enquanto um momento iterativo da nossa vida em sociedade, não a sua origem mitológica. A celebração contínua de contratos dos mais diferentes tipos ajuda a assegurar a ordem social, mas, por si só, não basta para a justificar normativamente.

2.2. *A ideia de organismo*

Quase tão antiga quanto a metáfora do contrato, a ideia de que a sociedade funciona como um organismo ajudou a explicar a origem da ordem social ao longo dos séculos.

Foi sobretudo a partir do período medieval que a metáfora organicista exerceu uma influência significativa sobre o pensamento social e político ocidental, que, desta forma, vê a origem última da sociedade humana em termos fundamentalmente semelhantes à da vida no Universo. Na sua versão mais simples, talvez como resultado da influência do *Timeu* de Platão, a sociedade medieval era concebida como estando dividida funcionalmente entre os que combatem, os que trabalham e os que rezam. Esta ideia de que a sociedade, tal como um organismo biológico, é uma entidade viva e com uma certa ordem interna levou, do ponto de vista metodológico, ao chamado holismo metodológico – concepção que dominou o panorama intelectual pelo menos até ao final do século XVII, quando a Revolução Científica traz consigo o reducionismo e o mecanicismo, doutrinas que explicam o todo em termos das partes.

Mais tarde, dá-se um recrudescimento da metáfora organicista com o romantismo alemão, que coincide com o aparecimento e desenvolvimento da biologia moderna, associada a figuras como Jean-Baptiste Lamarck. Mas é no final do século XIX que a metáfora organicista ganha uma preponderância central na definição da origem das sociedades humanas e da natureza da ordem social. O trabalho de fundadores da Sociologia como Herbert Spencer em Inglaterra ou Émile Durkheim e René Worms em França é aqui decisivo. Concretamente, isto significa que um dos ramos fundadores da Sociologia concebe a sociedade como um organismo vivo, animado por normas sociais, cujas instituições, tal como os órgãos do corpo humano, são orientadas para o desempenho de certas funções. Segundo esta corrente sociológica, a compreensão destas funções traz consigo um melhor entendimento da natureza da sociedade, incluindo das patologias de que padece.

A procura das origens últimas das sociedades humanas acarreta, entre outros, o conhecido problema metodológico da falácia funcionalista, segundo a qual as funções desempenhadas por uma instituição são tidas como a sua causa. A falácia reside em tomar as consequências de um processo social pela sua causa. Na realidade, podemos distinguir as funções desempenhadas por instituições sociais em dois grandes tipos: as previstas e as não previstas. Crucialmente, mesmo entre estas últimas, há funções que são desejáveis para a instituição em causa e outras que são contrárias aos seus interesses e propósitos. Perante isto, assumir que todas as funções são necessariamente um indício da origem da instituição social em questão é um erro crasso.

Uma alternativa epistemológica e metodologicamente mais consistente reside em dissociar as funções desempenhadas no presente por uma determinada instituição das suas origens, e concebê-las antes como formas de resolução de problemas que são tão tributárias do passado como do futuro. Deste modo, as funções sociais passam a ser concebidas do ponto de vista do começo: uma decisão política, por exemplo, é vista não como um potencial indício da origem última da instituição em causa (parlamento, executivo, etc.), mas como um dos sucessivos momentos da sua história para os quais o futuro e o passado contribuem de forma igual.

2.3. A ideia de linguagem

Uma terceira metáfora usada para dar conta da origem da sociedade é a de que esta se estrutura de forma semelhante à da linguagem.

É no trabalho do linguista suíço Ferdinand de Saussure (1966) que encontramos a primeira e mais influente definição da linguagem como uma estrutura semiótica em que o significado de cada signo não reside em si mesmo, mas depende das relações com os outros signos. Este entendimento da linguagem é resolutamente sincrónico: a estrutura da linguagem existe fora da história, por assim dizer, o que significa que o estudo filológico do desenvolvimento das linguagens naturais ao longo do tempo é de interesse meramente histórico. Por outras palavras, com Saussure a linguística deixa de ser comparativa e histórica para ser estrutural e semiótica: o significado deixa de ser visto como algo imanente ao objecto para passar a ser entendido como algo intrinsecamente relativo, porquanto dependente do feixe de relações que se estabelecem em torno do objecto. A relação entre significado e significante é, por outras palavras, puramente arbitrária: o facto de em línguas diferentes o mesmo objecto ser designado por intermédio de termos diferentes é, do ponto de vista da estrutura da linguagem, irrelevante. O que importa verdadeiramente é a posição relativa desse termo no quadro dessa língua; é deste ponto arbitrário e relativo que emerge o significado.

Esta ideia seminal haveria de chegar a um dos fundadores das ciências sociais modernas, Claude Lévi-Strauss, através do trabalho de Roman Jakobson. Com Lévi-Strauss (1963 e 1966), a ideia de que a estrutura da linguagem nos fornece a chave última para a compreensão da origem e natureza da sociedade e cultura assume o seu expoente máximo, influenciando, de forma indelével, disciplinas como a Antropologia, a História, a Economia ou a Sociologia até ao início dos anos 70 do século XX.

Com o estruturalismo, a linguagem assume-se como a metáfora dominante no estudo das origens e natureza da sociedade, e também da história, da economia, da política, e de todas as demais entidades tidas como estruturais. O estudo da linguagem – rigoroso, objectivo, científico – assume-se como o modelo a seguir pelas ciências sociais e humanas.

A partir dos anos 70, porém, começam a surgir as primeiras vozes discordantes. Um dos principais contributos do chamado pós-estruturalismo reside precisamente na crítica a esta busca pela natureza última das coisas, incluindo da sociedade, através de esquemas epistemológicos mais ou menos sofisticados. Autores como Michel Foucault ganham notoriedade nesta época justamente ao chamarem a nossa atenção para a necessidade de se evitar cair em buscas quiméricas pelas «origens» dos fenómenos sociais e culturais, e pela necessidade de se conceptualizar descontinuidades históricas. É, aliás, neste período de transição entre o estruturalismo e o pós-estruturalismo que surge alguma da melhor reflexão sobre «começos», pensados justamente por oposição às «origens», que surgem aqui associadas ao paradigma estruturalista. Este interesse nos começos ou inícios corresponde a uma forma específica daquilo que Hermínio Martins designou por «cesurismo» (1974, p. 280), isto é, uma tendência da teoria social dos anos 60 e 70 para rejeitar abordagens evolucionistas e progressistas da história que se viria a tornar na perspectiva dominante nas décadas seguintes.

Para os propósitos imediatos deste ensaio, o que importa enfatizar é que a metáfora da linguagem pode apoiar quer a procura das origens da sociedade, quer a análise dos começos dos processos sociais. Se a primeira enfatiza o facto de sermos determinados por estruturas exteriores a nós (isto é, somos «escritos» pela estrutura da linguagem, pelos discursos à nossa volta), a segunda sublinha que começar a escrever implica a existência de um agente social consciente, cujo estatuto de «autor» emerge desse acto de escrita, e que escrever é um processo de sucessivos começos e recomeços, envolvendo memória e imaginação.

2.4. A ideia de rizoma

Por último, a metáfora de que a sociedade se organiza como um rizoma aparece na obra de Gilles Deleuze e Félix Guattari nesta mesma época (1987).

Um rizoma é um conceito proveniente da biologia que se opõe ao modelo filosófico da modernidade, que Deleuze e Guattari apelidam de «arbóreo», o qual funciona de forma dualista, hierárquica, com ligações verticais e lineares, e que traça relações de causalidade ao longo da seta do tempo entre a origem última das coisas e o zénite ou conclusão dessas mesmas coisas. Pelo contrário, uma sociologia rizomática aceita a multiplicidade e o hibridismo como regras, procurando estabelecer relações entre cadeias semióticas, organizações de poder e lutas sociais. Deste ponto de vista, a história não tem uma génese específica ou última, porque o rizoma não tem princípio nem fim, existindo sempre num estado intermédio, entre aqui e ali, resistindo à cronologia temporal sequencial. A reprodução social ocorre, de acordo com a perspectiva rizomática, de forma monádica, como uma mancha de óleo que se espalha numa superfície plana, se infiltra no subsolo e que, nesse processo, o vai erodindo gradualmente, conferindo-lhe a forma que observamos com a ajuda dos nossos instrumentos de medida. A mudança social não é contínua; pelo contrário, pode ser interrompida em qualquer altura, podendo ser retomada nos mesmos termos que antes ou em termos totalmente novos. Em todo o caso, o rizoma não é uma estrutura; é antes um mapa de possibilidades em que cada ponto se pode relacionar com os demais sem que nenhuma destas relações se reduza a uma só.

Em suma, rizoma, linguagem, organismo ou contrato são outras tantas formas de se fazer luz sobre as origens das nossas sociedades. Porém, sobretudo nos primeiros dois casos e parcialmente no terceiro, a tendência para nos focarmos numa busca semimitológica das nossas origens levou-nos, muitas vezes, a becos sem saída.

O antifundacionalismo, que caracteriza as soluções mais recentes, levanta, no entanto, outras tantas questões não menos problemáticas, nomeadamente as que se prendem com o estatuto dos discursos que delas emanam.

Em todo o caso, esta discussão permitiu-nos clarificar algo muito importante: a procura das nossas origens diz-nos tanto sobre o nosso passado, sobre donde vimos e sobre as nossas raízes, como sobre para onde queremos ir, sobre a nossa concepção de ciência e projecto de sociedade. Com efeito, projectamo-nos quer na busca das nossas origens, quer na definição do nosso destino – uma projecção feita sempre a partir de um eterno presente.

3. Imaginar novas, diferentes formas de sociedade

Tão importante quanto entender as origens das sociedades é, por conseguinte, imaginar novas formas de vida colectiva: a memória e a imaginação trabalham em conjunto para produzir sociedade.

Desde a publicação da *Utopia* de Thomas More, em 1516, que a imaginação desempenhou um papel cada vez mais preponderante na definição das sociedades ditas modernas (More, 2006). Com efeito, a época moderna, caracterizada por formas institucionais como o Estado-nação, a ciência e a tecnologia, foi sendo constituída, em larga medida, com recurso à imaginação e, em particular, ao género literário utópico (Wegner, 2002). Por outras palavras, foi imaginando novas formas de organização social que a modernidade se foi constituindo, tal como um projecto sempre inacabado.

No final do século XX, porém, algo mudou na modernidade. Subitamente, a possibilidade de se acreditar num futuro melhor para as próximas gerações, progressivamente aperfeiçoado, mais justo e equilibrado, mais democrático e inclusivo, mais racional e razoável, desapareceu. De um momento para o outro, a crença no progresso da humanidade foi substituída pelo cepticismo, pela dúvida e pela incerteza (Beck, 1992). Não é sequer uma questão de se ter substituído a utopia pela distopia; afinal, o reverso da projecção utópica sempre acompanhou de perto a formulação mais ou menos criativa e engenhosa dos nossos anseios e esperanças. Pelo contrário, o que parece distinguir o nosso tempo é que a realidade parece ter finalmente ultrapassado a ficção.

A nossa incapacidade de imaginar um futuro radioso parece radicar, pois, na nossa consciência profunda, reiterada a cada momento pela nossa experiência de vida, de que vivemos numa época em que a velocidade e a complexidade são tais, que tornam inverosímeis quaisquer cenários utópicos engendrados pela nossa imaginação. Utopia e distopia coexistem de braço dado, quer no texto literário, quer na realidade social. Em ambos os planos, entrelaçam-se sonhos e pesadelos, esperanças e medos como talvez nunca antes na história da humanidade: a consciência do risco efectivo de destruição do planeta em resultado da acção humana – quer num holocausto nuclear, quer fruto das alterações climáticas e do aquecimento global – nunca nos abandona realmente, mesmo naqueles momentos em que tentamos perspectivar uma outra ordem social, mais justa e mais democrática.

É aqui, de resto, que se joga o futuro das sociedades humanas. Desde os anos 80 do século XX que as ciências sociais apostaram em estudar a cultura e a identidade, em complemento, quando não em substituição, das análises tradicionais sobre estratificação social e a luta de classes. Esta ênfase naquilo que somos levou, num primeiro momento, a um regresso às origens grupais, às raízes que nos tornam diferentes dos demais. Num segundo momento, todavia, o estudo da identidade motivou uma inquirição não menos exploratória sobre o que queremos vir a ser, a nossa comunidade de destino. E é exactamente aqui que a coexistência da utopia com a distopia se torna candente, a ponto de tornar quase impossível a tarefa do intelectual clássico dos séculos XIX e XX.

Com efeito, o estudo da identidade pelos cientistas sociais rapidamente se tornou num campo de batalha povoado por activistas, jornalistas e membros do público em geral. Isto porque as fronteiras que separavam os domínios do conhecimento, e as fronteiras que delimitavam o universo da ciência do mundo leigo, se esboroaram, tal como desapareceram as separações estanques entre natureza e cultura, entre humano e não humano. O humanismo que nasce com More no século XVI, e que se desenvolve ao longo dos séculos seguintes como uma narrativa progressista que inspirou algumas das principais conquistas da humanidade, terá tido o seu momento derradeiro no final do século XX, altura em que a figura do ciborgue transbordou do plano da ficção científica e invadiu o mundo real, à medida que *pacemakers*, a fertilização *in vitro* e uma crescente panóplia de invenções tecnológicas se tornaram parte integrante do quotidiano de milhões de cidadãos. A Declaração de Toronto, promulgada em Maio de 2018, que visa compatibilizar as normas internacionais dos direitos humanos com o desenvolvimento da inteligência artificial (IA), pode ser entendida como a resposta jurídica aos desafios éticos que estes desenvolvimentos colocam. Já a forma como as nossas sociedades responderão a estes desafios é algo do domínio das atitudes e normas sociais prevalecentes, cuja mudança ocorre não por decreto, mas antes no decurso de anos ou mesmo décadas. A direcção desta mudança, porém, é inequívoca. Estamos, sobretudo nas sociedades mais desenvolvidas e tecnologicamente mais avançadas do globo, a viver o *começo* de uma nova era.

Esta nova era pode ser designada «pós-humanista», se quisermos sublinhar a ultrapassagem do paradigma que colocou o Homem no centro de todas as coisas, ou «transumanista», se desejarmos antes apenas reequilibrar a balança entre entidades humanas e não humanas. É aqui que a questão da origem última da sociedade humana e a natureza intrínseca da ordem social se sobrepõem, ou são simplesmente compatíveis, à análise dos sucessivos começos e recomeços da vida em sociedade.

A minha resposta é clara: os desafios éticos do nosso tempo serão mais bem respondidos se abandonarmos quimeras mitológicas e investirmos o nosso tempo e esforço na pesquisa das fronteiras entre humano e não humano, cientes de que já não teremos respostas definitivas, mas apenas as respostas possíveis.

Referências e leituras recomendadas

Abbott, A., *Time Matters: On Theory and Method*, Chicago, Chicago University Press, 2001.

Beck, U., *Risk Society*, Cambridge, Polity, 1992 [1986].

Deleuze, G. e Guattari, F., *A Thousand Plateaus: Capitalism and Schizophrenia*, Minneapolis, University of Minnesota Press, 1987 [1980].

Foucault, M., *A Ordem do Discurso*, Lisboa, Relógio D'Água, 1997 [1971].

Heidegger, M., *Poetry, Language, Thought*, Nova Iorque, Perennial, 2001.

King, C., *Lament from Epirus: An Odyssey into Europe's Oldest Surviving Folk Music*, Nova Iorque, Norton, 2018.

Lévi-Strauss, C., Social Structure, *in idem, Structural Anthropology*, Nova Iorque, Basic Books, 1963 [1958], pp. 277–323.

Lévi-Strauss, C., *The Savage Mind*, Londres, Weidenfeld & Nicolson, 1966 [1962].

Martins, H., Time and Theory in Sociology, *in* Rex, John (org.), *Approaches to Sociology (RLE Social Theory): An Introduction to Major Trends in British Sociology*, Londres, Routledge & Kegan Paul, 1974, pp. 194–246.

More, T., *A Utopia ou a Melhor Forma de Governo*, Lisboa, Fundação Calouste Gulbenkian, 2006 [1516].

Platão, *Timeu-Crítias*, Coimbra, Imprensa da Universidade de Coimbra, 2010.

Rawls, J., *A Theory of Justice*, Cambridge: Massachusetts, Harvard University Press, 1971.

Said, E. W., *Beginnings: Intention and Method*, Nova Iorque, Basic Books, 1975.

Saussure, F., *Course on General Linguistics*, Nova Iorque, McGraw-Hill, 1966 [1916].

Wegner, P., *Imaginary Communities*, Berkeley: Califórnia, University of California Press, 2002.

A origem do mundo digital

Arlindo Oliveira

Instituto de Engenharia de Sistemas e Computadores-Investigação e Desenvolvimento (INESC-ID)/Instituto Superior Técnico

A matemática e a computação

A utilização de mecanismos de cálculo que permitam substituir ou auxiliar o raciocínio humano no processamento de informação remonta à Antiguidade. A invenção da escrita teve, provavelmente, como objectivo principal permitir inventariar e manter registos de quantidades de bens produzidos, assim como registos de quem são os donos desses bens. O cálculo (ou computação) nasceu da necessidade de manipular estes registos de forma a atingir os fins pretendidos. Na computação analógica, é utilizada uma quantidade física (por exemplo, o deslocamento de uma agulha ou o peso de um líquido) para modelar os fenómenos que estão a ser estudados, sendo estas quantidades físicas manipuladas por forma a serem efectuados os cálculos desejados. Na computação digital, são usadas representações discretas (por oposição a contínuas) dos fenómenos que estão sob estudo, números ou símbolos, que são manipuladas a fim de produzir os resultados desejados.

O ábaco, um mecanismo que manipula informação discreta, ainda hoje utilizado em algumas sociedades, pode ser visto, com alguma benevolência, como o primeiro computador digital, embora o nível de automação que permite atingir seja muito pequeno, quase nulo. É mais razoável pensar no ábaco como um mecanismo de registo flexível, e não como um computador. Com a excepção do ábaco, e de mecanismos semelhantes, não existiram realmente mecanismos de computação digital antes de Pascal ter concebido e construído a Pascalina, que calculava somas e subtracções usando rodas dentadas, e Leibniz ter projectado e realizado uma máquina baseada nos mesmos princípios, que ficou conhecida como a calculadora de Leibniz.

Já a computação analógica foi extensivamente usada ao longo da história. Um dos mecanismos mais notáveis foi o mecanismo de Anticítera, anterior à Era Cristã: um complexo computador analógico, de origem grega, que utilizava engrenagens interligadas para calcular as posições do Sol, da Lua e, possivelmente, de outros corpos celestes (Marchant, 2008). Outros exemplos são o astrolábio, atribuído a Hiparco, e a régua de cálculo, inventada por William Oughtred no século XVII, esta última usada até há poucas décadas.

O primeiro mecanismo que pode verdadeiramente ser considerado um computador digital, o engenho analítico, foi projectado por Charles Babbage, na década de 40 do século XIX. O projecto de Charles Babbage para o engenho analítico usava um complexo conjunto de rodas dentadas, alavancas e cartões perfurados para manipular representações digitais de números, através de operações semelhantes às que são usadas pelos computadores modernos. As ideias do engenho analítico resultaram de um projecto anterior, mais simples, a máquina diferencial, uma máquina de calcular semiautomática que podia ser usada para fazer cálculos repetitivos.

Charles Babbage nunca conseguiu construir o engenho analítico, nem sequer a muito mais simples máquina diferencial, devido a problemas técnicos e financeiros de vária ordem. Apenas há pouco tempo foi possível construir integralmente uma versão funcional da máquina diferencial, com base no projecto de Babbage. Apesar disso, a descrição feita por Babbage da forma como o engenho analítico funcionaria era de tal forma completa e detalhada, que tornou possível aos seus contemporâneos pensarem em programas que pudessem ser executados por esta máquina.

O mais notável de todos os colaboradores de Babbage foi a matemática Ada Lovelace (filha de Lord Byron), que usou o projecto de Babbage para conceber programas que teriam podido ser executados no engenho para efectuar diversos cálculos, alguns de grande complexidade. Ada Lovelace é assim reconhecida, muito justamente, como a primeira programadora da História. Nas suas notas, que acompanham a tradução de uma descrição do engenho escrita por Luigi Menabrea (Menabrea, 1842), Lovelace descreve como o mesmo pode ser usado para calcular diversas fórmulas e progressões matemáticas, demonstrando assim a sua utilidade como mecanismo de computação digital. Porém, a parte mais interessante das notas de Ada Lovelace é a análise, que nelas fez, do potencial do engenho para actuar sobre outros tipos de dados que não apenas números. Este é o primeiro registo existente desta constatação, de que os computadores digitais também podem ser usados para manipular outros tipos de informação, como texto ou notas musicais. Ada Lovelace terá assim sido a primeira pessoa da História a compreender que um computador digital é, também, uma máquina universal de manipular informação.

Dois séculos antes, Thomas Hobbes tinha argumentado, no *Leviatã*, que o cérebro humano era, ele mesmo, um mecanismo de cálculo que não fazia mais do que efectuar somas e subtracções, reduzindo assim o raciocínio à capacidade de executar cálculos matemáticos (Hobbes, 1651). Com as contribuições de Hobbes e Lovelace fechava-se, assim, o círculo e adivinhava-se a conclusão inevitável de que tanto o cérebro humano como os computadores manipulam informação de formas que podem ser consideradas equivalentes. Levada às suas últimas consequências, esta conclusão implica que deverá ser possível reproduzir o raciocínio humano num computador.

Os primeiros computadores

Este resultado que, descrito assim, pode parecer relativamente óbvio e trivial não o é, estando longe de ser consensual, mesmo hoje. Passou quase um século até que Alan Turing (1937) e Alonzo Church (1936) obtivessem resultados que implicassem que todos os mecanismos de computação que manipulam símbolos são, essencialmente, equivalentes, e podem alcançar os mesmos resultados. Se admitirmos que o cérebro é um sistema que processa símbolos, um dos corolários deste resultado é que o raciocínio e a inteligência humanos podem ser reproduzidos num computador. É importante referir aqui que este resultado continua a estar longe de ser globalmente aceite pela comunidade científica. Existem diversas objecções, muitas delas antecipadas por Alan Turing num famoso artigo (1950) em que propõe justamente que os computadores poderão vir a ser inteligentes, algumas décadas no futuro. As objecções são de diversa ordem, mas todas elas foram rebatidas por Turing de forma bastante conclusiva, embora não o suficiente para encerrar, definitivamente, as discussões sobre a possível equivalência entre o raciocínio humano e a computação digital.

Os resultados obtidos por Turing e Church eram puramente teóricos, sem consequências práticas imediatas. Embora

Turing tenha trabalhado com computadores digitais electromecânicos no esforço que foi desenvolvido em Bletchley Park para decifrar os códigos alemães, não usou estas máquinas para trabalhar na questão de inteligência artificial, que abordou no seu artigo de 1950. No entanto, à medida que os computadores se tornaram mais comuns e começaram a poder ser usados em aplicações civis, começaram também a ser usados em actividades de investigação científica que tinham como objectivo criar e projectar máquinas inteligentes. Este esforço de criação de máquinas inteligentes, uma área que veio a ficar conhecida como inteligência artificial, conduziu, com o passar das décadas, a numerosos métodos e algoritmos para processar informação de forma inteligente.

Hoje, muitos processos de geração de horários, de planeamento logístico e de optimização e procura de soluções são efectuados usando métodos que foram desenvolvidos pela comunidade que trabalhou em inteligência artificial na segunda metade do século XX. Contudo, muitos desses métodos passaram, e continuam a passar, relativamente despercebidos, uma vez que são executados em grandes computadores, longe dos olhos do público, que apenas vê os resultados finais dos cálculos efectuados. Tudo mudou quando a computação se popularizou e cada um de nós começou a usar computadores no dia-a-dia.

A Lei de Moore

Os primeiros computadores usavam dispositivos electromecânicos e válvulas electrónicas para executar as operações lógicas que estão subjacentes à computação digital. Uma válvula electrónica, ainda usada em algumas raras aplicações, é um dispositivo electrónico, com o tamanho aproximado de um pequeno copo, usado para controlar o fluxo de corrente eléctrica entre dois eléctrodos com base no valor de uma entrada de controlo. Estas válvulas foram usadas nos primeiros computadores digitais, que tinham centenas ou mesmo vários milhares de válvulas, e ocupavam salas inteiras, por vezes de grande dimensão. O transístor é um dispositivo electrónico, inventado imediatamente a seguir ao fim da Primeira Guerra Mundial, que faz as mesmas funções de uma válvula, mas é muito mais compacto e pode ser miniaturizado, por forma a ocupar um espaço muito pequeno.

À invenção do transístor seguiu-se a invenção dos circuitos integrados, agregados de transístores fabricados em conjunto, que criou as condições para a vulgarização dos computadores. Estas máquinas, que, ao princípio, eram projectadas apenas para grandes empresas, universidades e institutos, rapidamente se tornaram em objectos omnipresentes na vida de cada um de nós. Primeiro, com o aparecimento do computador pessoal, desenvolvido pela IBM, nasceu e ganhou raízes a ideia de que os computadores podem ser usados para fins pessoais, tais como escrever textos ou fazer apresentações, entre muitos outros. O desenvolvimento continuado da tecnologia, que permitiu miniaturizar cada vez mais os transístores que constituem os computadores modernos, permitiu tornar ainda mais poderosos os computadores. Tarefas que era impensável executar num computador pessoal há apenas uns anos como, por exemplo, ver um filme ou processar uma fotografia tornaram-se exequíveis e até mesmo comuns.

O crescimento exponencial da densidade de integração dos circuitos electrónicos é um fenómeno conhecido, geralmente referido como a Lei de Moore. Gordon Moore referiu, num famoso artigo (1965), que o número de transístores que é possível integrar numa dada área de circuito integrado duplica a cada 12 meses, um período que foi posteriormente corrigido para cerca de dois anos. A Lei de Moore deixou de ser uma simples constatação e passou a ser aceite como uma previsão da evolução futura da tecnologia. A evolução tecnológica imposta por este crescimento exponencial fez que, em cerca de 40 anos, o número de transístores integrados num processador aumentasse de um factor de um milhão, passando de cerca de 2000 no microprocessador 4004, da Intel, fabricado em 1971, para mais de 2000 milhões nos processadores fabricados no início da segunda década do século XXI. Limitações físicas e tecnológicas acabarão por forçar a desaceleração da evolução prevista na Lei de Moore, mas, até que isso aconteça, os avanços nas tecnologias electrónicas desafiam qualquer comparação com outras áreas.

É difícil perceber a dimensão real dos progressos tecnológicos nesta área, que ocorreram nos últimos 75 anos. Se os circuitos electrónicos de um telemóvel moderno fossem realizados com válvulas, o sistema resultante ocuparia aproximadamente o volume de um grande estádio de futebol. Hoje, cada um de nós tem, no seu telemóvel, um computador com maior capacidade computacional do que a capacidade combinada de todos os computadores do planeta no princípio da segunda metade do século XX. Foi esta capacidade computacional que criou a revolução digital a que assistimos, e cujo desenlace podemos apenas adivinhar. A transformação digital que começámos a presenciar nas últimas décadas do século XX continua a acelerar e a alterar profundamente a sociedade em que vivemos.

As primeiras alterações trazidas pela vulgarização dos computadores foram relativamente limitadas. A comunicação de informação tornou-se mais eficaz e fiável à medida que foram incluídos computadores digitais nos sistemas de telecomunicações. Tornou-se possível substituir algumas funções desempenhadas por seres humanos (por exemplo, caixas em bancos) criando sistemas que analisam as credenciais de cada cliente e efectuam algumas das operações bancárias antes desempenhadas por seres humanos, como o levantamento ou o depósito de dinheiro. Outros sistemas de apoio ao cliente foram parcialmente automatizados, embora tipicamente através do uso de *interfaces* pouco intuitivas e confusas.

A Internet veio interligar milhões de computadores em todo o planeta e permitir o aparecimento da World Wide Web (WWW), que é, fundamentalmente, um mecanismo para os computadores falarem entre si e apresentarem, de forma mais agradável e imediata, resultados aos seus utilizadores. O que foi originalmente um projecto para interligar documentos da Organização Europeia para a Investigação Nuclear (CERN) tornou-se numa rede global de informação, que disponibiliza a qualquer um a informação guardada em milhões de computadores no mundo inteiro. Quando se utiliza um navegador para obter informação sobre um tópico, existem dezenas de computadores a falar entre si, por forma a apresentarem ao utilizador a informação pretendida de forma intuitiva e visualmente agradável. Com o crescimento exponencial da informação disponível na World Wide Web, tornaram-se necessários os motores de busca, que colectam, indexam e organizam informação, para que a mesma possa ser facilmente encontrada pelos utilizadores interessados. Com o acumular de informação, passou a ser necessário não só localizar os documentos relevantes para uma dada pesquisa, mas também ordená-los de acordo com a percebida utilidade. O método mais famoso para ordenar as páginas por ordem decrescente de relevância, o algoritmo PageRank™ (Brin e Page, 1998), deu origem ao motor de busca mais usado actualmente e também a uma das maiores empresas de sempre.

A inteligência artificial

O contínuo processo de miniaturização dos transístores e a evolução das tecnologias de *software* trouxe consigo a possibilidade, impensável há apenas três décadas, de cada um ter sempre consigo um computador pessoal, que lhe permite não só comunicar com qualquer outra pessoa em qualquer lugar do mundo, mas também aceder à Internet em quase qualquer lugar. Estas possibilidades existem porque, no telemóvel de cada um, está disponível um computador suficientemente poderoso para processar a informação recebida via rádio, usando sistemas de codificação extremamente complexos, e para a apresentar de uma forma perceptível, usando sons e imagens.

Porém, até recentemente, as *interfaces* que era possível utilizar em todos estes sistemas, computadores pessoais ou telemóveis, eram muito artificiais e difíceis de usar. Nos computadores pessoais, o mecanismo de entrada de dados mais usual continua a ser o teclado, herdado das máquinas de escrever, complementado pelo rato, inventado na década de 60 do século XX para permitir apontar para uma zona específica do ecrã. Os ecrãs sofreram melhoramentos sucessivos e permitem visualizar informação de forma cada vez melhor, mas mantêm muitas das limitações que sempre tiveram, especialmente quando são de pequena dimensão.

A interacção com a World Wide Web e com a Internet de uma forma mais natural para o ser humano está dependente do desenvolvimento de duas tecnologias que ainda estão na sua infância: a inteligência artificial e a realidade virtual.

A inteligência artificial é, como foi referido, uma tecnologia já com muitas décadas, que, no entanto, promete revolucionar a forma como interagimos uns com os outros e com os computadores. À medida que usamos técnicas de inteligência artificial para tornar os computadores mais inteligentes, tornar-se-á possível usá-los para interagirem connosco de forma mais natural e para desempenharem tarefas cada vez mais complexas, a nosso pedido. A inteligência artificial moderna baseia-se, fortemente, na ideia de que os computadores podem aprender a desempenhar tarefas com base na observação do desempenho dessas mesmas tarefas por seres humanos. Estes mecanismos, conhecidos globalmente como técnicas de aprendizagem automática, permitem aos computadores comportarem-se de forma flexível e mais semelhante à de seres humanos. Alan TURING, no seu famoso artigo sobre inteligência artificial (1950), propõe este mecanismo de aprendizagem como a forma mais simples de conseguir que os computadores exibam comportamentos inteligentes. A ideia de Turing foi depois desenvolvida por milhares de investigadores que trabalharam na grande área de conhecimento que agora se designa aprendizagem automática.

Por exemplo, um computador pode aprender a conduzir um veículo analisando a forma como um condutor humano se comportou perante uma dada situação, percebida no seu campo de visão. De forma semelhante, um computador pode aprender a diagnosticar a existência de uma condição médica relevante evidenciada numa radiografia com base no diagnóstico feito, para essa mesma radiografia, por especialistas. Muitas funções desempenhadas por seres humanos serão progressivamente desempenhadas por computadores, que terão a capacidade para aprender essas mesmas funções.

Uma das funções mais importantes que começa a ser, progressivamente, bem desempenhada por computadores é a compreensão de linguagem falada. Os seres humanos são muito bons a compreender linguagem falada, porque o nosso cérebro evoluiu para desempenhar essa função com naturalidade. Pelo contrário, os computadores têm muita dificuldade em o fazer, porque, até há pouco tempo, não sabíamos como os programar para tal. Com a utilização da aprendizagem automática, começa agora a ser possível usar os computadores para processar linguagem natural e, em particular, linguagem falada. Já é possível ditar mensagens ou mesmo textos longos para um computador, que percebe as palavras e as regista ou envia. A capacidade dos sistemas de processamento de língua natural para compreender o que foi dito continua a melhorar rapidamente, uma vez que é potenciada pela existência de exemplos que possam ser usados para treino, exemplos estes que são cada vez mais numerosos.

Hoje, já é possível interagir em inglês corrente com sistemas como a Siri, a Alexa ou o Google Assistant, usando linguagem natural e recebendo respostas que, em alguns casos, são indistinguíveis das que seriam dadas por um ser humano. Também é possível usar sistemas para outras línguas, nomeadamente português, mas não são tão eficazes como os sistemas para inglês, que, tipicamente, são desenvolvidos com rapidez. Sistemas como estes já conseguem interagir, por exemplo, com lojas e restaurantes, solicitando e percebendo a informação relevante que foram instruídos para obter. É expectável que estes sistemas se continuem a desenvolver e se tornem cada vez mais comuns, tornando vulgar a interacção entre pessoas e máquinas usando linguagem natural, para muitas aplicações em que hoje são usados teclados e ecrãs tácteis. À medida que estes sistemas se tornam mais inteligentes e flexíveis, é provável que os comecemos a reconhecer como auxiliares úteis no dia-a-dia, assistentes pessoais que podem desempenhar funções específicas a nosso pedido, profissionais competentes e especializados nas suas respectivas áreas e mesmo, em alguns casos, companheiros para pessoas que vivam sozinhas ou em locais remotos. Alguns destes sistemas serão realizados com robots, que poderão desempenhar tarefas que envolvem a manipulação do mundo físico, como limpar a casa, apanhar fruta ou manipular e transportar cargas de um lado para outro.

Realidade virtual

Uma outra tecnologia que revolucionará a forma como interagimos uns com os outros e com os computadores é a realidade virtual. Hoje, os computadores apenas podem enviar-nos informação usando um de dois canais: som, que ouvimos, e imagens, que vemos, tipicamente num ecrã. A comunicação utilizando som, em determinadas condições, pode ser natural e agradável, mas, em muitos casos, é perturbada por provir de um pequeno telemóvel, em condições sonoras difíceis. Em outros ambientes, nomeadamente em casa, poderá ser totalmente adequada. Já a recepção de informação utilizando um ecrã é pouco natural e limitada, porque nos obriga ou a usar ecrãs pequenos, com pouco detalhe, ou a usar ecrãs grandes, mas fixos num dado local, o que restringe a mobilidade. O ideal seria se pudéssemos usar a tecnologia para comunicar de forma natural, tal como fazemos no mundo real, olhando à volta e dirigindo-nos aos nossos interlocutores.

Esta é exactamente a promessa da realidade virtual, uma tecnologia que terá seguramente um grande impacto na forma como vivemos e comunicamos. Usando tecnologias de realidade virtual é possível, colocando um visor, ser-se instantaneamente transportado para um local diferente, onde se pode interagir com outras pessoas e com sistemas inteligentes, de forma natural e imediata. Já é possível assistir a espectáculos usando sistemas de realidade virtual, que reproduzem de forma muito fidedigna a experiência de um espectáculo ao vivo. Porém, usar realidade virtual para interagir em ambientes mais complexos é ainda difícil, em virtude de dificuldades de ordem tecnológica. Com o desenvolvimento da capacidade computacional dos sistemas e das tecnologias de sensores, será possível construir sistemas de realidade virtual cada vez mais sofisticados e realistas. A princípio, sistemas destes serão usados para substituir deslocações físicas a reuniões e encontros presenciais, que se tornarão progressivamente menos importantes, e para proporcionar experiências mais realistas em espectáculos, exposições e outros eventos. Mas é de crer que, à medida que a tecnologia se vulgarizar, a realidade virtual se venha a tornar num mecanismo comum de interacção, para trabalho e lazer, substituindo em muitos casos a necessidade de deslocação física.

A quarta revolução industrial

A integração das tecnologias de comunicação móvel, da robótica, da inteligência artificial e de realidade virtual conduzirão a uma profunda mudança na sociedade, à qual usualmente se chama a quarta revolução industrial. É difícil prever as consequências, a longo prazo, da quarta revolução industrial, tal como teria sido difícil prever, no século XVIII, as consequências das revoluções industriais que ocorreram nos dois séculos que se seguiram. Todavia, dada a natureza do desenvolvimento tecnológico, que cria novos produtos e tecnologias com base nos produtos e tecnologias existentes, é de crer que alterações tecnológicas pelo menos tão rápidas como aquelas a que temos assistido continuarão a ocorrer no futuro previsível. Isso significa que, no final do século XXI, os nossos filhos viverão num mundo profundamente diferente do que existe hoje, mais diferente do de hoje do que o mundo de hoje é diferente do mundo de 1940. Nestas últimas oito décadas, assistimos ao aparecimento da televisão, à vulgarização do automóvel e do tráfego aéreo, à divulgação do telefone, primeiro, e do telemóvel, depois, e à presença constante dos computadores, entre muitos outros desenvolvimentos. Nas oito décadas que nos separam do século XXII, assistiremos, seguramente, ao aparecimento de outras tantas tecnologias e ferramentas, muitas das quais não conseguimos, hoje, antecipar. A menos que esta tendência de desenvolvimento cada vez mais rápido se inverta, algo em que apenas alguns estudiosos acreditam, as próximas oito décadas serão aquelas em que existirá uma maior intensidade de inovação tecnológica na história da humanidade e aquelas em que maiores alterações serão impostas ao nosso modo de vida.

Questões éticas

As tecnologias de inteligência artificial colocam problemas especialmente complexos de um ponto de vista ético. Se, de facto, for possível desenvolver, nas próximas décadas, sistemas que exibam comportamentos inteligentes semelhantes aos dos seres humanos, será necessário analisar questões complexas, que se prendem com a própria natureza humana. Se um sistema se comporta de forma inteligente, deverá ter direitos e deveres específicos? Poderão os sistemas inteligentes vir a ser entidades legais autónomas, equivalentes, de certa forma, a pessoas ou a corporações, nas responsabilidades que lhes podem ser imputadas e nos direitos que podem exigir? Poderão esses sistemas exibir emoções ou mesmo ter consciência? Quais serão as consequências sociais e económicas da existência de sistemas que poderão substituir os seres humanos na maioria das actividades intelectuais?

Problemas éticos ainda mais complexos colocam-se se assumirmos que estes sistemas terão a capacidade de projectar as próximas gerações de sistemas, criando, potencialmente, uma espiral de crescimento da inteligência dos sistemas que Irving John Good chamou de uma «explosão de inteligência» (1965). Se, um dia, inteligências artificiais tiverem a capacidade de gerar a próxima geração de sistemas, ainda mais inteligentes, poderemos assistir à criação de sistemas vastamente mais inteligentes do que os seres humanos, superinteligências (Bostrom, 2014). Os riscos existenciais, para a espécie humana, que resultariam da criação deste tipo de sistemas justificam que se analise com profundidade o que devem ser as políticas de desenvolvimento de sistemas baseados em inteligência artificial. Diversos autores têm argumentado que nenhuma outra tecnologia tem o mesmo potencial da inteligência artificial para beneficiar ou prejudicar o futuro da humanidade e que, por consequência, devem ser adoptadas políticas particularmente claras para definir a estratégia a pôr em prática no desenvolvimento destas tecnologias (Russell, Dewey e Tegmark, 2015).

Nas próximas décadas assistiremos, seguramente, a um número crescente de discussões sobre as questões éticas que o desenvolvimento tecnológico coloca. Só um domínio adequado das questões tecnológicas acompanhado de uma longa e profunda discussão sobre as questões éticas e sociais que a tecnologia levanta permitirá que o desenvolvimento da tecnologia suporte o desenvolvimento da humanidade e não apresente riscos existenciais para o nosso futuro comum.

Referências e leituras recomendadas

Bostrom, N., *Superintelligence: Paths, Dangers, Strategies,* [*s.l.*], Oxford University Press, 2014.

Brin, S. e Page, L., The Anatomy of a Large-Scale Hypertextual Web Search Engine, *in Seventh International World Wide Web Conference,* [*s.l.*], Elsevier, 1998, pp. 107–117.

Church, A., An unsolvable problem of elementary number theory, *American Journal of Mathematics* 58, 1936: pp. 345–363.

Good, I. J., Speculations concerning the first ultraintelligent machine, *Advances in Computers* 6, 1965: pp. 31–83.

Hobbes, T., *Leviathan: Or the Matter, Form, and Power of a Commonwealth Ecclesiastical and Civil,* [*s.l.*], G. Routledge and sons, 1651.

Marchant, J., *Decoding the Heavens: A 2,000-year-old-computer – and the Century-long Search to Discover Its Secrets,* [*s.l.*], William Heinemann Ltd., 2008.

MENABREA, L. F., Notions sur la Machine Analytique de M. Charles Babbage, *Bibliothèque Universelle de Genève*, vol. 41e, 1842.

MOORE, G. E., The density of transistors assembled on a micro chip doubles every 12 months, *Electronics* 38, 1965: pp. 114–117.

RUSSELL, S.; DEWEY, D. e TEGMARK, M., Research Priorities for Robust and Beneficial Artificial Intelligence, *AI Magazine* 36, 2015: pp. 105–114. doi: 10.1609/aimag.v36i4.2577.

TURING, A., On computable numbers, with an application to the Entscheidungsproblem, *Proceedings of the London Mathematical Society* s2-42, 1937: pp. 230–265.

TURING, A., Computing machinery and intelligence, *Mind* 59, 1950: pp. 433–460.

III

PROBLEMAS TRANSVERSAIS

Políticas de desenvolvimento e financiamento da investigação científica[1]

Paulo Ferrão e *Ana Sanchez*

Fundação para a Ciência e a Tecnologia (FCT)

1. Políticas de desenvolvimento: a ética de afirmar o desenvolvimento sustentável

Em 2050, o mundo em que vivemos será necessariamente diferente do que é hoje. Estima-se que sejamos perto de dez mil milhões a habitar um planeta com os mesmos recursos de hoje. Se seguirmos os padrões actuais de consumo, o nível global de desenvolvimento económico obrigará à produção de mais alimentos e energia, à necessidade de mais água e matérias-primas, obtidos a partir de um ambiente que teremos de saber preservar sob a influência das alterações climáticas, cujos efeitos já se começam a sentir. Uma sociedade envelhecida enfrentará muitos desafios num contexto de crescente urbanização, de crescentes assimetrias entre (e dentro de) países,

[1] Agradece-se a Helena Pereira, Dalila Farinha e Renata Ramalho a leitura atenta do texto e todas as suas sugestões.

de desenvolvimento das tecnologias digitais ou do (re)aparecimento de doenças, em particular as infecciosas. Os desafios e as oportunidades para a ciência e a tecnologia serão infinitos.

Decidir que sociedade queremos e como a podemos obter implica fazer escolhas, de consequências nem sempre imediatas, cujos benefícios e riscos precisam de ser equacionados a diversos níveis, sociais, geográficos e temporais. As políticas de desenvolvimento afirmam-se assim num contexto simultaneamente global e regional com múltiplas vertentes sociais, económicas e ambientais.

À pressão demográfica somam-se as assimetrias no consumo por parte das populações, com países em que a população observa um rápido decréscimo e consequente envelhecimento, enquanto outros verificam evolução inversa. De uma forma ou de outra, a pressão sobre a procura de recursos naturais, sobre os sistemas de educação ou de saúde é enorme.

A garantia do acesso aos recursos necessários para um estilo de vida que corresponda minimamente à expectativa das populações, num contexto de promoção de igualdade de oportunidades e redução de assimetrias, constitui-se como a base ética subjacente às políticas de desenvolvimento, estabelecendo o que se designa frequentemente por «desenvolvimento sustentável». O termo «desenvolvimento sustentável» ganhou relevância internacional após a divulgação da publicação *Our Common Future*, em 1987, na qual se define desenvolvimento sustentável como aquele que permite satisfazer as necessidades das gerações actuais sem comprometer a possibilidade de as gerações futuras satisfazerem as suas.

No entanto, como abordado por Ehrenfeld (2008), esta visão de sustentabilidade tem sido usada como motivação para promover a eficiência no uso de recursos e não tanto como promotora de uma nova visão para o futuro. Com a crítica de que o conceito de sustentabilidade tem sido fundamentalmente instrumental, John Ehrenfeld oferece uma nova definição: «sustentabilidade é a possibilidade de humanos e outras formas de vida florescerem na Terra para sempre». O autor argumenta que florescer é muito mais do que sobreviver, conjugando de forma mais equitativa aspectos sociais, culturais, económicos e ambientais, salientando que esse modelo de desenvolvimento não está garantido e, de certa forma, ainda nem sequer é conhecido.

A procura deste modelo de desenvolvimento sustentável obriga a mais conhecimento, de forma mais interdisciplinar e inclusiva, para que cidadãos e instituições possam tomar decisões de modo informado e informar as decisões com uma visão holística e abrangente das realidades locais e, tanto quanto possível, com uma visão global do mundo em que vivemos. É neste ponto que dependemos da ciência.

Espera-se da ciência a procura de conhecimento nas múltiplas áreas que suportam o desenvolvimento sustentável. Por exemplo, o conhecimento sobre as interacções entre a Natureza e a sociedade, incluindo a análise do comportamento humano, ou o conhecimento associado ao desenvolvimento tecnológico. Assim se justifica a aposta no conhecimento em todas as áreas científicas e na promoção de um contexto de reflexão e integração deste conhecimento, que, sendo alicerçado na ética, promoverá as sementes de novos modelos que, no seu conjunto, possam fundamentar novos paradigmas que nos conduzam à sustentabilidade.

É esta visão e sentido de propósito (de sustentabilidade) que sugere que uma política de desenvolvimento deve assumir uma natureza transdisciplinar da ciência e se deve basear na ética, respeitando, por exemplo, os Objectivos de Desenvolvimento Sustentável (ODS) da ONU – classificados em 17 categorias que incluem, entre outras, a erradicação da pobreza ou da fome, a acção climática, a redução de desigualdades ou a promoção da educação e da saúde –, que se afirmam como uma grande oportunidade para estimular uma renovada vontade política a nível internacional. Esta é uma oportunidade única que a ciência não pode deixar de apoiar, de promover e, de alguma forma, de adoptar como uma missão que também é sua.

O confronto entre diferentes disciplinas deve resultar em novo conhecimento que articule os conhecimentos disciplinares, contribuindo para uma nova visão do nosso desenvolvimento como parte integrante da Natureza.

Para que possamos aspirar a um desenvolvimento sustentável, torna-se crítica a aposta num vasto conhecimento científico e tecnológico, que deverá fundamentar uma firme (e inadiável) vontade política. Um compromisso com a sustentabilidade deve significar um compromisso com uma visão de como devemos viver no mundo, de como devemos interagir uns com os outros e, de forma mais abrangente, com a Natureza.

É também com este propósito que se promove o conceito de «missões» a nível europeu, como uma oportunidade para que a ciência e o conhecimento se possam organizar em torno de objectivos societais que sejam reconhecidos pela população como contributos críticos para o desenvolvimento individual e colectivo em diferentes domínios, promovendo a percepção pública do valor único da ciência e do conhecimento.

À ciência exige-se que explore, explicite e desenvolva os aspectos éticos e o conhecimento necessário para cumprir cada um dos ODS e as suas relações cruzadas, pois a sua prossecução requer um conhecimento transdisciplinar que promova, mas também articule, áreas científicas, das Ciências e Engenharias à Ética, Filosofia, Ciência Política, Sociologia ou Antropologia. Este esforço exigirá políticas de desenvolvimento e financiamento da investigação científica abrangentes e que facilitem a participação activa de grupos diversificados de actores, a nível nacional e internacional.

2. O financiamento público de ciência em Portugal

Reconhecendo-se que o desenvolvimento da investigação científica é um motor para a sustentabilidade, importa reflectir sobre o papel das instituições responsáveis pela implementação das políticas públicas de financiamento da ciência. Em Portugal, essa responsabilidade cabe, em grande medida, à Fundação para a Ciência e a Tecnologia (FCT).

A FCT foi criada em 1997, sucedendo à Junta Nacional de Investigação Científica e Tecnológica, com a missão de promover o avanço do conhecimento científico e tecnológico em Portugal em todos os domínios científicos. Nos últimos 20 anos, o panorama da ciência no país evoluiu muito favoravelmente e o Sistema Científico e Tecnológico Nacional é hoje muito diferente do que era em 1997.

Em 20 anos, a FCT financiou mais de 25 000 bolsas de doutoramento, mais de 9000 bolsas de pós-doutoramento, mais de 2000 contratos de investigadores, mais de 11 000 projectos de investigação e desenvolvimento (I&D) – das Ciências Exactas e da Engenharia às Ciências Sociais e Humanas –, e mais de 350 unidades de investigação distribuídas por todo o país[2]. Como resultado de todo este investimento, o número de investigadores no país mais do que triplicou e multiplicou-se por sete o número anual de publicações científicas referenciadas internacionalmente (em 2015, na ordem dos 21 000)[3], acompanhadas de um aumento crescente do seu impacto.

O Sistema Científico Nacional está hoje organizado em unidades de I&D, estruturas com maior ou menor autonomia, muitas vezes associadas a instituições universitárias, mas também com ligações a outro tipo de instituições, como hospitais,

---

[2] *FCT – 20 Anos a Apoiar a Ciência e a Tecnologia em Portugal.*

[3] Direcção-Geral de Estatísticas da Educação e Ciência.

empresas ou fundações privadas. Em 2018, a FCT financia 307 unidades de I&D, nas quais trabalham mais de 20 mil investigadores doutorados, com vínculos de natureza distinta: docentes universitários, investigadores de carreira, investigadores com contratos a termo e bolseiros. A criação da figura de bolseiro permitiu um crescimento da comunidade científica que dificilmente teria sido alcançado de outro modo, mas que veio a traduzir-se numa elevada precariedade na situação laboral de recursos altamente qualificados.

A maior parte do trabalho de investigação realizado nas instituições é financiada através de verbas obtidas por via de processos competitivos. Em Portugal, a maioria dos projectos de I&D é financiada pela FCT em competição nacional, mas os investigadores portugueses acedem a outros financiamentos, nomeadamente da Comissão Europeia, em que a competição é internacional.

O sucesso dos investigadores portugueses no actual Programa-Quadro Comunitário de Investigação e Inovação Horizonte 2020 pode aferir-se por meio das verbas que estes conseguiram até à data. Actualmente, os financiamentos obtidos são superiores à contribuição nacional para o Horizonte 2020, o que transforma Portugal num beneficiário líquido, com financiamentos anuais médios da ordem dos 125 milhões de euros, prova da qualidade e notoriedade dos investigadores portugueses e da ciência desenvolvida em Portugal.

A natureza internacional da investigação científica torna obrigatória a ligação da ciência portuguesa ao resto do mundo. Esta ligação faz-se em múltiplas vertentes: é promovida nos painéis de investigadores constituídos para avaliar as actividades financiadas pela FCT, nas comissões de acompanhamento nomeadas pelas instituições de I&D, nas colaborações em projectos, nas parcerias internacionais, nomeadamente com universidades americanas e europeias, nas colaborações entre agências de financiamento e ainda nas iniciativas recentes de fundações privadas estrangeiras que investem em Portugal em parceria com a FCT, como a Fundação Aga Khan ou a Fundação «la Caixa».

A ciência do século XX, e ainda mais a do século XXI, depende de infra-estruturas específicas e de grandes equipamentos tecnológicos. Cabe também às agências financiadoras apoiar esta dimensão da investigação, embora a ordem de grandeza do investimento necessário em algumas áreas torne obrigatória a formação de consórcios internacionais, nos quais diferentes países partilham custos e benefícios. Através da FCT, Portugal está presente em infra-estruturas como a Organização Europeia para a Investigação Nuclear (CERN), o Observatório Europeu do Sul (ESO) ou a Infra-estrutura Europeia de Radiação de Sincrotrão (ESRF), participa em grandes organizações internacionais como a Agência Espacial Europeia (ESA) e colabora com a National Aeronautics and Space Administration (NASA).

Mas se o investimento das últimas décadas nos aproximou da Europa, mantemo-nos suficientemente distantes em muitos indicadores, pelo que o investimento em ciência continua a ser uma prioridade em Portugal. Urge consolidar instituições, dar perspectivas aos investigadores e garantir que o conhecimento gerado resulta em benefício para todos.

3. A ética do financiamento público da ciência

A ética do financiamento da ciência passa em primeiro lugar pela opção do seu financiamento público, sendo difícil argumentar que este possa ser dispensado. Para dar apenas um exemplo entre muitos, o sistema de posicionamento que usamos de forma generalizada nos nossos telemóveis, enquadrado em mapas que nos permitem saber onde estamos e definir rotas para os nossos destinos – GPS (*global positioning system*) –, não existiria se não fosse pela ciência financiada por dinheiros públicos. O financiamento público funciona como alavanca para o financiamento privado, com a vantagem de poder incidir onde o financiamento privado (ainda) não decidiu investir.

Se a opção de investir na ciência é consensual, decidir como investir em ciência, num mundo de recursos finitos, não tem uma resposta única. Que tipo de financiamento? Como escolher o que deve ser financiado?

De maneira muito simplista, poderemos optar por: financiar pessoas, acreditando que terão boas ideias e construirão boas instituições; financiar ideias, para as quais procuraremos as pessoas e as instituições adequadas; ou financiar instituições, deixando que estas seleccionem as pessoas mais qualificadas para levar a cabo as suas missões. Mas privilegiando uma das opções ou escolhendo um pouco de todas, decidindo não «pôr todos os ovos no mesmo cesto», será sempre necessário decidir que pessoas, que ideias e que instituições.

O objectivo é financiar o que melhor garante o alcance do que se ambiciona. Mas subjacente a esta decisão está a resolução de uma dificuldade já abordada: quais são os modelos de desenvolvimento que nos levarão eventualmente à sustentabilidade? Como se pode garantir que o investimento em determinado projecto, pessoa ou instituição se traduza no tipo de conhecimento que irá permitir atingir os objectivos do desenvolvimento sustentável? A verdade é que não se pode ter essa garantia. Mas pode aumentar-se a probabilidade de tal acontecer, diversificando os tipos de financiamento e encontrando formas de promover o trabalho dos actores mais promissores, de acordo com a opinião dos seus pares, procurando coordená-lo de modo a aumentar o seu impacto.

É essa a base da avaliação levada a cabo pelas agências de financiamento. Na maior parte dos casos, e certamente também em Portugal, a avaliação é conduzida por painéis de cientistas experientes nos temas em avaliação e também com vivência nos processos de investigação que, em conjunto, e seguindo regras conhecidas, sem preconceitos ou entraves, procuram estabelecer as condições que melhor garantam a promoção das melhores ideias. A avaliação tem muitas vezes em conta o sucesso passado, assumindo que este tem mais probabilidade de se transformar em sucesso futuro, mas incide também em outras dimensões, tais como as condições de trabalho no presente e as promessas para o futuro.

Mesmo a avaliação do sucesso passado é mais difícil do que parece à primeira vista. O que é sucesso? Mais conhecimento? Mais impacto na sociedade? Como medir um e outro? Pode o sucesso ser medido objectivamente ou estarão os painéis de avaliação eternamente «condenados» à subjectividade?

A busca da objectividade tem conduzido à utilização de indicadores numéricos (número de artigos e citações, patentes, financiamento angariado ou outros indicadores mais complexos), mas a sua análise mostra que também são falíveis e podem ser enganadores, sendo hoje internacionalmente aceite que devem ser usados com prudência e no seu contexto específico (Declaração de São Francisco sobre a Avaliação da Investigação, 2012: https://sfdora.org). A melhor alternativa parece ainda ser a opinião dos pares, ponderadas todas as questões associadas à subjectividade, equilíbrio de perspectivas ou eventuais conflitos de interesses e que caberá à agência de investigação acautelar.

No final, a escolha do que financiar depende de avaliações feitas por humanos (em vez de algoritmos) e por grupos diversificados e inclusivos. Na maioria dos casos, o número de propostas torna impossível garantir que todos os avaliadores analisam todas as propostas, pelo que as classificações atribuídas por dois ou mais avaliadores a uma proposta são discutidas e consensualizadas em contexto de painel. Assim se pretende garantir a comparabilidade essencial à ordenação de propostas que está na base da escolha para financiamento.

Independentemente da forma como as propostas a financiar são seleccionadas, uma agência de financiamento pública tem o dever de garantir aos cidadãos que a financiam que as apostas que faz se traduzem em conquistas reais para a sociedade, sejam estas de mais conhecimento sobre o mundo que nos rodeia, de mais pessoas qualificadas ou de melhores condições de vida.

A responsabilidade ética das agências financiadoras (e que deve ser partilhada por toda a comunidade científica) assume assim três dimensões: o bom uso dos recursos, a boa condução dos processos de escolha e a prestação de contas à sociedade. É dentro deste triângulo que as decisões devem ser tomadas.

4. O financiamento da ciência 20 anos depois: caminhos para a sustentabilidade

A ciência para o desenvolvimento (sustentável) tem como base a sustentabilidade da própria ciência e, na sua raiz, a dos cientistas que a promovem e a das instituições científicas que os empregam.

Num mundo em constante e acelerada mudança, é essencial ser capaz de inovar também na forma de apoiar a ciência. A cada momento, importa garantir que aqueles que decidem sobre como apoiar a ciência estão próximos daqueles que a constroem. O diálogo entre agência de financiamento e comunidade científica é assim fundamental. O sistema actual de financiamento da ciência é complexo e todos, legitimamente, querem e exigem mais, com mais rapidez, menos burocracia, mais e melhor avaliação e maior financiamento. Conseguir desenhar e manter um sistema desburocratizado exige compreensão mútua das dificuldades e constrangimentos, assim como cumplicidade no desenho das soluções e co-responsabilização nos processos.

A sustentabilidade da ciência requer pensamento, planeamento e investimento. Tal como há 20 anos, quando alguém teve uma visão para a ciência de hoje, importa agora imaginar a ciência de amanhã.

Para promover uma reflexão colectiva sobre a base de conhecimento necessária para o suporte ao desenvolvimento científico, tecnológico e socioeconómico do país, a FCT tem vindo a promover agendas temáticas de investigação e inovação em 14 domínios multidisciplinares que vão do «Mar» à «Inclusão Social» ou à «Economia Circular». Envolvem peritos de instituições de I&D, de *interface* e de empresas na identificação de desafios e oportunidades de investigação e inovação, que contribuem para a resposta a problemas ou a necessidades de diferentes sectores da sociedade.

O processo – participado, inclusivo e dinâmico – de desenvolvimento das agendas, envolvendo peritos com origem na academia, centros de investigação, empresas, entidades públicas e cidadãos, num quadro de diálogo entre os diferentes actores nacionais, permite identificar áreas que se configuram como emergentes e promissoras para a investigação e inovação portuguesas, numa perspectiva de médio e longo prazo.

A mobilização da comunidade científica para quaisquer agendas de investigação implica apoios e estímulos, que podem ser conseguidos através da diversificação dos mecanismos de financiamento dirigidos *às pessoas, às ideias, às instituições e às infra-estruturas, à inovação, à internacionalização* e *às missões* que dão à ciência o reconhecimento de um fim último de contribuir para melhorar o mundo em que vivemos, como se discute nos parágrafos seguintes.

4.1. As pessoas

A sustentabilidade da ciência em Portugal requer, em primeiro lugar, uma mudança de paradigma absolutamente crítica: que a norma para a contratação de doutorados seja o contrato de trabalho. É necessário consolidar a evolução notável dos últimos anos, acrescentando dignidade e estabilidade às carreiras dos profissionais que fazem da ciência a sua profissão.

As bolsas devem ser reservadas para o que foram concebidas: os contextos de formação avançada, em particular os doutoramentos. Se é verdade que o número de doutorados aumentou, Portugal está ainda abaixo da média europeia. Garantir oportunidades de formação avançada para um número crescente de licenciados e mestres é a melhor forma de a ciência continuar a contribuir para uma das conquistas fundamentais dos últimos anos, a democratização do conhecimento, a qual tem sido garante de mobilidade social e de coesão territorial, dois valores fundamentais para um desenvolvimento equilibrado e sustentável do país.

Como todos os processos de crescimento, a promoção do emprego científico tem as suas dores e resistências. Cabe à FCT, enquanto agência pública de financiamento de ciência, estimular essa transição através dos diferentes mecanismos de financiamento de que dispõe: financiando pessoas que avalia directamente, através de instituições ou através de contratos no âmbito de projectos e unidades de I&D.

É certamente consensual que, em Portugal, nunca foram criadas tantas oportunidades de emprego científico como hoje. O número de contratos que serão financiados pela FCT em dois anos é o dobro do número de contratos financiados nos últimos 20 anos. O emprego científico é uma mudança de paradigma que veio para ficar.

4.2. As ideias

A dignificação da carreira de cientista passa também por uma segunda via: a das oportunidades dadas aos cientistas para concretizarem as suas ideias em projectos de investigação. No centro da actividade da FCT, estará sempre o financiamentode projectos de investigação, quer na sequência de concursos em todos os domínios científicos, como por meio de tópicos específicos, que promovam o desenvolvimento de uma nova área ou de outras com particular relevância para o país (como os projectos de I&D dedicados à prevenção e combate de incêndios florestais ou a Iniciativa Ibérica de Investigação e Inovação Biomédica – i4b), ou através da abertura a novos contextos de investigação (concursos dedicados a instituições politécnicas) ou da constituição de novas parcerias, como, por exemplo, com a administração pública.

Dignificar o cientista e as suas ideias é também garantir que o seu tempo é utilizado para a ciência e não para os processos de financiamento. A promoção da ciência, a diversificação de agentes, a busca da avaliação «perfeita» e a necessidade de prestação de contas à sociedade foram acrescentando complexidade aos processos, o que urge simplificar para garantir que a ciência (e não o seu financiamento) constitui o cerne da actividade das instituições de I&D. Esta simplificação não pode ter um único agente e exige confiança e co-responsabilização de todos.

4.3. As instituições e as infra-estruturas

Para que o enorme esforço necessário para operar a transição seja sustentável, será necessário reforçar os mecanismos de apoio e promoção às instituições que acolhem os investigadores, dando-lhes condições para se afirmarem internacionalmente e para valorizarem os cientistas, sem os quais não existiriam. Cuidar da dimensão institucional é, assim, como uma segunda aposta para a ciência do futuro.

A sustentabilidade do emprego científico exige instituições fortes e de relevo internacional. Fortalecer as instituições é garantir que têm a possibilidade de definir a sua própria estratégia científica, baseada na qualidade dos seus investigadores e nas relações que estabelecem com outros agentes do sistema científico nacional e internacional. A ambição dessa estratégia, bem como as condições humanas e materiais para a levar a cabo, deve ser avaliada cientificamente num contexto internacional, tendo em conta os benefícios globais, mas também locais, que dela podem advir. A avaliação regular das unidades de I&D pela FCT permite assinalar e estimular a qualidade e relevância da ambição e definir as condições necessárias para que seja concretizada.

Essas condições passam pelo financiamento de base e estratégico, mas também por promover a contratação de doutorados em áreas de interesse para a estratégia de cada unidade de I&D e a formação doutoral ancorada nessa estratégia, criando um contexto de qualificação multidisciplinar centrado em objectivos específicos para o futuro.

Aliada à necessidade de financiamento para concretizar ideias através de projectos de I&D está a de garantir o acesso a infra-estruturas. Tal torna-se especialmente importante em áreas emergentes que requerem equipamentos de custos elevados, como a computação avançada. A aposta em métodos de análise complexos, o desenvolvimento de novos algoritmos e ferramentas de visualização que permitam extrair ainda mais conhecimento a partir dos milhares de milhões de dados gerados pela própria actividade de investigação, requer uma acção de coordenação por parte da FCT. O investimento numa Rede Nacional de Computação Avançada, enquadrada num sólido contexto internacional, reverterá a favor de toda a comunidade. Neste caso, em vez de financiamento, os investigadores poderão competir por tempo de cálculo.

4.4. A inovação

Mas fortalecer as instituições é também dar-lhes condições para criar valor num mundo global, abrindo o sistema científico à sociedade e ao mundo. O sistema científico como promotor de inovação aparece, assim, como a quarta aposta e significa evidenciar a mútua necessidade de uma estreita relação entre entidades de I&D e a sociedade civil.

Neste domínio, a dinâmica institucional também se afirma por intermédio de novos tipos de instituição, como os laboratórios colaborativos, que agregam unidades de investigação, empresas e outros parceiros (hospitais, museus e outras instituições), como base para o desenvolvimento do tecido socioeconómico e cultural. Tal contribui para o aumento do valor acrescentado de cada recurso humano altamente qualificado, que é afinal a principal condição para a sustentabilidade do emprego.

4.5. A internacionalização

Num contexto cada vez mais global, dar melhor futuro a Portugal implica ainda reforçar a internacionalização da comunidade científica, criando oportunidades de cooperação para os nossos cientistas, mas também para que mais empresas apostem na ciência como factor crítico de afirmação dos seus produtos e serviços nos mercados internacionais. As instituições só são fortes num contexto de forte internacionalização. Esta deve ser a quinta aposta.

A internacionalização da comunidade científica pode e deve começar cedo na vida de um cientista, e inclui levar cientistas de Portugal para outros países e trazer cientistas de outros países para Portugal. A FCT tem estado, e deve continuar a estar, presente em ambas as dimensões, do jovem cientista que tem a oportunidade de participar em estágios tecnológicos na ESA, na NASA, no ESO ou no CERN aos investigadores já consagrados que assumem posições na academia, seja co-financiados por entidades privadas ao abrigo do programa de cátedras promovido pela FCT, seja através dos concursos de emprego científico individual abertos para todas as categorias da carreira de investigação.

Promover a internacionalização é também apoiar a formação de consórcios para o desenvolvimento de projectos conjuntos entre instituições portuguesas e instituições de outros países. São disso exemplo as parcerias com países do Mediterrâneo na recentemente criada rede PRIMA (Parceria para a Investigação e Inovação na Região Mediterrânica), ou com as melhores universidades europeias ou americanas.

A avaliação do impacto em Portugal da experiência dos últimos dez anos das parcerias internacionais com o Instituto de Tecnologia de Massachusetts (MIT), a Universidade Carnegie Mellon ou a Universidade do Texas em Austin é francamente positiva, quer o indicador seja o mais de um milhar de jovens que se doutoraram no âmbito destas parcerias, quer seja a criação de empresas por esses jovens, cujo valor ultrapassa já o investimento que Portugal fez nessas parcerias em mais de dez anos. O ânimo dos resultados alcançados traduziu-se na sua renovação, no âmbito do programa «Go Portugal», no qual se soma, por exemplo, a Rede Aga Khan para o Desenvolvimento, que promove uma parceria para consolidar a cooperação científica entre Portugal e países africanos de língua oficial portuguesa.

A sustentabilidade da ciência portuguesa passa também por assegurar a liderança do país nas agendas científicas internacionais. Através da FCT, investigadores de várias áreas estão a promover a liderança portuguesa numa agenda inédita de investigação centrada no Atlântico – «Interacções Atlânticas» –, que pretende integrar o conhecimento sobre o Espaço, o clima e os oceanos com a ciência de dados, através da cooperação científica e tecnológica internacional Norte-Sul/ /Sul-Norte, assente numa rede internacional de centros, instituições científicas e empresas.

Agregar as actividades da comunidade científica em torno de objectivos que possam ser compreendidos por todos é também a base do próximo Programa-Quadro de Investigação e Inovação para 2021 a 2027 – o Horizonte Europa. Para aqueles que financiam a ciência com dinheiros públicos torna-se imprescindível garantir que os cidadãos compreendem a razão desses investimentos, conseguem aceder aos seus resultados e participar na discussão.

4.6. As missões

A necessidade desta garantia leva-nos ao conceito de apoiar investigação que contribua de forma coordenada para responder a desafios societais, ou seja, para cumprir missões, como assumido pela Comissão Europeia. Em documento recente, Mazzucato (2018) mostra a importância de políticas públicas orientadas para missões que se constituam como uma solução, uma oportunidade e uma estratégia para abordar os inúmeros desafios com que as pessoas se deparam no dia-a-dia.

O que se propõe é alinhar o esforço de investigação e desenvolvimento em torno destas missões, «dar-lhe uma direcção» e com essa medida *top-down* promover um conjunto de soluções *bottom-up* que contribuam de forma necessariamente transdisciplinar para esses grandes objectivos. Trata-se de organizar um conjunto muito rico de competências e de conhecimento fragmentado que existe na comunidade científica e tecnológica, promovendo o potencial da ciência para resolver problemas diários.

Um mundo sustentável apoiado no conhecimento não se fará com heróis isolados, mas com o trabalho conjunto de todos, inspirados pelos mais aventureiros e bem-sucedidos, em cada momento. São os momentos de mudança de paradigma, tal como aquele em que nos encontramos, que permitem que os sistemas progridam, passando de um estado de equilíbrio para outro mais enriquecido.

Estas transições exigem rumo(s), trabalho, dedicação e atenção; exigem também, por parte dos decisores, o reconhecimento (e o financiamento) de todos os que dedicam a sua vida à ciência e que nos alimentam a esperança de florescer na Terra para sempre.

Referências e leituras recomendadas

Ehrenfeld, J., *Sustainability by Design*, [*s.l.*], Yale University Press, 2008.

FCT, *FCT – 20 Anos a Apoiar a Ciência e a Tecnologia em Portugal*, Lisboa, 2018.

Mazzucato, M., *Mission-oriented Research & Innovation in the European Union: A Problem-solving Approach to Fuel Innovation-led Growth*, Directorate-General for Research and Innovation, European Commission, 2018.

WCED, *Our Common Future: Report of the World Commission on Environment and Development*, Brundtland, G. H. (org.), Oxford, Oxford University Press, 1987.

Diplomacia científica

Jorge Aranda

Diplomata, Ministério dos Negócios Estrangeiros, Portugal

A diplomacia científica tem vindo a assumir uma relevância crescente nas relações internacionais, decorrente da necessidade, admitida por cada vez mais Estados, de proceder a adaptações da respectiva acção externa, no sentido de poder dar uma melhor resposta quer à cooperação transnacional requerida por desafios globais de natureza técnica, quer à concorrência internacional movida por outros Estados, que pretendem reforçar o seu poder e influência, bem como por actores de natureza não estatal que, não competindo necessariamente pelo poder, procuram influenciar a governação.

Com efeito, se, por um lado, a área da ciência e tecnologia constitui um espaço privilegiado para o reforço da cooperação entre os Estados – afectados por desafios vários, como alterações climáticas, segurança alimentar, desarmamento, pandemias ou cibersegurança –, por outro, o conhecimento científico e o desenvolvimento tecnológico têm vindo a impor-se como factores decisivos do crescimento das economias e do bem-estar das sociedades, sendo consequentemente traduzidos por um número crescente de Estados nas respectivas políticas externas, tendo em vista a obtenção de vantagens competitivas relativamente aos seus concorrentes.

O objecto da diplomacia científica é, assim, caracterizado pela coexistência de dois elementos aparentemente antagónicos – cooperação e competição –, denominada *co-opetition* ou «coopetição» (Gnyawali e Park, 2011; Moreira, 2006). Outra característica da diplomacia científica é o reforço da simbiose entre os interesses da comunidade científica – para a qual a cooperação internacional é com frequência motivada por um desejo de aceder aos melhores profissionais, a plataformas de investigação ou a novas fontes de financiamento – e os da comunidade diplomática – para a qual a ciência disponibiliza redes e canais de comunicação que podem ser úteis para apoiar objectivos políticos mais amplos (The Royal Society, 2010).

1. Evolução

O desenvolvimento da diplomacia científica reflecte, sem surpresa, a evolução da própria diplomacia, de uma prática meramente bilateral para uma actividade igualmente multilateral, à medida que se foram juntando às acções dos actores tradicionais (os Estados e, mais tarde, também as organizações internacionais) os esforços de agentes não estatais.

Já no século xix, desafios transfronteiriços de carácter técnico, acompanhados da alteração do ambiente internacional no final das Guerras Napoleónicas, suscitaram o desenvolvimento de uma ferramenta diplomática conhecida como conferência multilateral: um grupo de Estados reunia *ad hoc* para acordar uma política relativamente a um problema comum, voltando a encontrar-se, algum tempo depois, para analisar a respectiva execução. Este modelo resultou num ciclo de conferências internacionais regulares e na criação de comités intergovernamentais dotados de secretariado próprio, o primeiro dos quais – a Comissão Central para a Navegação do Reno – foi estabelecido em 1815 para definir regras comuns para o trânsito naquele rio internacional, tendo em vista a promoção do desenvolvimento económico e do comércio livre (Kickbusch, 2013).

Novas alterações do ambiente internacional, na sequência da Primeira e da Segunda Guerras Mundiais, determinaram a evolução das práticas diplomáticas, suscitando a criação, respectivamente, da Sociedade das Nações, em 1919, e da Organização das Nações Unidas (ONU), em 1945, bem como, dentro desta última, de organismos especificamente voltados para questões científicas e técnicas. Um exemplo é a Organização Mundial de Saúde, sucessora da Conferência Sanitária Internacional, que tinha aspirações semelhantes à Comissão Central para a Navegação do Reno e reuniu, na sua primeira sessão, em 1851, 12 países que partilhavam o propósito de prestar serviços ao comércio e à navegação.

Foi só após a Segunda Guerra Mundial e os efeitos das primeiras bombas atómicas que os cientistas se tornaram mais pró-activos nos esforços internacionais visando a redução de conflitos. Em 1955, Albert Einstein e Bertrand Russell publicaram um manifesto, apelando a um debate entre cientistas de todo o mundo e de diferentes convicções políticas em torno das ameaças decorrentes da utilização da energia termonuclear em conflitos internacionais, que culminou, em 1957, na primeira Pugwash Conference on Science and World Affairs.

Com o movimento de Pugwash, que recebeu em 1995 o Prémio Nobel da Paz, os cidadãos passam a ser reconhecidos como actores de corpo inteiro nas relações internacionais. Os participantes nas reuniões de Pugwash tomam parte em nome individual e não como representantes de instituições, pelo que são capazes de explorar abordagens alternativas ao controlo de armamento e redução da tensão com uma flexibilidade mais difícil de obter em negociações oficiais (The Royal Society, 2010).

Embora o movimento de Pugwash seja considerado a primeira experiência de diplomacia científica não estatal, vários Estados lançaram posteriormente projectos destinados a envolver a comunidade científica nos esforços tendentes a aliviar tensões internacionais. A novidade destes projectos de grande envergadura, a que não foram alheios objectivos de partilha de custos, residia no facto de os mesmos serem geridos por consórcios internacionais, cabendo à comunidade diplomática a supervisão da implementação dos respectivos tratados de base (Flink e Schreiterer, 2010).

Não obstante a discrição que lhe subjaz, ou porventura em virtude da mesma, a diplomacia científica tornou-se instrumental para promover a aproximação entre o Leste e o Ocidente no auge da Guerra Fria, começando pelo Plano Baruch, destinado a internacionalizar o controlo da energia atómica, que foi coordenado entre os Estados Unidos da América (EUA), o Reino Unido e o Canadá e apresentado à ONU em 1946.

As interacções entre os EUA e a União Soviética representam porventura o caso mais conhecido de ligação entre ciência e diplomacia. No entanto, este não foi o único exemplo de diplomacia científica durante a Guerra Fria. Destaca-se igualmente o processo de cooperação europeia que levou à criação da Organização Europeia para a Investigação Nuclear (CERN), em 1954. Também a criação, ao longo dos anos 50, das Comunidades Europeias que deram origem à actual União Europeia (UE) começou pela cooperação no domínio da energia, ilustrando bem a relevância que a ciência e a tecnologia podem ter na criação de confiança mútua e no desenvolvimento de um relacionamento político duradouro entre Estados desavindos.

Com o desmembramento do Bloco de Leste, o fim da produção de armas nucleares, biológicas, químicas e radiológicas na antiga União Soviética instigou o receio de que os cientistas dos novos mas frágeis Estados independentes, agora desempregados, pudessem ser aliciados para transferir os seus conhecimentos para Estados-párias ou grupos terroristas, o que desencadeou um novo capítulo da diplomacia científica, tendo sido projectadas iniciativas para capacitar aqueles novos Estados em matéria científica e tecnológica, através da criação de oportunidades de negócio mutuamente benéficas.

O fim da Guerra Fria e a globalização progressiva dos mercados revelaram a necessidade de os Estados reforçarem o enfoque das suas políticas externas nas questões de ordem económica. A partir do início deste século, muitos países começaram a preocupar-se mais com o seu desempenho em matéria de investigação e desenvolvimento (I&D) e com a sua competitividade internacional, tendo-se verificado nos últimos anos um renovado interesse no desenvolvimento de estratégias nacionais de diplomacia científica, sobretudo em países industrializados.

Paralelamente, o sistema multilateral evoluiu de uma ordem política centrada no enquadramento de conflitos de poder entre Estados no sentido da regulação transnacional de múltiplas áreas de actividade, muitas vezes abrangendo actores não estatais (Costa, 2006). A actual era de diplomacia científica, envolvendo não raras vezes a actuação de cientistas, académicos e outros actores não governamentais, permitiu o estabelecimento de ligações com importantes comunidades científicas em países isolados do mundo ocidental, tais como a Coreia do Norte, o Irão e Mianmar, apesar da ausência de relações formais governo-a-governo e de crises políticas ocasionais (Turekian e Neureiter, 2012).

Vemos, assim, como a ciência se inclui, ao mesmo tempo, entre os objectos e os sujeitos, bem como os fins e os meios da diplomacia.

2. Objectos e sujeitos; fins e meios

Apesar de predominar a designação «diplomacia científica» (Varela, Costa e Godinho, 2017) ou «diplomacia de ciência» (Arroz e Mendonça, 2016), existem expressões alternativas para descrever esta realidade, como «diplomacia da inovação» (Júnior, 2010), «diplomacia científica e tecnológica» (Japan Cabinet Office, 2008) ou «diplomacia científica, tecnológica e de inovação» (Gobierno de España, 2016). Há também quem trace uma fronteira entre «diplomacia da ciência», por um lado, e «diplomacia da ciência aplicada», por outro; ou entre «diplomacia de ciência» e «diplomacia da inovação», consoante se trate, respectivamente, de países desenvolvidos ou em desenvolvimento (Crestana, 2010).

Em todo o caso, é comum a estas formulações a noção da diplomacia científica como elemento de ligação entre dois campos autónomos – a ciência e a diplomacia – e duas políticas – a política externa e a política científica – que, embora distintas, são articuláveis. A interacção entre estas políticas é destacada no documento que contém as orientações do governo português para a articulação da internacionalização do ensino superior e da ciência e tecnologia com as demais políticas públicas de internacionalização. Desse documento é possível extrair uma adequada definição operacional de diplomacia científica: «o uso coerente e sistemático de recursos e iniciativas da área da ciência e tecnologia, no quadro da política [...] externa [...], para prosseguir as finalidades desta política e, designadamente, a promoção da imagem e dos interesses nacionais, das oportunidades de conhecimento, comunicação e colaboração recíproca entre [...] Estados, dos contactos povo a povo e da diplomacia pública» (Presidência do Conselho de Ministros, 2016).

Esta definição inscreve-se na perspectiva tradicional da diplomacia como meio da política externa para apoiar o relacionamento entre Estados; ao mesmo tempo, não parece restringir ao Estado a actuação neste domínio, abrindo antes, através da alusão a recursos e iniciativas da área da ciência, espaço para outros modelos e agentes que transcendem o Estado como único interlocutor legítimo na cena internacional e que não se circunscrevem às funções clássicas do aparelho diplomático (Mongiardim, 2007). Entre os novos interlocutores destacam-se os sectores académico e económico, cuja interacção com o sector político é um factor de desenvolvimento, segundo o modelo da tripla hélice universidade-indústria-governo (Lawton Smith e Leydesdorff, 2012).

A alusão aos «contactos povo a povo» na referida definição operacional remete para a diplomacia povo-a-povo, também conhecida por *citizen diplomacy* ou *track II diplomacy*. Alguns autores recorrem às expressões *track II diplomacy* ou paradiplomacia (Senhoras e Neto, 2014) para descrever a actividade dos actores não estatais, distinguindo-a da acção dos agentes tradicionais, como Estados e organizações internacionais (*track I diplomacy* ou diplomacia). Cada vez mais países estão dispostos a incorporar a ciência e a tecnologia entre as suas ferramentas diplomáticas com vista a apoiar as suas relações externas em laços estabelecidos com a sociedade civil, especialmente em regiões onde as relações oficiais se encontram comprometidas (Flink e Schreiterer, 2010).

A definição operacional faz ainda menção à diplomacia pública, uma vertente da diplomacia que inclui a divulgação das posições e especificidades nacionais de um país. A diplomacia científica pode desempenhar um papel significativo neste contexto, uma vez que contribui não apenas para a solução de problemas globais, mas também para melhorar a compreensão mútua da sociedade e da política de cada país (Jillson, 2013). Esse contributo é particularmente valioso no caso de países desavindos, já que os projectos de ciência e tecnologia podem: humanizar os adversários uns em relação aos outros; criar confiança relativamente às suas intenções; melhorar a condição das populações; apoiar o desenvolvimento económico; desenvolver novos modos de assistência humanitária; e estabelecer quadros de resolução do conflito político (Thomas, 2013).

Embora não explicitamente referidas nesta definição operacional, a diplomacia cultural e a cooperação para o desenvolvimento, que são igualmente áreas de intersecção com a diplomacia científica, incluem-se entre as demais finalidades da política externa.

2.1. Sujeitos

Não obstante a importância dos actores não tradicionais na diplomacia científica, sublinhada pela linha construtivista das Relações Internacionais, e apesar de as organizações internacionais, cujo papel é valorizado pela escola liberal, serem um actor relevante neste domínio (defendendo, inclusivamente, vários autores o respectivo reforço na governação global – Langenhove, 2016), o papel dos Estados, sublinhado pela doutrina realista, continua a ser preponderante.

À luz do realismo, a diplomacia científica pode ser vista como um epifenómeno, com capacidade para afectar as políticas e as estruturas do Estado, mas não para abalar o carácter anárquico da política internacional nem o primado do Estado nesta. Dada a sua dimensão de *soft power* (ou, numa tradução livre, poder de persuasão, por oposição ao *hard power*, livremente traduzível por poder de coerção), a diplomacia científica não é grandemente valorizada pela escola realista das Relações Internacionais, sendo abordada de uma perspectiva eminentemente económica, como algo que não condiciona a segurança dos Estados, mas pode ser relevante enquanto componente tecnológica de um tradicional conflito interestatal

(Eriksson e Giacomello, 2006). Esta doutrina parece, todavia, negligenciar a crescente dimensão científica e tecnológica do poder – económico, político e militar – e o facto de a detenção de conhecimento ser hoje um dos mais importantes factores desse poder.

As organizações multilaterais ocupam há muito um lugar cimeiro nas relações internacionais. Esse relevo é-lhes reconhecido também na diplomacia científica, sendo de destacar a importância atribuída às políticas de ciência e tecnologia pelas organizações internacionais, algumas das quais dispõem de estratégias próprias de diplomacia científica, como a Conferência das Nações Unidas para o Comércio e o Desenvolvimento (UNCTAD, 2013) e a UE (Comissão Europeia, 2012 e 2016).

A ênfase colocada quer na possibilidade da resolução pacífica de conflitos, em particular pelo desenvolvimento normativo e institucional, quer no papel das organizações internacionais no estabelecimento de regras de comportamento para actores estatais, permite aos autores liberais ultrapassarem algumas limitações apontadas ao realismo. O liberalismo alarga ainda o âmbito das relações internacionais ao relevar os actores não estatais transnacionais e a economia (em especial, comércio e turismo) face à segurança, fazendo depender esta daquela (Eriksson e Giacomello, 2006).

É por isso que a escola liberal é conotada com a noção de *soft power* – cuja importância actual é salientada em função dos múltiplos canais de comunicação que transcendem as fronteiras políticas (Nye, 2004). Contudo, convém não esquecer que os canais de comunicação que facilitam o *soft power* tanto podem servir a cooperação e a paz como a propaganda e o terror. Ao destacar a influência da expansão da democracia, dos laços económicos globais e das organizações internacionais no reforço da paz, a escola liberal parece falhar em compreender que os regimes democráticos só sobrevivem se salvaguardarem o poder militar (Eriksson e Giacomello, 2006).

Partilhando com o liberalismo a promoção dos actores não tradicionais, o construtivismo defende a extensão do papel destes, destacando a responsabilidade da sociedade civil e acentuando o facto de as relações internacionais se basearem num consenso em torno de valores, ao qual não é alheia uma dimensão de conflito, patente no debate sobre tais valores. Herdeiro do idealismo, segundo o qual a política externa deve ser guiada por princípios éticos e legais, o construtivismo assume que tal política é moldada por valores colectivos e identidades sociais. Os principais actores são promotores de novos conceitos – indivíduos, redes activistas transnacionais e organizações não governamentais – cujos principais instrumentos são ideias e valores.

Enquanto os realistas insistem no equilíbrio de poder e os liberais no poder do comércio internacional e da democracia, os construtivistas acreditam que os debates sobre ideias constituem os fundamentos da vida internacional. Indivíduos e grupos tornam-se poderosos quando conseguem convencer outros a adoptar as suas ideias. Desta sociedade civil global em construção (Ferreira, 2014) faz parte um conjunto de actores não governamentais, entre os quais comunidades epistémicas, que não almejam o poder político mas pretendem, ainda assim, influenciar a governação. É de destacar também neste contexto o papel que as diásporas de cientistas, engenheiros, inovadores, empreendedores e peritos em política científica desempenham na promoção da inovação e do crescimento económico e na melhoria da compreensão e colaboração interculturais (Burns, 2013).

2.2. *Fins*

Embora não seja fácil demarcá-los com exactidão, há três grandes propósitos que motivam a cooperação científica internacional (Thorson, 2012):

- a colaboração científica propriamente dita, na qual a ênfase está no desenvolvimento da ciência em prol da ciência, sem que tal exclua a possibilidade de repercussões positivas nas relações entre os participantes;
- o relacionamento científico, no qual o acento tónico está simultaneamente na construção de relações e no desenvolvimento da ciência;
- a diplomacia científica, na qual o enfoque está nas relações de confiança que se procura construir, sem prejuízo de se tentar fazer progredir a ciência através da investigação colaborativa.

Neste contexto, convirá analisar o que Flink e Schreiterer (2010) apontam como os três objectivos que caracterizam as políticas de cooperação científica internacional: acesso, promoção e influência.

O primeiro objectivo, o do acesso a investigadores, resultados de pesquisas e estabelecimentos de investigação, visa a melhoria da capacidade de inovação e competitividade nacionais, por meio da aquisição de mercados, conhecimento e tecnologias, bem como da atracção de talentos e investimentos estrangeiros.

Quanto ao segundo objectivo, o da promoção de um país em matéria de I&D, a diplomacia científica, enquanto parte dos esforços de *nation branding* (desenvolvimento da marca de um país), está orientada para atrair os melhores estudantes, investigadores e empresas. Suscitar o interesse internacional no seu sector de I&D pode ajudar a elevar as capacidades académicas, a reputação e o desempenho do país, e a estabelecer bases para parcerias internacionais.

Relativamente ao terceiro objectivo, o da influência sobre a opinião pública, decisores e líderes políticos e económicos de outros países, Flink e Schreiterer (2010) remetem para o conhecido conceito de *soft power*.

Uma cooperação científica sustentável requer que as entidades envolvidas entendam ser do seu interesse colaborar (Thomas, 2013). Esta condição de interesse partilhado não se resume às entidades directamente envolvidas, estendendo-se também aos governos, tendo em conta os seus objectivos estratégicos e o modo como estes podem ditar os modelos de financiamento. A sustentabilidade da colaboração será mais provável se os objectivos estratégicos forem alinhados com actividades científicas que possam suportá-los (Gast, 2012).

Neste contexto, convirá também referir as três grandes dimensões em que se decompõe habitualmente a diplomacia científica (The Royal Society, 2010):

- ciência na diplomacia, que consiste em enquadrar objectivos de política externa com aconselhamento científico e de que provavelmente o exemplo mais conhecido é o Painel Intergovernamental sobre Alterações Climáticas, que, em 2007, recebeu o Prémio Nobel da Paz e cujos relatórios reflectem as posições da comunidade científica;
- diplomacia para a ciência, cujo objectivo de facilitar a cooperação científica internacional é ilustrado por projectos-bandeira, como o Reactor Internacional Termonuclear Experimental, que implicam custos e riscos elevados, mas são cruciais em áreas de ciência que requerem investimentos iniciais avultados em infra-estruturas;
- ciência para a diplomacia, que se traduz na utilização da cooperação científica para melhorar as relações internacionais, nomeadamente através do estabelecimento de acordos de cooperação científica, da criação de instituições, da instituição de bolsas de formação e da organização de feiras, festivais e exposições de ciência.

2.3. Meios

Podemos argumentar que a cada um dos propósitos da cooperação científica internacional (Thorson, 2012), acima referidos, corresponde uma ferramenta: à colaboração científica, o consórcio; ao relacionamento científico, o acordo; e à diplomacia científica, a estratégia.

Relativamente ao consórcio internacional, há três vantagens na constituição do mesmo, o qual permite (i) aumentar substancialmente o número de profissionais e instituições que podem cooperar entre si; (ii) potenciar economias de escala ao desenvolver boas práticas e padrões comuns; e (iii) servir de elemento de ligação para partilha de informação sobre a situação do país com o qual se deseja trabalhar.

Podem ser apontados cinco desafios à constituição do consórcio, tanto mais significativos quanto menor for a confiança entre os participantes:

- a complexidade do ambiente jurídico, que implica não apenas um contacto estreito com os funcionários responsáveis pelo controlo interno, mas também, muitas vezes, uma consultoria externa, para assegurar que as actividades dos participantes se processam segundo as regras vigentes nos países implicados;
- a associação dos relacionamentos científicos às mais altas esferas políticas, o que requer cautela (por exemplo, na formulação de convites, na emissão de vistos e inclusivamente na utilização do termo «diplomacia científica») para evitar consequências indesejáveis;
- a liderança política dos países envolvidos, sendo que os problemas podem surgir não apenas em regimes autoritários, mas também em democracias, nomeadamente no seguimento da alteração de orientações políticas, por exemplo, em consequência de exercícios eleitorais;

- a comunicação, tendo em conta que eventuais limitações nas comunicações, em particular no que se refere à rapidez das mesmas, podem levar a atrasos na colaboração e também a mal-entendidos facilmente evitáveis;
- o financiamento, uma vez que há bastantes diferenças entre os países no modo como estabelecem e financiam as prioridades científicas. Nalguns, o apoio à investigação ocorre numa lógica *bottom-up* (da base para o topo), somente após uma proposta cuidadosamente desenvolvida – e geralmente submetida a revisão pelos pares – ter sido seleccionada para financiamento; outros seguem uma lógica *top-down* (do topo para a base) e, neste caso, as prioridades costumam ser estabelecidas centralmente.

Quanto aos acordos de ciência e tecnologia, embora estes não sejam imprescindíveis para enquadrar a colaboração internacional, muitos países procuram assiná-los com outros Estados, porque os mesmos proporcionam várias vantagens, nomeadamente ao (i) serem juridicamente vinculativos, (ii) protegerem a propriedade intelectual, (iii) definirem a partilha de benefícios e (iv) evitarem a taxação do equipamento de investigação (Thorson, 2012).

Os acordos internacionais de promoção da cooperação científica podem ser bilaterais ou multilaterais e assumir diferentes formas, como declarações de intenções, memorandos de entendimento ou acordos propriamente ditos, que se revestem de uma natureza mais formal. Estes instrumentos podem ser estabelecidos entre governos, agências e institutos públicos especializados ou centros de investigação.

Embora os acordos de ciência e tecnologia revelem um amplo espectro de motivações, podem ser apontadas quatro típicas (Dolan, 2012):

- transformar uma relação diplomática: idealmente, a relação passaria a basear-se nos princípios usualmente associados à actividade científica, como transparência, resultados baseados no mérito e decisão assente em provas demonstradas;

- promover a diplomacia pública: a assinatura de um acordo é uma oportunidade para atrair publicidade positiva para a relação bilateral e elevar o estatuto da ciência nessa relação, podendo ser apresentado como resultado tangível de uma visita de alto nível;
- destacar a cooperação durante uma visita oficial: o acordo de ciência e tecnologia é uma ferramenta para divulgar entre a opinião pública o relacionamento político e aproximar as comunidades diplomática e científica, dando àquela uma ocasião para utilizar a sua linguagem – a linguagem dos resultados alcançados – e a esta uma oportunidade para demonstrar o valor da ciência a diplomatas geralmente concentrados noutro tipo de questões;
- proteger a segurança nacional: a ciência é um activo estratégico para a segurança nacional, pelo que os acordos de ciência e tecnologia podem ser ferramentas úteis para a construção de relações com o benefício, de longo prazo, de mitigar conflitos.

No que se refere às estratégias de diplomacia científica, à medida que cada vez mais Estados começam a fazer experiências neste domínio, convém atentar nos passos necessários para definir e executar uma estratégia desse tipo (Turekian e Neureiter, 2012): desenvolver uma abordagem estratégica; melhorar a interacção entre as comunidades científica e diplomática; e reforçar a capacidade dos Ministérios dos Negócios Estrangeiros para acompanharem questões científicas.

O uso eficaz da diplomacia científica exige uma estratégia coerente e o estabelecimento de prioridades. Entre essas prioridades encontram-se o que Turekian e Neureiter (2012) apelidam de «três *e* da diplomacia científica»:

- exprimir poder ou influência nacional;
- equipar os decisores com informação de suporte às políticas;
- enriquecer as relações bilaterais e multilaterais.

A melhoria da interacção entre as comunidades científica e diplomática pode pressupor a criação de grupos de trabalho conjuntos entre os Ministérios da Ciência e dos Negócios Estrangeiros. Em muitos países, são aqueles que lideram os esforços científicos internacionais, noutros são estes últimos. Uma melhor ligação entre os esforços de ambos pode aumentar o potencial de associação da ciência a objectivos mais amplos de política externa, envolvendo os cientistas em questões importantes para a comunidade diplomática.

Referências e leituras recomendadas

ARROZ, Sónia e MENDONÇA, Sandro, Diplomacia de ciência: razões, justificações e abordagens na intersecção da investigação e internacionalização, *Parcerias Estratégicas* 21, Brasília, Centro de Gestão e Estudos Estratégicos, 2016.

BURNS, William, The Potential of Science Diasporas, *Science & Diplomacy* 2, Washington, AAAS Center for Science Diplomacy, 2013.

COMISSÃO EUROPEIA, Comunicação da Comissão ao Parlamento Europeu, ao Conselho, ao Comité Económico e Social Europeu e ao Comité das Regiões – «Reforçar e centrar a cooperação internacional no domínio da investigação e da inovação: Uma abordagem estratégica», Bruxelas, 2012.

Comissão Europeia, *Open Innovation, Open Science, Open to the World – a vision for Europe*, Bruxelas, Directorate-General for Research and Innovation, 2016.

Costa, Francisco Seixas da, *Uma Segunda Opinião*, Lisboa, Publicações Dom Quixote, 2006.

Crestana, Sílvio, Relatório do seminário preparatório «Inserção da CT&I nos fóruns internacionais», *Parcerias Estratégicas* 15, Brasília, Centro de Gestão e Estudos Estratégicos, 2010.

Dolan, Bridget, Science and Technology Agreements as Tools for Science Diplomacy: A U.S. Case Study, *Science & Diplomacy* 1, Washington, AAAS Center for Science Diplomacy, 2012.

Eriksson, Johan e Giacomello, Giampiero, The Information Revolution, Security, and International Relations: (IR)relevant Theory?, *International Political Science Review* 27, Londres, Sage Publications, 2006.

Ferreira, Maria João Militão, Sociedade Civil Global, *in* Canas Mendes, Nuno e Pereira Coutinho, Francisco (org.), *Enciclopédia das Relações Internacionais*, Lisboa, Publicações Dom Quixote, 2014, pp. 493–495.

Flink, Tim e Schreiterer, Ulrich, Science diplomacy at the intersection of S&T policies and foreign affairs: Toward a typology of national approaches, *Science and Public Policy* 37, Guildford, Beech Tree Publishing, 2010: pp. 665–677.

Gast, Alice, From Cold War to Warm Relations: Fertile Ground for Science Diplomacy in Central Asia, *Science & Diplomacy* 1, Washington, AAAS Center for Science Diplomacy, 2012.

Gnyawali, Devi e Park, Byung-Jin, Co-opetition between giants: Collaboration with competitors for technological innovation, *Research Policy* 40, 2011: pp. 650–663.

GOBIERNO DE ESPAÑA, «Informe sobre Diplomacia Científica, Tecnológica y de Innovación», Madrid, 2016.

JAPAN CABINET OFFICE, «Toward the reinforcement of science and technology diplomacy», Tóquio, 2008.

JILLSON, Irene Anne, The United States and Iran: Gaining and Sharing Scientific Knowledge through Collaboration, *Science & Diplomacy* 2, Washington, AAAS Center for Science Diplomacy, 2013.

JÚNIOR, Ademar, Relatório da sessão «Diplomacia da inovação», *Parcerias Estratégicas* 15, Brasília, Centro de Gestão e Estudos Estratégicos, 2010.

KICKBUSCH, Ilona, 21st Century Health Diplomacy: A New Relationship between Foreign Policy and Health, *in* NOVOTNY, Thomas; KICKBUSCH, Ilona e TOLD, Michaela (org.), *21st Century Global Health Diplomacy*, Singapura, World Scientific Publishing, 2013.

LANGENHOVE, Luk van, Global Science Diplomacy as a New Tool for Global Governance, *FOCIR pensament* 3, Barcelona, Federació d'Organitzacions Catalanes Internacionalment Reconegudes, 2016.

LAWTON SMITH, Helen e LEYDESDORFF, Loet, «The Triple Helix in the Context of Global Change: Dynamics and Challenges», 2012. Disponível em: http://ssrn.com/abstract=2177331.

MONGIARDIM, Maria Regina, *Diplomacia*, Coimbra, Almedina, 2007.

MOREIRA, Adriano, A Internacionalização do Ensino Superior, *Negócios Estrangeiros* 9.1, Lisboa, Instituto Diplomático do Ministério dos Negócios Estrangeiros, 2006: pp. 29–38.

NYE, Joseph, *Power in the Global Information Age: From Realism to Globalization*, Londres, Routledge, 2004.

PRESIDÊNCIA DO CONSELHO DE MINISTROS, Resolução do Conselho de Ministros n.º 78/2016, *Diário da República n.º 230/2016*, Série I de 30/11/2016, Lisboa, Imprensa Nacional-Casa da Moeda, 2016.

SENHORAS, Elói e NETO, Tércio, Diplomacia e paradiplomacia educacional brasileira no contexto da ciência, tecnologia e inovação, *Mundorama*, Brasília, Instituto de Relações Internacionais da Universidade de Brasília, 2014.

THE ROYAL SOCIETY, *New Frontiers in Science Diplomacy: Navigating the Changing Balance of Power*, Londres, 2010.

THOMAS, Michael, Advancing Palestinian Science and Promoting Cooperation under Long-Term Occupation, *Science & Diplomacy* 2, Washington, AAAS Center for Science Diplomacy, 2013.

THORSON, Stuart, Universities and Networks: Scientific Engagement with North Korea, *Science & Diplomacy* 1, Washington, AAAS Center for Science Diplomacy, 2012.

TUREKIAN, Vaughan e NEUREITER, Norman, Science and Diplomacy: The Past as Prologue, *Science & Diplomacy* 1, Washington, AAAS Center for Science Diplomacy, 2012.

UNCTAD, «Science & Technology Diplomacy: Concepts and Elements of a Work Programme», Nova Iorque e Genebra, Organização das Nações Unidas, 2003.

VARELA, Carolina; COSTA, Cátia Miriam e GODINHO, Manuel Mira, Diplomacia científica: do conhecimento académico ao *soft power* político, *Janus*, Lisboa, Universidade Autónoma de Lisboa, 2017.

Comunicação de ciência: obrigações éticas

António Granado

Faculdade de Ciências Sociais e Humanas
da Universidade NOVA de Lisboa (NOVA FCSH)

A Comunicação de Ciência é uma área relativamente recente que se preocupa com as actividades de comunicação do saber científico a diversos públicos. Nesta expressão estão incluídos muitos tipos diferentes de promotor da comunicação – cientistas, jornalistas, assessores de comunicação, responsáveis de museus e centros de ciência, professores, ilustradores ou autores de livros, por exemplo – e muitos públicos distintos – que vão da própria comunidade científica aos alunos dos diferentes graus de ensino, dos visitantes de museus aos leitores de jornais, do público especializado e interessado numa determinada área do saber ao público indistinto que se cruza com a ciência nas mais diversas situações do quotidiano.

Num artigo publicado em 2003, Burns, O'Connor e Stocklmeier criaram uma definição, muitas vezes referida como AEIOU, que diz que a comunicação de ciência deve ser entendida como «o uso de capacidades apropriadas, *media*, actividades e diálogo, de forma a produzir uma ou mais das seguintes respostas pessoais à ciência:

Awareness, including familiarity with new aspects of science;

Enjoyment or other affective responses, e.g. appreciating science as entertainment or art;

Interest, as evidenced by voluntary involvement with science or its communication;

Opinions, the forming, reforming, or confirming of science-related attitudes;

Understanding of science, its content, processes, and social factors»[1].

No entanto, estes objectivos da comunicação de ciência devem ser atingidos tendo em conta uma série de pressupostos que derivam do próprio processo científico, como muito bem defendem Keohane e os seus colegas da Universidade de Princeton, num artigo que escreveram em 2014 (Keohane, Lane e Oppenheimer, 2014). Para estes autores, toda a comunicação científica deve ser feita seguindo cinco condições essenciais:

- honestidade;
- precisão;
- relevância para o público;
- transparência de processos;
- e especificação da incerteza quanto às conclusões.

Esta tentativa de definir uma espécie de código de ética para a comunicação de ciência, apontando os seus valores

---

[1] «Consciencialização, incluindo familiaridade com novos aspectos da ciência; Prazer ou outras respostas afectivas com, por exemplo, a apreciação da ciência como entretenimento ou arte; Interesse, evidenciado pelo envolvimento voluntário com a ciência ou a sua comunicação; Opiniões, a formação, reformulação ou confirmação de atitudes relacionadas com a ciência; Compreensão da ciência, do seu conteúdo, dos seus processos e dos seus factores sociais.»

fundamentais, é um primeiro passo para que os actores deste campo – sejam eles cientistas, mediadores ou membros do público – conheçam as regras por que se deve orientar esta nova área, garantindo a fiabilidade dos dados de base, promovendo a reprodutibilidade de resultados, evitando excessos de linguagem.

Se cientistas e mediadores se preocuparem com estas condições, podemos esperar que o público aumente a sua confiança na ciência e não a confunda com outras práticas que nada têm de científico. Para isso, é fundamental que cada novo anúncio de uma descoberta seja efectuado da maneira mais correcta, não escondendo informações fundamentais para a compreender, nem exagerando nas potenciais consequências que ela poderá ter no futuro de um determinado campo científico.

A comunicação de risco, que muitas vezes usa a ciência para justificar opções, é um campo especialmente delicado que exige a garantia destas condições de transparência para expor claramente o que está em causa, quais os valores e interesses em confronto, de que forma se pretende ultrapassar as dificuldades encontradas. Não respeitar a curiosidade natural do público ou difundir dados errados pode deitar a perder um projecto que nada tem de negativo, mas do qual todos passam a desconfiar a partir da sua divulgação equívoca.

Neste capítulo, necessariamente condicionado por um limite de caracteres, tentaremos percorrer as questões éticas que se levantam a alguns dos intervenientes no processo de comunicação de ciência, centrando as nossas preocupações em três tipos de actor, responsáveis pela grande maioria das actividades desenvolvidas:

- os cientistas (que estão na origem da comunicação);
- os responsáveis de comunicação das instituições nas quais se faz ciência (elementos essenciais no contacto com os *media* e com o público em geral);

– e os jornalistas (mediadores privilegiados, com grande poder de influência).

Deixámos propositadamente de fora todos os outros comunicadores de ciência, que, apesar de não serem especificamente referidos nos parágrafos que se seguem, podem recolher desta reflexão bases para a sua própria actividade, uma vez que a comunicação de ciência é, em si mesma, uma tarefa multidisciplinar e abrangente, envolvendo uma fatia muito significativa da população.

As obrigações éticas dos cientistas

Os cientistas intervêm na comunicação de ciência em dois momentos distintos: quando comunicam aos seus pares os resultados da sua investigação – trabalho normalmente feito em congressos especializados ou através de artigos publicados em revistas científicas – e quando são chamados a comunicar com o público em geral – numa entrevista televisiva, num artigo para uma revista de divulgação ou numa palestra dirigida a leigos, por exemplo.

Quando escrevem um artigo científico, os cientistas expõem os resultados do seu trabalho (ou do trabalho de uma equipa), depois verificado por especialistas do seu campo que atestam a qualidade do trabalho apresentado – um processo a que se chama *peer review* (revisão pelos pares) –, acrescentando-lhe sugestões que possam ajudar a clarificar alguns dos passos da investigação.

Este trabalho de *peer review*, que outros cientistas fazem normalmente sem remuneração, é considerado essencial para o progresso da ciência. Ao garantir a revisão de um trabalho ao qual são expurgados os nomes dos autores (garantindo a anonimização do processo), a revista científica tenta que esse processo de revisão seja o mais fiável e independente possível, de modo que, em última instância, seja a qualidade do artigo a prevalecer sobre o eventual currículo anterior dos seus autores.

Na composição de um artigo científico, os autores devem respeitar uma série de regras impostas pelas revistas científicas, de forma a garantir a máxima credibilidade ao trabalho apresentado. É por essa razão que, por exemplo, os autores de um artigo científico são convidados a declarar em que partes do artigo é que intervieram, quais são os seus eventuais conflitos de interesse, ou que empresa financiou aquele trabalho de investigação.

Os fortes interesses económico-financeiros são um factor crucial de muita da investigação que se faz actualmente. A necessidade de manter sigilo sobre muitos trabalhos científicos (principalmente aqueles que podem vir a originar patentes ou ter efeitos nas cotações das empresas que os financiam) faz que os cientistas tenham uma responsabilidade ética acrescida na comunicação com os seus públicos e na gestão cuidadosa dos seus conflitos de interesse.

A estas regras de transparência na publicação de um artigo científico deve ser acrescentada toda uma série de outros procedimentos que os cientistas precisam de ter em conta na altura em que ainda estão a fazer o seu trabalho de investigação. A precisão dos dados recolhidos é certamente um dos mais importantes aspectos a que os investigadores têm de dar atenção. Recolher dados sem atender a esta obrigação ética é abrir a porta a erros que se podem multiplicar à medida que a investigação avança.

Alguns dos mais famosos casos de erros científicos – a memória da água, de Jacques Benveniste[2], ou o anúncio da

---

[2] Jacques Benveniste foi um imunologista francês que, em 1988, publicou na revista *Nature* um artigo sobre a capacidade de a água manter as

fusão fria, de Martin Fleischmann e Stanley Pons[3] – terão tido origem num problema de precisão dos dados recolhidos. Ao não garantirem o rigor dos resultados das suas experiências, os investigadores acabaram por tirar conclusões que se revelaram falsas e, nestes casos, atingiram mesmo níveis de escândalo mundial.

O rigor dos dados recolhidos é também essencial para garantir outra das condições do artigo de Keohane, Lane e Oppenheimer, de que falámos na introdução: a reprodutibilidade dos resultados, passo indispensável no modo de funcionamento da ciência. Foi apenas quando outros cientistas não conseguiram reproduzir os supostos resultados de Benveniste e de Fleischmann e Pons que a acusação de «fraude científica» apareceu. Em ambos os casos, os investigadores envolvidos puseram para sempre em causa as suas carreiras.

A omissão de dados importantes é também uma falha grave que os investigadores podem cometer durante a elaboração das suas experiências ou durante a escrita de um artigo científico. A controvérsia que rodeou o trabalho de Robert Gallo e da sua equipa na descoberta do vírus da SIDA, e o facto de terem escondido que tinham trabalhado em amostras enviadas de França, levou a que a Academia Sueca não o tivesse

---

características dos produtos nela diluídos. Os resultados da equipa de Benveniste, que confirmariam as principais alegações dos que defendem os efeitos dos remédios homeopáticos, nunca foram reproduzidos de forma independente.

[3] Martin Fleischmann e Stanley Pons anunciaram publicamente, em 1989, ter conseguido produzir uma reacção nuclear à temperatura ambiente. Na sequência da enorme atenção mediática que o anúncio suscitou, diversos grupos de investigação tentaram repetir a experiência de Fleischmann e Pons, mas os resultados anunciados nunca foram confirmados.

considerado entre os investigadores que, em 2008, receberam o Prémio Nobel da Medicina pela descoberta desse vírus[4].

De entre todas as faltas de ética em que os cientistas podem incorrer durante o seu trabalho de comunicação interpares, a mais grave será talvez a do plágio. Apresentar como original um trabalho que pertence a outrem é, também, um crime punido por lei e, talvez por isso, mereça tão grande repúdio entre os investigadores. Muitas instituições de ensino superior têm mesmo nos seus regulamentos internos o plágio como uma grave falha profissional, que pode levar até ao afastamento compulsivo do infractor.

Se para a comunicação de ciência feita dentro da própria comunidade científica existe toda uma série de regras de comportamento, as preocupações éticas dos investigadores devem ser ainda maiores no caso da comunicação que fazem para um público não especializado. Desde logo, a preocupação com a honestidade deve ser muito maior nestes casos. E a razão é simples: se um especialista consegue detectar o enviesamento de uma amostra ou a diferença entre percentagem e pontos percentuais, um leigo pode ser facilmente enganado com dados recolhidos de forma aparentemente correcta.

Esta honestidade na relação dos cientistas com o público é ainda mais importante porque estes profissionais já são vistos pela maioria da população como possuidores de um conhecimento superior, normalmente afastados dos lóbis mais poderosos, independentes dos governos e das administrações públicas. Não é por acaso que os próprios governantes recorrem normalmente a cientistas para chefiar comissões

[4] O isolamento do VIH, o vírus que provoca a SIDA, foi anunciado por dois grupos de investigadores: um americano e outro francês. Numa investigação independente, veio a provar-se que Robert Gallo e a sua equipa tinham trabalhado com amostras que lhe foram enviados pela equipa francesa, e não com amostras próprias.

independentes de investigação, quando é preciso dar credibilidade a um determinado estudo ou decisão.

Neste sentido, importa que os cientistas mantenham esta atitude de independência e de correcção de procedimentos quando se dirigem ao público. Ser credível perante a opinião pública implica transmitir com clareza as informações que se detém, explicar as opções que estão em cima da mesa, mostrar o que diz a melhor ciência sobre o caso em apreço. E salientar que a ciência não se baseia em argumentos de autoridade, mas num processo constante de procura da verdade, com os melhores métodos disponíveis a cada momento.

É por este motivo que, nas suas comunicações com o público, os cientistas se devem preocupar em tornar transparente a sua metodologia de investigação. Para quem não conhece como a ciência funciona, é importante explicar os métodos que foram utilizados, qual a sua fiabilidade e até que ponto se pode confiar nos resultados obtidos. Esta abertura da ciência à população em geral, feita por quem tem mais autoridade no campo, é essencial para garantir altos níveis de confiança no trabalho científico e na própria ciência.

Quando os cientistas são chamados para comentar acontecimentos recentes (catástrofes naturais, acidentes fabris ou problemas ambientais), é importante que estejam presentes e que não virem as costas ao público que quer saber mais. É nas alturas em que se fala de risco que se torna mais importante ouvir vozes equilibradas, com opiniões baseadas nas evidências, e não simples especuladores alarmistas. É obrigação ética dos cientistas usar os seus conhecimentos para o progresso da sociedade em que vivem e para ajudar a informar correctamente a população das opções a tomar.

Num artigo recente no blogue «Naturejobs», ligado à famosa revista científica *Nature*, Eileen Parkes, investigadora na área da Medicina da Queen's University Belfast, sintetiza qual deve ser a conduta ideal de um cientista quando transmite os resultados da sua investigação: «Comunicar a esperança, evitando a especulação.» Para esta investigadora, «especular ou vender exageradamente a investigação é prejudicial para a reputação pública da ciência e do cientista» (Parkes, 2018). Quando se trata de progressos na área médica, esta recomendação é particularmente importante.

Mas não é só a investigação em áreas sensíveis que deve merecer a divulgação por parte dos cientistas; é também sua obrigação comunicar os resultados de todos os projectos em que estão envolvidos. Trata-se, em primeiro lugar, de devolver, em forma de conhecimento, o dinheiro que todos investimos na ciência e no seu progresso; e, em segundo lugar, de contribuir para a criação de uma sociedade mais informada, mais capaz de tomar decisões, em suma, mais democrática.

Em 2005, David King, principal conselheiro do governo britânico para questões científicas, propôs um código ético que pudesse ser adoptado voluntariamente pelos cientistas e pelas instituições de investigação. Esse código baseava-se em três princípios de que temos vindo a falar nestes últimos parágrafos – rigor, respeito e responsabilidade: «Rigor, honestidade e integridade; respeito pela vida, pela lei e pelo bem comum; comunicação responsável: ouvir e informar.» O essencial ficou escrito num desdobrável de apenas duas páginas que foi publicado em 2007 (Government Office for Science, 2007).

As obrigações éticas dos comunicadores de ciência

Os comunicadores de ciência nas universidades, laboratórios e institutos de investigação têm um papel fundamental na transmissão da ciência ao público. São normalmente eles os primeiros mediadores entre o trabalho dos cientistas e o público em geral, quer façam essa comunicação directa (através dos websites das instituições ou das redes sociais, por exemplo) ou indirectamente (através dos jornalistas dos diversos órgãos de comunicação).

Este papel de intermediário não está isento de uma série de considerações éticas que têm o seu fundamento nas relações-públicas e nos inúmeros manuais de procedimentos usados pelos profissionais desta área no seu relacionamento com os clientes e com o público em geral. Acusados muitas vezes de exercer uma actividade menos respeitável – porque tentam persuadir o seu público-alvo da vantagem de uma opção em relação a outra, por exemplo –, os profissionais de relações-públicas desde sempre tentaram estabelecer as suas próprias regras deontológicas.

Tal como acontece em outros campos que envolvem a ética – em que as questões principais giram em torno do que está certo ou errado, o que é justo ou injusto, ou o que é responsável ou irresponsável –, também nas relações-públicas se estabeleceram alguns valores fundamentais que os profissionais desta área devem respeitar. A integridade, a transparência e a competência parecem ser os valores da indústria de relações-públicas que melhor se adaptam ao trabalho dos comunicadores de ciência das instituições.

A integridade tem que ver com a própria atitude do indivíduo perante uma situação concreta que pode pôr em causa a sua credibilidade. Transmitir informações científicas ao público em geral deve obrigar os profissionais desta área a reflectirem sobre o seu papel como funcionários de uma instituição, mas também como membros de uma sociedade que se quer informada. Nesse sentido, a procura do bem maior entre os interesses da instituição que representam e a sociedade em geral é apresentada como o objectivo último de quem faz comunicação institucional.

A dupla tutela de um comunicador de ciência – o seu empregador e a sociedade como um todo – pode levantar muitas outras questões que se colocam no momento de passar a informação científica para o exterior da sua instituição. Na elaboração de um *press release* (nota informativa), por exemplo, deve o comunicador de ciência manipular alguma informação de forma a mais facilmente convencer um jornalista a abordar aquele tema? Qual a fronteira entre o rigor da informação científica (incompreensível para o público em geral) e a simplificação ou uso de metáforas para fazer passar melhor uma informação demasiado densa?

Estas dúvidas sobre o que está certo ou errado assaltam constantemente os responsáveis pela comunicação de ciência nas instituições, interessados em fazer passar uma boa imagem do local onde trabalham, mas, ao mesmo tempo, preocupados em transmitir informação capaz de interessar o público ou cativar os *media* para uma eventual cobertura aprofundada. A necessidade de transparência e de disponibilidade perante os órgãos de comunicação social entra muitas vezes em conflito com os interesses da própria instituição, especialmente nos momentos de crise.

É nestes momentos que os comunicadores de ciência (e os responsáveis de relações-públicas em geral) têm mais problemas em fazer passar a sua mensagem, muitas vezes porque os próprios responsáveis das instituições não estão disponíveis para ser tão transparentes quanto seria desejável ou recusam responder a algumas perguntas colocadas pelos jornalistas, quer porque não querem dar a cara, quer porque entendem que a informação de que dispõem não deve ser tornada pública.

O papel dos comunicadores de ciência numa situação de crise torna-se ainda mais fundamental, porque são eles quem tem de garantir a ligação entre os cientistas e os jornalistas, mantendo a integridade das informações científicas, garantindo a máxima transparência e abertura, reforçando a imagem das instituições em que trabalham. São estas características que tornam um comunicador de ciência competente na sua área de trabalho e asseguram a credibilidade da própria ciência e dos seus profissionais.

Ainda que muitos menorizem o trabalho dos comunicadores de ciência, principalmente pelo papel de intermediário que lhes está associado, a verdade é que são estes profissionais quem ajuda a traduzir a informação científica complexa e aproxima as instituições de ciência da sociedade que as financia. Nesse sentido, eles podem ser vistos (e é cada vez mais assim que são entendidos) como essenciais à captação de financiamentos para a actividade científica e como primeiros responsáveis pela imagem da instituição na qual trabalham. É por este motivo que, nos últimos anos, muitos financiamentos para a investigação obrigam à apresentação de um plano detalhado para disseminação dos resultados, que inclui a comunicação de ciência à sociedade em geral. Parte do orçamento dos projectos de investigação tem mesmo de ser alocada à comunicação de ciência, e os projectos que não o fizerem poderão ser prejudicados na avaliação ou mesmo excluídos.

No seu livro *Handbook for Science Public Information Officers*, publicado em 2015, Matthew Shipman publica uma espécie de seis mandamentos do comunicador de ciência dentro de uma instituição e que resumem muito do que escrevemos ao longo deste subcapítulo:

1) não exagere sobre as conclusões de uma investigação;
2) responda rapidamente;
3) ajude outras instituições (e não diga mal delas);
4) não bloqueie o acesso aos investigadores;
5) reveja os *press releases* e as publicações nos blogues com os cientistas;
6) esteja preparado para disponibilizar o artigo original.

Estas regras, muito viradas para o papel dos comunicadores de ciência enquanto intermediários entre cientistas e jornalistas, enfatizam a importância do rigor da informação que deve reger o trabalho destes profissionais. A revisão dos textos que os próprios cientistas disponibilizam online ou a correcção dos comunicados de imprensa da instituição servem o propósito de uma comunicação mais eficaz com o público. Se o jargão próprio de uma área científica não estiver bem descodificado num texto que se dirige a um público não especializado, então toda a tentativa de comunicação terá sido em vão.

Do mesmo modo, é importante que a informação que sai de uma instituição científica não exagere sobre os potenciais efeitos ou consequências de um trabalho de investigação em curso. Apostar em informação interessante mas pouco rigorosa pode trazer alguns benefícios imediatos, mas terá certamente impactos negativos *a posteriori* na credibilidade da própria instituição.

A resposta rápida e o acesso directo aos investigadores é normalmente uma exigência dos jornalistas que cobrem um determinado tema. Trabalhando normalmente dentro de horários de produção muito apertados, os jornalistas tentam, por todos os meios, o acesso directo às fontes, evitando ou reduzindo ao máximo o contacto com quaisquer intermediários. O comunicador de ciência tem obrigação de ajudar o investigador da sua instituição a chegar até aos *media*, ensinando-lhe mesmo quais as questões para que deve estar preparado, devendo ainda auxiliar no contacto directo entre cientista e jornalista, se para tal for solicitado.

As obrigações éticas dos jornalistas

Os jornalistas servem o público e só a ele devem prestar contas. Esta conduta fundadora do jornalismo em países democráticos está inscrita em muitos estatutos editoriais de órgãos de comunicação do mundo inteiro e tem obviamente diversas formulações. Em Portugal, o estatuto editorial do *Público* diz que o jornal «é responsável apenas perante os leitores, numa relação rigorosa e transparente, autónoma do poder político e independente de poderes particulares» (Público, [*s.d.*]). O *Diário de Notícias* afirma que o jornal «tem como principal objetivo assegurar ao leitor o direito a ser informado com verdade, rigor e isenção» (Diário de Notícias, [*s.d.*]).

Em Portugal, o Código Deontológico dos Jornalistas é o documento essencial para o exercício da profissão e nele estão explicitadas as principais regras éticas que devem ser seguidas por estes profissionais. O rigor e a honestidade, a responsabilidade e a lealdade, a não discriminação e o respeito pela privacidade estão entre os compromissos assumidos pelos jornalistas no seu dia-a-dia. De igual modo, o Código Deontológico diz também que os jornalistas devem evitar o sensacionalismo, lutar contra e denunciar actos censórios, recusar práticas que violentem a sua consciência (Sindicato dos Jornalistas, 2017).

Todas estas regras que servem de base ao exercício do jornalismo foram construídas ao longo de muitos anos e existem em quase todos os países do mundo, ainda que nem sempre de forma escrita ou com força jurídica. A profissão de jornalista é respeitada em países democráticos, perseguida ou mesmo proibida em regimes totalitários. Nesses territórios, onde o jornalismo se confunde com a propaganda, não faz sentido falar da hegemonia dos leitores sobre o poder político ou económico, por exemplo.

Os jornalistas são, há muitos anos, intermediários privilegiados entre as fontes (que promovem acontecimentos) e a população em geral (que recebe a informação filtrada por estes profissionais). Antes da invenção da Internet, que veio possibilitar uma comunicação mais aberta entre fontes e consumidores finais da informação, os jornalistas eram mesmo os únicos que podiam levar essa informação de um lado para o outro. A. J. Liebling, um famoso jornalista americano, resumiu esta questão de forma irónica em 1960, num artigo que escreveu para a revista *New Yorker*. «Freedom of the press is guaranteed only to those who own one» («A liberdade de imprensa está garantida apenas para os que possuem uma rotativa»).

A necessidade de ter uma rotativa para imprimir jornais, ou de ter uma estação de rádio ou televisão para difundir notícias, consolidou o poder dos jornalistas ao longo de muitas décadas e tornou a profissão essencial para promover a comunicação entre os diversos sectores da sociedade. O próprio conceito de notícia, uma construção social baseada no critério jornalístico, evoluiu ao longo dos anos, sempre agarrado a uma profissão que tinha o poder (alguns chamaram-lhe mesmo «o quarto poder») e as ferramentas para difundir as informações que considerava relevantes para o público que servia.

É neste quadro alargado da profissão jornalística e das suas regras de funcionamento que devemos entender o papel dos jornalistas na comunicação de ciência. Ainda que a Internet lhes tenha tirado muito do poder que tinham até meados da década de 90, os jornalistas continuam a ser actores privilegiados na difusão dos temas científicos junto do público em geral e agentes a quem normalmente se associa maior credibilidade.

A maioria dos manuais de jornalismo de ciência aponta como principais regras desta profissão as mesmas que estão associadas aos outros tipos de jornalismo, à frente das quais vem normalmente o rigor. Uma peça jornalística sem rigor descredibiliza o seu autor, o órgão de comunicação para o qual trabalha e o jornalismo em geral. No caso da ciência, é particularmente grave a falta de rigor nas informações prestadas.

A escrita sóbria, sem grandes exageros ou entusiasmos, deve ser também privilegiada. Na área da medicina, os jornalistas de ciência são ensinados a ter cuidado com determinadas expressões e a evitar palavras que promovam falsas esperanças nos seus públicos. Gary Schwitzer, jornalista e autor do importante blogue «Health News Review» (que monitoriza notícias sobre medicina e denuncia os seus exageros), chega mesmo a enunciar as sete palavras que os jornalistas devem evitar quando escrevem sobre saúde: cura, milagre, revolução, prometedor, dramático, esperança e vítima (Schwitzer, 2000).

Mesmo antes destes cuidados com a linguagem, os jornalistas de ciência devem preocupar-se (e preocupam-se normalmente) em fazer uma análise crítica da informação que recebem, de forma a não difundir informações que não estão suficientemente sólidas do ponto de vista científico. Ao contrário do que acontece em outras áreas do jornalismo – em que a informação prestada por uma fonte é normalmente suficiente para que a sua difusão aconteça –, vários estudos demonstram que os jornalistas de ciência têm mais cuidado na análise da informação que recebem.

O facto de um estudo não ter sido publicado numa revista científica ou de os seus autores não o terem sujeitado a revisão pelos pares é muitas vezes impeditivo de que esse estudo seja revelado por jornalistas de ciência mais cuidadosos. Da mesma forma, os jornalistas de ciência mais experientes cuidam de perceber a qualidade da ciência por trás de uma determinada afirmação antes de a tornarem pública sem nenhum filtro.

O que aconteceu com o célebre artigo de Andrew Wakefield – mais tarde acusado de fraude e impedido de exercer medicina –, segundo o qual haveria uma ligação entre a vacina tríplice e o autismo, ainda faz soar campainhas em todas as redacções, pelos efeitos que provocou na imagem das vacinas em todo o mundo. O movimento antivacinação serviu-se (e ainda se serve) do mau trabalho feito pelos jornalistas na altura para denegrir a imagem das vacinas, causando baixas perigosíssimas nas taxas de vacinação das populações. Os recentes casos de sarampo na Europa são disso prova irrefutável.

Ainda que a ciência seja uma actividade sem verdades absolutas, o papel dos jornalistas de ciência não pode nem deve ser o de meros megafones de pseudocientistas, cujas teorias (se levadas a sério) poriam em causa a própria ciência. É, por isso, obrigação dos jornalistas apresentar os estudos e também os seus contextos, explicando com clareza os interesses por trás de cada um deles e tornando evidente se se trata de uma teoria com amplo consenso dentro da comunidade científica ou apenas da doutrina de quem nunca submeteu os seus estudos ao escrutínio dos pares.

Esta tarefa de verificação e autenticação atribuída aos jornalistas de ciência está, obviamente, cada vez mais comprometida pela evolução do próprio jornalismo e dos problemas que o seu modelo de negócio atravessa. Com menos dinheiro faz-se pior jornalismo, com pior jornalismo afastam-se os leitores, com menos leitores há menos dinheiro. Este círculo vicioso está a fazer desaparecer o jornalismo especializado e, consequentemente, o próprio jornalismo de ciência.

Em conjunto com cientistas e comunicadores de ciência, os jornalistas ajudam normalmente a levar a ciência e o conhecimento científico ao público em geral. Esta ligação demasiado próxima entre os jornalistas de ciência e as suas fontes tem sido apontada como um problema ético para este campo do jornalismo. Alguns autores chamam mesmo a atenção para o tom demasiado positivo das notícias de ciência, frequentemente sobre descobertas e avanços, e raramente sobre temas mais complexos ou controversos.

A aposta nas notícias com origem nas revistas científicas, ajudando a consolidar uma imagem da ciência como uma série de descobertas seguidas de outras descobertas, é também um problema deste campo do jornalismo, exacerbado pelo «jornalismo de secretária», que cada vez mais se pratica em todo o mundo. Ao não saírem das redacções, os jornalistas poderão estar a ignorar a própria actividade científica como um processo de tentativa e erro, essencial à sua própria existência.

Referências e leituras recomendadas

ANGLER, Martin W., *Science Journalism: An Introduction*, Nova Iorque, Routledge, 2017.

BURNS, T. W.; O'CONNOR, J. e STOCKLMAYER, S. M., Science Communication: A Contemporary Definition, *Public Understanding of Science* 12, 2003: pp. 183–202.

CARRIGAN, Mark, *Social Media for Academics*, Londres, Sage, 2016.

DIÁRIO DE NOTÍCIAS, «Estatuto Editorial», [*s.d.*]. Disponível em: https://dn.pt/estatuto-editorial.html.

GOVERNMENT Office FOR SCIENCE, *Rigour, Respect, Responsability: A Universal Ethical Code for Scientists*, 2007. Disponível em: https://assets.publishing.service.gov.uk/government/uploads/system/uploads/attachment_data/file/283157/universal-ethical-code-scientists.pdf.

GRANADO, António e MALHEIROS, José Vítor, *Cultura Científica em Portugal: Ferramentas para perceber o mundo e aprender a mudá-lo*, Lisboa, Fundação Francisco Manuel dos Santos, 2015.

KEOHANE, R. O.; LANE, Melissa e OPPENHEIMER, M., The Ethics of Scientific Communication Under Uncertainty, *Politics, Philosophy & Economics* 13, 2014: pp. 343–368.

PARKES, Eileen, Why scientists should communicate hope whilst avoiding hype, *Naturejobs*, 6 de Julho de 2018. Disponível em: http://blogs.nature.com/naturejobs/2018/07/06/why-scientists-should-communicate-hope-whilst-avoiding-hype/.

PATRÃO NEVES, Maria do Céu e SILVA, Rui Sampaio da (coord.), *Ética Aplicada: Comunicação Social*, Lisboa, Edições 70, 2017.

PRIEST, Susanna; GOODWIN, Jean e DAHLSTROM, Michael F., *Ethics and Practice in Science Communication*, Chicago, University of Chicago Press, 2018.

PÚBLICO, «Estatuto Editorial», [*s.d.*]. Disponível em: https://publico.pt/nos/estatuto-editorial.

SCHWITZER, Gary, 7 words (and more) you shouldn't use in medical news, *Health News Review*, 2000. Disponível em: https://healthnewsreview.org/toolkit/just-journalists-writing-tips-case-studies/7-words-and-more-you-shouldnt-use-in-medical-news/.

SHIPMAN, Matthew, *Handbook for Science Public Information Officers*, Chicago, Chicago University Press, 2015.

SINDICATO DOS JORNALISTAS, «Código Deontológico dos Jornalistas Portugueses», 2017. Disponível em: http://www.jornalistas.eu/?n=10011.

Por um código de ética na comunicação de ciência: o Quinteto do Porto

Carlos Catalão Alves

ICNOVA – Instituto de Comunicação da NOVA

Rosalia Vargas

Ciência Viva – Agência Nacional para a Cultura Científica e Tecnológica

– Qual é afinal o objectivo da comunicação da ciência? – perguntou Malheiros.

– Posso estragar este debate? – acrescentou Simões, provocadora. – Eu faço comunicação de ciência, como faço arte, música, literatura, não salvo a vida de ninguém. Não tem de haver objectivo.

– Então qual é o dever? – insistiu Malheiros.

– Também não há dever – respondeu Simões. Olhou-nos fundo nos olhos, a todos os que estavam à mesa, e disparou: – Acham que há um dever? O meu é gastar bem o dinheiro dos contribuintes, isso sim.

– Esse é um compromisso ético. E aos poucos vamos descobrindo muitos mais – concluiu Meirinhos, esperançoso.

E foram, de facto, descobrindo muitos compromissos mais naquela segunda-feira, à mesa do jantar, no Clube Universitário do Porto. Tinham combinado fazer uma recriação do célebre jantar ficcionado por John Casti, *The Cambridge Quintet: A Work of Scientific Speculation* (1998)[1]. Só que agora seria a sério. E quem vem jantar desta vez? Um filósofo, José Meirinhos[2]; um jornalista de ciência, José Vítor Malheiros[3]; uma directora de museu, Carlota Simões[4]; um cientista, Alexandre Quintanilha[5]; e uma socióloga, Ana Delicado[6].

---

[1] *The Cambridge Quintet* é uma obra de ficção sobre um jantar informal, no Christ's College, em Cambridge, em Junho de 1949. À mesa, para discutir uma das questões mais controversas do nosso tempo – *pode uma máquina pensar?* –, encontram-se Alan Turing, Ludwig Wittgenstein, Charles Percy Snow, J. B. S. Haldane e Erwin Schrödinger. O jantar, de facto, nunca aconteceu, e o próprio autor, John L. Casti, conhecido pelos seus trabalhos de divulgação científica, apresenta o livro como «um relato especulativo das ideias que circulavam à volta da mesa do jantar» (Casti, 1998, p. xxiii) [tradução dos autores].

[2] Professor catedrático na Universidade do Porto, é docente e director do Departamento de Filosofia, director do Instituto de Filosofia e director do Programa doutoral em Filosofia da Universidade do Porto. Desenvolve actividade científica principal nos domínios da Filosofia Antiga, Medieval e do início da Idade Moderna, com interesse pelas teorias da mente e do conhecimento, teorias políticas, sistemas da ciência, história do aristotelismo, estudos medievais e de manuscritos.

[3] É consultor e formador de Comunicação de Ciência. Foi jornalista durante a maior parte da sua vida profissional, tendo-se dedicado às áreas da Ciência, Tecnologia, Educação, Saúde e Ambiente. Manteve durante 16 anos uma coluna semanal de opinião no *Público*, jornal do qual foi um dos fundadores. É co-autor, com António Granado, do livro *Como Falar com Jornalistas sem Ficar à Beira de um Ataque de Nervos* (2001) e do estudo *Cultura Científica em Portugal* (2015).

[4] Doutorada em Matemática pela Universidade de Twente, Países Baixos, é professora no Departamento de Matemática da Faculdade de Ciências e Tecnologia da Universidade de Coimbra. É autora de *Descobre a Matemática* e co-autora de *Descobre o Som*, obras de divulgação da matemática, e co-editora de *História da Ciência Luso-Brasileira*, *História da Ciência na Universidade de Coimbra* e *Portugueses na Austrália*. É directora do Museu da Ciência da Universidade de Coimbra e integra o projecto «História da Ciência na Universidade de Coimbra».

[5] Doutorou-se em Física Teórica e liderou um laboratório de investigação

O tema na mesa? Ética, comunicação de ciência e seus dilemas.

As questões da ética na actividade científica têm sido objecto de amplo debate ao longo das últimas décadas, abrangendo domínios que se estendem da integridade da investigação científica, dos direitos de autor ou da revisão pelos pares aos dilemas éticos associados aos próprios temas e desenvolvimentos científicos, como a biotecnologia, a inteligência artificial ou as alterações climáticas (Shamoo e Resnik, 2003).

Mas o mesmo não tem acontecido com as questões éticas na comunicação da ciência. Esta é encarada sobretudo como uma técnica, focada em métodos de aperfeiçoamento dos modos de comunicar, orais ou escritos. O objectivo das linhas que se seguem é precisamente o de mostrar, pela via do debate de ideias, quanto a comunicação da ciência com públicos não científicos levanta questões éticas pertinentes. E para melhor o compreender, é indispensável resistir à tentação de encarar a comunicação da ciência como um mero processo de propagação de conhecimento.

---

em Berkeley, Universidade da Califórnia, onde foi professor durante perto de duas décadas. De regresso a Portugal, propôs a criação do Instituto de Biologia Molecular e Celular (IBMC), do qual foi director. Ao longo dos anos, tem concentrado a sua acção na promoção da ciência na educação, na comunicação do risco, e na decisão política de base científica. É professor catedrático jubilado, deputado e presidente da Comissão Parlamentar de Educação e Ciência.

[6] Doutorada em Sociologia pela Universidade de Lisboa (2006), é investigadora auxiliar no Instituto de Ciências Sociais da Universidade de Lisboa. Autora de inúmeros artigos em revistas especializadas, livros e capítulos de livros, faz investigação na área de Estudos Sociais da Ciência, em temas ligados à produção científica e tecnológica, cultura científica, mobilidade internacional, museus e exposições científicas, Internet, energia e alterações climáticas, voluntariado e associações.

O território da comunicação da ciência é complexo, marcado por uma extrema diversidade, desde logo a diversidade dos comunicadores, dos seus públicos e da própria ciência que é comunicada. Como veremos mais à frente, esta complexidade foi uma das primeiras dificuldades sentidas pelos nossos convidados. Há quem confesse ter pensado nos comunicadores de ciência unicamente como cientistas; há quem veja os comunicadores de ciência com as lentes dos jornalistas; há quem os pense como agentes de relações-públicas de universidades e centros de investigação; há quem os entenda como educadores em museus e centros de ciência. À medida que a conversa progride e os pontos de partida confluem, é notória a convergência de todos no reconhecimento da diversidade de um vasto continente.

E porque são diferentes, os comunicadores de ciência perseguem também objectivos diferentes, algumas vezes até concorrentes, como informar, publicitar, promover, advogar, entreter ou educar. A resposta à simples pergunta «Qual o objectivo da comunicação de ciência?» é, por si só, suficiente para atrair divergência, até a propósito do sentido de dever ou de missão.

E não são só os comunicadores e os seus objectivos que são diferentes. Os públicos também o são e alimentam por isso interesses e expectativas igualmente diferentes. Uns são confessadamente desinformados, e esperam da ciência maravilhamento ou entretenimento; outros, como governantes e decisores políticos, esperam relatórios rigorosos e detalhados; outros, bem informados, leitores regulares de jornais e revistas, enchem os auditórios em busca dos últimos desenvolvimentos científicos; outros ainda, em comunidades específicas, esperam participar e ser esclarecidos quanto a decisões sobre pescar ou conservar, ficar ou partir.

Finalmente, é a própria ciência comunicada que assume formas muito diversas. Nuns casos trata-se de difusão de conhecimentos há muito estabilizados e incontestados; noutros, de comunicação de resultados recentes, controversos ou à espera de consensos. E há ainda a incerteza que, como Robert Keohane e colegas fazem questão de sublinhar, é própria de todas as conclusões científicas e faz da ciência uma estimativa da incerteza (Keohane, Lane e Oppenheimer, 2014).

Num mundo em que comunicadores, públicos e ciência são tão diferentes, os dilemas éticos que se colocam no acto de comunicar ciência só podem ser complexos na sua diversidade. Numa tentativa de os enquadrar, Rush D. Holt, director-executivo da Associação Americana para o Avanço da Ciência e das publicações *Science*, propõe a ideia de um *contrato ético*. Na introdução a uma colectânea muito recente de textos, sob o título *Ethics and Practice in Science Communication* (Priest, Goodwin e Dahlstrom, 2018), refere-se a um contrato ético que, para ser apropriadamente executado, exige uma relação de confiança entre o público e o comunicador quanto ao grau de certeza, autoridade e transparência que este traz para a comunicação. E esse contrato não será eticamente cumprido se a comunicação não explicar devidamente os possíveis efeitos a longo prazo dos resultados científicos, ou não alertar para os riscos específicos para certas populações, ou não revelar as incertezas ainda existentes, ou não antecipar que investigação falta realizar até que os resultados sejam mais do que uma simples curiosidade do momento.

Estabilizar um conjunto de princípios éticos aplicáveis a toda a comunicação de ciência pode ser uma tarefa irrealizável e Holt é o primeiro a reconhecê-lo. Mais uma vez, depende, em última instância, das características dos comunicadores e dos públicos. Se nos situarmos, por exemplo, no domínio específico da comunicação entre cientistas e decisores políticos, em condições de incerteza, Keohane, Lane e Oppenheimer (2014) propõem cinco princípios éticos a considerar nestas condições: *honestidade, precisão, relevância para o público, transparência dos processos científicos* e *especificação das incertezas nas conclusões.* Mas, mesmo tratando-se de públicos relativamente bem informados, como governantes, parlamentares e analistas políticos, os autores não subestimam os problemas de comunicação numa matéria tão sensível. Para quem não é um profissional de ciência, a transparência dos processos pode ser incompreensível – e mesmo quando entendem os processos através dos quais os cientistas chegaram às conclusões, podem não estar de acordo sobre o grau de incerteza dos resultados. Nestes casos, será relevante distinguir, como o faz Harold Shapiro num comentário aos autores, referido no próprio artigo, as obrigações éticas de cientistas individuais das obrigações éticas de instituições ou da comunidade científica como um todo – reconhecendo, em tom crítico, que há muitas organizações a constituir arranjos institucionais para obter financiamentos, mas poucas a fazê-lo para cumprir responsabilidades éticas (Keohane, Lane e Oppenheimer, 2014, p. 360).

1. A verdade, só a verdade, não mais do que a verdade

Outras considerações éticas são ainda as que se colocam no limiar da verdade, ou, por assim dizer, nos limites à comunicação da verdade. Num artigo já clássico sobre os dilemas éticos da comunicação pública de informação médica, David Resnik (2001) problematiza os argumentos contra e a favor de uma *comunicação objectiva* entre os peritos e o público em matéria de doença e saúde. Por comunicação objectiva entende Resnik a comunicação que divulga todo e qualquer resultado de investigação, mesmo quando contraditório com resultados já largamente difundidos. Evoca para tal o exemplo da informação de saúde sobre o consumo de sal nos Estados Unidos da América (EUA). Desde os anos 70, fruto de um paradigma de restrição de sal com alguma base em factos científicos, verificaram-se progressos evidentes na redução do consumo, sobretudo nas últimas duas décadas. Contudo, na formulação de Resnik, esta ortodoxia no consumo de sal terá sido colocada em questão pela publicação de um artigo nos *Archives of Internal Medicine* (RESNIK, 2001, p. 130), o qual concluía que os benefícios da restrição de sal em pessoas saudáveis seria negligenciável. Um ano depois, uma meta-análise baseada em mais de uma centena de testes clínicos, publicada no *Journal of the American Medical Association*, prosseguia a contestação às recomendações de redução de consumo de sal.

O dilema ético que aqui se coloca é, para Resnik, óbvio: por um lado, difundir os resultados científicos que contrariam a defesa da redução no consumo de sal poderá ter consequências negativas para a saúde pública, pelo abandono de práticas de dieta saudável já conquistadas; por outro, ocultar tais resultados equivale a um acto de manipulação da verdade indesculpável num contexto de ética na comunicação da ciência. Resnik não resolve o dilema. Coloca-se numa posição equidistante, criticando tanto os excessos da comunicação objectiva, como a abordagem – que qualifica de paternalista – dos defensores da ortodoxia no consumo de sal. Propõe como alternativa práticas de comunicação pública de saúde inspiradas no modelo de *informed consent* (consentimento informado), já extensivamente aplicado na relação individual entre médico e paciente, e que assenta na disponibilização pelo médico de todas as informações de que o paciente vai necessitar para formular uma decisão com autonomia.

A comunicação do risco é, por razões óbvias, um dos domínios em que uma comunicação não ética da ciência poderá ter efeitos mais críticos, para os indivíduos e para as populações. É também uma das áreas em que a eficácia da comunicação mais depende da confiança do público em quem está a comunicar, na sua credibilidade e solidez de carácter – a questão do contrato ético entre comunicador e público coloca-se aqui de forma particularmente aguda. A investigação do risco e da sua comunicação é consensual quanto ao desfasamento entre a realidade do risco e a sua percepção pública. É frequente as pessoas terem uma percepção do risco não coincidente com uma avaliação objectiva do mesmo. Paul Thompson (1999, p. 489) é peremptório a este respeito: com demasiada frequência, o público subestima os riscos; excepto quando os sobrestima.

2. Não menosprezarás o público

Estarão os cidadãos devidamente informados e preparados para uma participação mais activa no diálogo ciência-sociedade? Esta é, porventura, uma das questões mais fracturantes no universo da comunicação de ciência. A resposta é, no entanto, indispensável para situar a dimensão ética do contrato entre o comunicador de ciência e o público. E é-o exactamente porque separa campos distintos no entendimento do diálogo ciência-sociedade: por um lado, para quem considera que a resistência do público à ciência decorre da sua falta de literacia científica, a missão da comunicação da ciência deverá ser a de preencher essa «falta» com melhor e mais educativa informação científica (o chamado «modelo do défice»); por outro, para quem entende que o envolvimento do público com a ciência pode ser promovido por iniciativas mais activas e participadas, a comunicação da ciência deverá ser essencialmente bidireccional e assente num diálogo não hierárquico de saberes.

A questão não é recente, como mostra Melissa Lane ao colocá-la nos seguintes termos: «Podem os cidadãos, em democracia, avaliar as alegações de peritos?» (Lane, 2014, p. 97). A autora discute os argumentos das respostas – que distingue como «cépticas» ou «optimistas» – a partir de uma abordagem epistémica que distingue, como os Gregos antigos, «conhecimento» de «julgamento», pondo a tónica no «julgar» como avaliação da política da pólis – uma ênfase defendida por Aristóteles, para quem todo e qualquer cidadão seria um legítimo juiz das alegações dos seus políticos.

Uma versão mais recente desta questão é a do famoso debate que, no início do século passado, opôs o filósofo John Dewey a Walter Lippman a propósito do papel dos cidadãos numa democracia. Lippman, um dos primeiros investigadores de opinião pública, argumentou sistematicamente contra a viabilidade de uma democracia participada, devido à incapacidade de os cidadãos entenderem a complexidade das sociedades modernas e à sua consequente propensão para ser facilmente manipulados pelas elites. Ao contrário, Dewey viria a defender mais tarde, em *The Public and Its Problems* (1927), que os cidadãos, desde que devidamente educados, poderiam formular posições bem informadas sobre os temas mais complexos do dia-a-dia. Este é um debate que está longe de se ter esgotado, não obstante os argumentos de Dewey constituírem a base da actual ênfase na importância da educação para a cidadania, vista como contraponto a uma educação fundada na aquisição de competências para o mercado de trabalho (Priest, 2012).

Retomando a narrativa deste jantar no Clube Universitário do Porto, importa referir que os convidados participaram entusiasticamente neste debate e o fizeram sabendo que seriam, dessa forma, os actores principais do que agora se publica. Este texto sem eles não existiria. O que se segue é a narrativa parcial, editada, de uma conversa livre, sem guião, subordinada ao tema da ética na comunicação da ciência. E foi assim...

3. Defenderás o bem comum e não um grupo em particular

– Há uma série de questões na comunicação de ciência que às vezes me espantam como jornalista, porque penso que o jornalismo as resolveu já.

Foi desta forma, peremptória, que José Vítor Malheiros iniciou a conversa. E prosseguiu.

– Já que estamos a falar de ética, gostaria de começar pela deontologia, que é algo muito familiar aos jornalistas, ou até aos cientistas. Aquilo de que sinto mais falta, como comunicador de ciência, é precisamente a definição de uma deontologia da comunicação de ciência.

Ainda que sem resposta imediata, o desafio ali lançado foi encontrando o seu caminho, tecido laboriosamente por Carlota Simões. No fim, todos concordaram com uma versão ligeiríssima de uma deontologia do comunicador de ciência, sob a forma de mandamentos, a colocar em subtítulos no texto, como que a temperar com humor uma conversa demasiado séria. Afinal, era só um jantar e nenhum dos presentes se mostrava partidário de soluções normativas.

– Defender a ciência não é um imperativo ético da comunicação de ciência. – Dito assim, à primeira vista, parece um contra-senso, mas não para Malheiros, como o próprio fez questão de explicar. – O dever do comunicador de ciência é para com o bem comum e não para com nenhum grupo particular; ou seja, não faz o seu trabalho para defender os cientistas, é para defender as pessoas em geral.

Voltando-se para Malheiros, Simões desafia: – Define pessoas em geral.

– Os cidadãos, os cidadãos! – esclareceu Malheiros. E insistiu: – Um comunicador de ciência não existe para defender o seu laboratório. Ao jornalista de ciência, ou ao comunicador de ciência que é jornalista de ciência, não lhe passa pela cabeça aceitar que lhe digam que tem de defender a ciência. No entanto, quem faz comunicação de ciência é isso que faz, e fá-lo sem nenhum problema de consciência. E ao fazer uma divulgação que tem como único objectivo a promoção da ciência, acaba de facto por defender as instituições científicas, as revistas científicas, a prática dos cientistas e não tanto a ciência, os seus valores, a procura da verdade, o valor da controvérsia, o reconhecimento do erro, a experimentação, a consideração da verdade científica como verdade provisória.

– Não estou certo de que esses aspectos interessem assim tanto ao jornalismo. – Alexandre Quintanilha foi o primeiro a refrear o entusiasmo de Malheiros. – O que se verifica é que muitos jornalistas acabam por forçar o cientista a assumir esse papel, mesmo quando este preferiria adoptar a posição de que ainda não sabe o suficiente, de que há dados contraditórios, ou de que há evidência de aspectos muito diversos.

– Eu só não diria que é pressão dos jornalistas – defendeu Malheiros. – É a pressão de um discurso comunicacional que as pessoas pensam ser mais eficaz.

– Não me referia a todos os jornalistas – Quintanilha insistiu em clarificar. – E não se trata tanto dos jornalistas, mas do instrumento que usa essa informação para a vender e de tal maneira, que hoje, por vezes, os cientistas dificilmente conseguem chegar a dizer que há dúvidas.

Meirinhos, até aí num silêncio atento, lembrou que os jornalistas não são os únicos comunicadores de ciência. – Mas assim não estamos a considerar também o cientista como comunicador de ciência, como alguém que descreve o trabalho de investigação a diferentes públicos, sem o vulgarizar.

4. Não temerás o politicamente incorrecto

– Mas também há outro tipo de pressões – alertou Quintanilha, imprimindo novo rumo à conversa. – Veja-se o escândalo recente da informação sobre o açúcar[7], quando há mais de 50 anos, investigadores em Harvard e no MIT sabiam bem, e tinham os dados todos para divulgar essa informação, mas porque eram subsidiados pela indústria do açúcar americano não os publicaram. A ênfase passou a estar nos ácidos gordos e nas gorduras. Portanto, há 50 anos que estamos obcecados com o colesterol bom, o colesterol mau, os ácidos gordos saturados e insaturados, quando agora se tornou claro que o açúcar, em termos de doenças cardiovasculares, por exemplo, é tão ou mais importante em questões de saúde.

Ana Delicado entra na conversa com uma nota de ceptícismo. – Afinal, quanto tempo de investigação é necessário para validar estas afirmações? Porque só quando um medicamento é lançado no mercado e é tomado por milhares de pessoas é que podemos fazer uma correcta avaliação de risco. E aí já pode ser tarde.

– É verdade, não podia estar mais de acordo – disse Quintanilha. – A questão do risco coloca dilemas éticos muito difíceis de resolver na comunicação da ciência. Vemos isso, por exemplo, na questão dos organismos geneticamente modificados (OGM), em que a noção do risco depende muito dos domínios em que este se pode manifestar. Esta é uma discussão que continua muito viva e em que os que são a favor ou contra falam de coisas diferentes, partindo de dimensões igualmente diferentes. Os que tentam dissuadir as pessoas de consumirem organismos geneticamente modificados usaram durante muito tempo,

[7] O escândalo de que fala Quintanilha é, afinal, a revelação tardia dos efeitos do açúcar, especialmente no aumento do risco de doenças cardíacas, obesidade e diabetes, não existindo ainda uma recomendação consensual quanto aos limites apropriados para consumo. A Organização Mundial de Saúde recomenda menos de 10% de calorias provenientes de açúcar adicionado, enquanto o American Institute of Medicine aponta para um máximo de 25%.

embora agora menos, o argumento do perigo extremo para a saúde humana, não obstante as evidências serem escassas. Mas tinham razão ao afirmar que a introdução destes organismos foi em grande parte motivada pelo lucro. Neste aspecto os críticos tinham toda a razão, mas não no outro, e é por isso que a conversa diverge, porque se está a falar de coisas diferentes.

– Ainda por cima – acrescentou Delicado –, para os críticos dos OGM, não é só a questão da saúde pública, mas também a da saúde ambiental, da biodiversidade, da extinção das abelhas. Há outros impactos. Até que ponto é que querer ser mais saudável, viver mais tempo, ter mais comida para toda a gente colide com os limites da Natureza? E aqui também há uma questão ética entre o que interessa mais. É o interesse humano ou o interesse do planeta?

5. Diversificarás sempre as tuas fontes

– Mas como é que a gente comunica de forma a não exagerar o medo, sem diminuir os receios e tornando o diálogo informado? – perguntou Quintanilha. – Esse é um dilema com dimensões que me parece estar no centro do que estamos aqui a discutir. Os exemplos são múltiplos. Lembram-se certamente da Rachel Carson e do caso do DDT[8]. As preocupações da sociedade eram óbvias e há dados que mostram o nível signifi-

[8] Rachel Carson (1907–1964), bióloga marinha, tornou-se numa das principais referências do movimento ambientalista mundial, sobretudo após a publicação da sua obra mais conhecida, *Silent Spring* (1962), na qual denunciou de forma veemente os efeitos negativos, para o ambiente e a saúde humana, do insecticida DDT (diclorodifeniltricloroetano) e de outros pesticidas sintéticos. O impacto destas denúncias gerou um movimento social sem precedentes, especialmente nos EUA, que acabou por resultar, a partir de 1972, na proibição das aplicações agrícolas de DDT em todo o país.

cativamente alto de diversos tipos de cancro. As tentativas das pessoas para falar com a Agência de Protecção Ambiental dos EUA, em Washington, para saber o que ali está, esbarram em obstáculos constantes, ninguém quer falar com eles. E quando falam, as respostas que dão são mínimas, dizendo que está tudo sob controlo, «não se preocupem, nós temos engenheiros muito competentes, estamos a fazer tudo o que é necessário para que isto não aconteça».

– Estamos a discutir comunicação de ciência. Quem é que faz a comunicação? Quem é que informa as populações? Em quem é que as populações confiam? – perguntou Malheiros. – Mais uma vez, tenho como referência o jornalismo. O papel da comunicação de ciência não é ir buscar a informação a uma única fonte, é ir buscar a informação, confirmá-la através de fontes independentes, tentar arranjar informação que seja objectiva, desligada de interesses, e transmitir essa informação à população, de modo que esta possa fazer as suas escolhas.

– Malheiros concluiu com veemência: – Um cientista sabe perfeitamente que não pode escamotear dados.

Meirinhos pousou o talher e, após o que pareceu uma breve hesitação, contrapôs: – Mas por vezes tem de escamotear. – E explicou: – Porque há muita informação valiosa que não pode partilhar com as outras equipas de investigação, porque está a ceder o cerne do negócio a que está ligado. Não pode mesmo divulgar esses dados.

Malheiros concordou. – Há casos em que está protegido pela jurisprudência para não divulgar um segredo comercial, um segredo industrial, ou segredo de Estado.

– Mas isso não deixa de ser contrário aos princípios da ciência, da ciência pública e da ciência aberta, que devem ser partilhados – retorquiu Meirinhos, deixando no ar a pergunta: – Como determinar o que deve ou não ser partilhado? São os limites éticos?

6. Não evocarás a ciência em vão

– Voltamos à questão da deontologia – rematou Malheiros, argumentando: – Não há um código deontológico na ciência, mas há princípios, boas práticas; na comunicação da ciência não há sequer boas práticas para seguir.

Quintanilha interrompeu Malheiros, num tom discordante.

– Eu não sei se isso é verdade. O que acontece é que as pessoas vêm de formações muito diferentes. Os cientistas tiveram uma formação nessa área.

– Certo! – concedeu Malheiros. – Estão a agir como cientistas, o que é perfeitamente lícito. Só que, no caso da comunicação da ciência, estamos a falar de uma profissão nova, de uma actividade nova.

– Estamos aqui à volta desta mesa a tentar definir o que é um comunicador de ciência; pode ser muitas coisas com objectivos diferentes; pode ser muitas coisas com vidas diferentes e objectivos diferentes; um comunicador de ciência, que trabalha num gabinete de comunicação de uma universidade, tem um papel completamente diferente de alguém que trabalha num museu de ciência, que é normalmente um papel educativo, formal ou informal.

– Pode não ser assim tão diferente, pelo menos nos casos dos museus que fazem parte de universidades – interveio Simões, fazendo valer a sua experiência em Coimbra. – Nestes casos, a função dos comunicadores do museu é também a de promover a investigação científica da universidade. São os seus consultores.

– E que função de consultor de ciência é essa? – inquiriu Quintanilha, visivelmente curioso. – É para quando têm dúvidas em relação à forma como uma determinada informação deve passar? Como ela deve passar, é isso?

– Sim, é isso, e também para ajudar a organizar eventos; para organizar um debate chamam um especialista da área, para organizar uma exposição chamam um especialista daquela outra área, para verificar se uma informação está bem chama-se o especialista – explicou Simões.

A convocação de tantos especialistas parece ter despertado o cepticismo de Quintanilha. – Cada vez mais os desafios que enfrentamos dependem de conhecimentos em domínios muito diferentes; e quando tentamos pôr pessoas de áreas diferentes, com alfabetos e linguagens diferentes, a tentarem comunicar umas com as outras, quanto mais especialistas são mais difícil se torna; e se para eles é muito difícil, como é que a gente depois pega nisto e transfere ainda para o público em geral, que precisa de coisas, nem diria simplificadas, de coisas mais claras?

7. Não plagiarás nem mentirás

Nessa altura, Malheiros propôs um brinde e Simões aproveitou para trazer um novo tema para a mesa: uma forma peculiar de plágio ou, como a própria fez questão de designar, o plágio na comunicação de ciência:

– Quando estava em casa a preparar-me para este jantar, lembrei-me de trazer este caso. Não sei se conhecem o Jonah Lehrer[9]. Conhecem este autor? É americano. Houve uma

[9] Em 2012, Jonah Lehrer era uma estrela em ascensão no jornalismo norte-americano, com artigos na *Wired* e na *The New Yorker*, além de várias obras de popularização das neurociências. Nesse mesmo ano, Lehrer foi alvo de uma torrente de críticas quanto ao seu comportamento ético como escritor, sobretudo devido a citações indevidas de Bob Dylan. Este episódio – e a popularidade do autor – acabou por atrair um escrutínio extensivo da sua já vasta produção de conteúdos, incluindo textos de divulgação científica, artigos e publicações em blogues. Lehrer ficou então conhecido como um exemplo de «autoplágio», por reproduzir largos excertos das suas próprias

altura em que foi o meu comunicador de ciência favorito. Fantástico, um comunicador de sucesso espectacular nos *media* americanos. A dada altura, o material não chegava para tantas encomendas e começou a infringir os princípios mais elementares da ética, porque tinha de publicar constantemente. Inventou uma entrevista que teria tido com o Bob Dylan, e que nunca existiu, ou seja, começou a falsear resultados, mesmo como comunicador de ciência. Já não é o cientista a criar dados falsos, é o comunicador de ciência a inventar ciência falsa; e aqui qual foi o problema dele? Foi o sucesso, ele não conseguiu aguentar a velocidade do seu próprio sucesso.

Quintanilha lembrou que esse é também um problema dos próprios cientistas. E que a pressão traz consigo uma forma muito peculiar de plágio, o plágio de si mesmo. – Esse é, hoje mais do que nunca, um dos grandes dilemas dos cientistas, que, para continuarem a ter financiamento, têm de produzir de tal maneira, que a certa altura começam a pôr os mesmos dados em vários artigos, não é?

– Ou a parcializar os resultados – juntou Malheiros –, distribuindo-os por vários artigos.

– Isso é a pressão da carreira – completou Meirinhos.

Delicado acrescentou: – Uma outra transgressão, ainda que menor, da ética da comunicação é o embelezamento dos resultados, não na comunicação dos artigos, porque isso é fraude, mas na maneira como um centro de investigação divulga os seus investigadores; há um certo embelezar de resultados; mentiras piedosas e exageros podem ser gradações de ética. E há outras situações que são realmente transgressões éticas muito graves, como as fraudes, o plágio.

---

obras no blogue da *The New Yorker*, sem referir que os mesmos já haviam sido publicados noutros contextos.

8. Assegurarás a verdade e a verificação do conhecimento

– Essa transgressão de que falas, Ana, é um problema de ética profissional – completou Malheiros, regressando a um tema que considera da maior importância para a definição da comunicação de ciência como prática profissional, com um código de conduta próprio. – Qual é o nosso papel social enquanto comunicadores de ciência? Qual é o nosso contrato social? O que é que digo às pessoas que sou? Quando era jornalista era muito fácil: dizia «sou jornalista», e as pessoas sabiam quem eu era, ainda que pudesse ser um mau jornalista; agora, quando digo que sou um comunicador de ciência, ninguém sabe o que é, nem o que faço, nem qual é o meu compromisso.

– Mas isso não será por se tratar de uma profissão nova? – perguntou Meirinhos.

– Eu penso que, provavelmente, nem é uma profissão – retorquiu Delicado, centrando desse modo o debate na discussão sobre a comunicação de ciência como actividade profissional. – Isto é algo que ainda não discutimos aqui: estamos sempre a falar de mediadores entre os cientistas, as instituições, os museus, os jornalistas, quando hoje em dia há ferramentas impecáveis que eliminam a necessidade desses mediadores; os cientistas podem comunicar directamente com o público, fazem-no e devem fazê-lo.

– E podem substituir os mediadores profissionais com vantagem em muitos casos – concordou Malheiros.

– E devem fazê-lo, porque isso hoje em dia é valorizado, é medido, é premiado – continuou Delicado, chamando entretanto a atenção para os eventuais riscos. – Mas isso também levanta questões éticas se essa comunicação da ciência for feita só em benefício próprio, para autopromoção, para conseguir subir na carreira, para ter projecção. E há casos terríveis de cientistas que se promovem exageradamente, e depois se descobre que afinal são fraudes.

– Voltando à questão do profissionalismo na comunicação da ciência, vocês fazem ideia de quantos profissionais se apresentam como comunicadores de ciência em Portugal? – perguntou Malheiros.

– Não faço ideia – retorquiu Simões.

– Há pelo menos dois mil – respondeu Malheiros.

– Licenciados em comunicação, não em ciência – precisou Meirinhos.

– Doutorados em ciência – frisou Simões.

– Doutorados em ciência, sim – confirmou Malheiros, e fez questão de os enumerar: – São todos os profissionais dos centros de ciência, todos os profissionais dos museus de ciência, todos os profissionais dos gabinetes de comunicação, dos laboratórios e das universidades, todos os jornalistas de ciência. A que se juntam ainda – continuou – as pessoas que fazem ilustração científica, as que fazem fotografia científica, as que fazem vídeos científicos, é muita gente.

– Interessante, essa diversidade! – notou Meirinhos. – Ao receber o convite para este jantar, foquei a minha pesquisa e as minhas reflexões nas questões éticas que se colocam ao cientista quando comunica o seu trabalho. Confesso que não pensei em comunicadores que não são cientistas. As questões éticas, no meu entender, colocavam-se basicamente ao cientista que faz a investigação e que depois tem esse compromisso de a partilhar, de difundir informação que não seja nociva, que possa ser verificada pelos pares e que seja socialmente útil, que contribua para o debate aberto.

– Mas o código de ética de um comunicador de ciência é uma ideia interessante – concordou Delicado.

– Código deontológico – precisou Malheiros.

– Código de ética. É diferente – preferiu Delicado. – É que não sou comunicadora de ciência, pelo menos profissionalmente. Mas acho que quando faço comunicação de ciência devia nortear-me por um código de ética.

– Podíamos começar por recomendar alguns aqui mesmo – propôs Malheiros.

– Não mentirás... será certamente o primeiro – avançou Simões.

9. Não manipularás, nem defraudarás expectativas

Chegados a este ponto do jantar, já à espera da sobremesa, Ana Delicado tocou num ponto particularmente sensível, pondo-se claramente contra a ideia de que o público, por não estar suficientemente informado, não pode contestar ou avaliar as alegações dos peritos.

– O público é muito diversificado – disse –, e há uma tendência para subestimar as pessoas que não são como nós, ou que pensamos não saberem tanto quanto nós. A verdade é que os públicos da comunicação de ciência são como nós. Andámos estes 20 anos a pregar a convertidos, se formos ver quem vai aos museus, quem vai às exposições, quem vai às sessões de observação astronómica.

– Pessoas que lêem jornais – acrescentou Meirinhos.

– Pessoas que têm formação pelo menos superior – continuou Delicado –, e é com este público que os comunicadores muitas vezes se deparam, pessoas que estão mais informadas do que eles sobre assuntos diversos. – E precisou: – Os cidadãos são muitos e muito diferentes, e os seus interesses também. Até as próprias conferências de consenso o reconhecem, e as suas regras aceitam que não seja possível atingir o consenso, quando tal é impossível perante a diversidade dos interesses em jogo.

Delicado prosseguiu: – Está escrito nas regras dessas conferências que não se trata sempre de atingir o consenso, porque é impossível: os interesses são divergentes. Agora, penso que não deve ser uma decisão tecnocrática do cientista iluminado, do sociólogo iluminado, do economista iluminado, mas deve ser antes um debate da sociedade, um debate informado. Como é que isso se faz? Claro que é difícil. Não pode ser de braço no ar: «Vamos fazer um ginásio ou vamos fazer um museu?» Não acho que seja uma questão referendável do voto da maioria, mas acho que deve haver diálogo social sobre a distribuição dos recursos.

– Totalmente de acordo. Mas diálogo social não quer dizer que depois, no fim, seja assim que se decide – concluiu Quintanilha.

10. Seguirás um código de ética

E foi assim... Um jantar do qual muito ficou por narrar num capítulo que dificilmente acomoda mais do que uma dúzia de minutos de diálogo. Também nem sempre foi fácil, ou sequer desejável, manter o foco – nunca o é, nem à mesa de um restaurante, nem em qualquer conversa livre entre amigos que têm sempre muito para dizer. E muito menos o foi neste caso, quando os dilemas éticos da comunicação de ciência se confundem muitas vezes com a própria ética na produção científica. Afinal, é de ciência que se está a falar, seja do ponto de vista da sua produção ou da sua comunicação.

Foi interessante sobretudo verificar o eco dos dilemas e considerações éticos evocados por Rush D. Holt, Susanne Priest ou David Resnik,[10] no debate que animou este jantar,

[10] Estas considerações éticas requerem, fundamentalmente, o respeito pelo direito do público a ser informado sobre o grau de certeza, autoridade e transparência da comunicação de ciência (o «contrato ético» referido por Rush D. Holt); o reconhecimento do público como um elemento activo

bem como a forma como os interlocutores os alicerçaram nas suas experiências pessoais, enquanto cientistas, comunicadores ou pensadores, para os estender depois a novos territórios. A tentativa, ainda que metafórica, de construção de um código de ética para a comunicação da ciência – mesmo que limitado a blocos fundadores, enunciados como subtítulos deste capítulo – foi um indicador da urgência desta reflexão. Porque no mundo actual é inevitável pensar que a comunicação da ciência, se não for eticamente apropriada, tem sérias consequências para todos nós.

Referências e leituras recomendadas

ALVES, Carlos Catalão e VARGAS, Rosalia, Ciência Viva e cultura científica, *in* LASPRA, Belén e MUÑOZ, Emilio (coord.), *Culturas Científicas e Innovadoras: Progreso Social*, Buenos Aires, Eudeba, 2014, pp. 207–222.

CASTI, John L., *The Cambridge Quintet: A Work of Scientific Speculation*, [*s.l.*], Perseus Books, 1998.

DEWEY, John, *The Public and Its Problems: An Essay in Political Inquiry*, University Park: Pensilvânia, Pennsylvania State University Press, 2012 [1927].

KEOHANE, Robert; LANE, Melissa e OPPENHEIMER, Michael, The ethics of scientific communication under uncertainty, *Politics, Philosophy & Economics* 13, 2014: pp 343–368.

---

numa comunicação bidireccional, e não como receptor acrítico de informação científica (a crítica do «modelo do défice» por Susanne Priest); ou, finalmente, a recusa da ocultação ou manipulação da verdade e dos factos científicos, mesmo quando aparentemente justificada pelo interesse público (os dilemas éticos da verdade, em David Resnik).

LANE, Melissa, When the experts are uncertain: Scientific knowledge and ethics of democratic judgement, *Episteme* 11, 2014: pp. 97–118.

PRIEST, Susanna, *Nanotechnology and the Public: Risk Perception and Risk Communication*, [*s.l.*], CRC Press, 2012.

PRIEST, Susanna, Critical Science Literacy: What Citizens and Journalists Need to Know to Make Sense of Science, *Bulletin of Science, Technology & Society* 33, 2013: pp. 138–145.

PRIEST, Susanna; GOODWIN, Jean e DAHLSTROM, Michael, *Ethics and Practice in Science Communication*, Chicago, University of Chicago Press, 2018.

RESNIK, David, Ethical dilemmas in communicating medical information to the public, *Health Policy* 55, 2001: pp. 129–149.

SHAMOO, Adil e RESNIK, David, *Responsible Conduct of Research*, Oxford, Oxford University Press, 2003.

THOMPSON, Paul B., The Ethics of Truth-Telling and the Problem of Risk, *Science and Engineering Ethics* 5, 1999: pp. 489–510.

Ciência e responsabilidade social

Filipe Almeida
Faculdade de Economia e Centro de Estudos Sociais (CES)
da Universidade de Coimbra

Cristina Pinto Albuquerque
Faculdade de Psicologia e de Ciências da Educação e Centro de Estudos Interdisciplinares do Século XX (CEIS20) da Universidade de Coimbra

Introdução

A relação entre ética e ciência, ainda que se constitua como um debate recorrente e polémico sobretudo nos últimos três séculos, não deixa de colocar, na actualidade, questões inéditas e complexas. As conquistas científicas e técnicas, proporcionadas pela ciência moderna, e os respectivos contributos para a promoção de bem-estar e qualidade de vida, nomeadamente nos domínios da saúde e do desenvolvimento económico-social, são hoje relativamente consensuais. No entanto, em contraponto, também a consciência da paradoxalidade inerente a algumas dessas conquistas, pelos efeitos perversos e inesperados que podem produzir em diversas dimensões da vida individual e colectiva, se acentua de forma premente nos contextos actuais. Basta relembrar, neste âmbito, as discussões, muitas vezes ambíguas e contraditórias, em relação aos limites e possibilidades das investigações sobre o genoma humano, as células estaminais ou a produção de transgénicos. Tais discussões frequentemente ultrapassam a esfera científica para se enquadrarem ora no domínio de decisões políticas e geoestratégicas, ora no âmbito de movimentos reactivos e «precaucionistas» potenciados pelo medo, mais ou menos consciente ou implícito, de um «admirável mundo novo»[1] no qual a liberdade é progressivamente suprimida em prol da programação e produção massificadas da própria vida humana.

Ainda assim, quer se advogue um paradigma de dissociação entre ciência e moral, quer se considere a perspectiva inversa, é actualmente consensual que a informação sobre os efeitos da aplicação de determinados conhecimentos técnico-científicos responsabiliza, o que obriga a uma ponderação crítica sobre as relações entre a liberdade científica e a justificação autotélica de produção de conhecimento, a aplicabilidade do mesmo e a responsabilidade ética dos agentes envolvidos na construção e monitorização das fonteiras, cada vez mais difusas, entre saber e acção.

A distinção entre o campo de produção do saber, a ciência, e a aplicação da mesma, através da técnica, tende hoje de facto a diluir-se. O universo da chamada tecnociência, emergente nas últimas décadas, vem pôr em evidência a incontornabilidade da reflexão ética como um elemento intrínseco da própria construção de conhecimento: o que investigar e porquê. Em acréscimo, a maior imbricação, na actualidade, entre ciência, política e economia obriga a uma reflexão renovada sobre os compromissos basilares da ciência moderna: a utilidade, com associação a um desiderato mais ou menos (im)preciso de felicidade, e a objectividade.

---

[1] Por referência ao título da obra de Aldous Huxley, publicada em 1932, no Reino Unido.

A objectividade, como condição e como produto, associar-se-ia desde logo à racionalidade como base para a busca da verdade, exigindo, aprioristicamente, não apenas a ruptura com o senso comum, mas também o questionamento e afastamento crítico de quaisquer interesses ou objectivos alheios à ciência como fim em si mesma. Por outro lado, a ciência, ao permitir o controlo da Natureza pela explicação lógica das leis do seu funcionamento, doravante previsíveis e manipuláveis, geraria a possibilidade de bem-estar e de vida boa, legitimadores últimos da utilidade do conhecimento produzido e da sua possível aplicação.

Na contemporaneidade, embora preservando-se o reconhecimento de autoridade do saber científico (ainda que já não unívoco)[2], adquire cada vez mais relevância a reflexão central relativa ao estatuto axiológico dos juízos de facto, inerentes à prova empírica e ao estatuto epistemológico dos juízos de valor (Jesus, 2012). Admite-se hoje que os dois parâmetros – facto e valor – são indissociáveis e que qualquer separação se constitui como artificial e meramente analítica. Desta forma, o conhecimento, mais do que «descoberto», é construído (Burke, 2000) sob pressupostos situados e triados que, como tal, devem ser submetidos a análise crítico-reflexiva por parte do cientista, conduzindo à sua explicitação e monitorização. Essa é, na verdade, a sua responsabilidade fundamental, quer para com a comunidade científica, quer para com a sociedade na qual se enquadra: a qualidade da ciência que produz e a atenção ética que coloca na sua produção.

Com efeito, como referencia Morin (1982, p. 20), «a ciência [...] é um campo sempre aberto onde se combatem não

---

[2] A par do conhecimento científico, admite-se hoje a possibilidade de saberes diversos (decorrentes da tradição, da cultura, etc.), retirando à ciência a hegemonia do conhecimento legítimo.

só as teorias mas também os princípios da explicação, isto é, [...] as visões de mundo e os postulados metafísicos». Neste sentido, o sistema de crenças e valores determina, em maior ou menor grau, o modo como o objecto científico é identificado, construído e manipulado, as hipóteses que dele decorrem, os métodos escolhidos e o olhar projectado sobre os resultados. Estes são, como tal, desprovidos de neutralidade e permeados por um conjunto de intencionalidades subjacentes a decisões e jogos argumentativos, nem sempre claramente assumidos ou revistos. Por outras palavras, a produção de saber científico, hoje longe da imagem retratada na pintura de Edelfelt[3] de um cientista solitário desenvolvendo esforços para a descoberta da verdade, posiciona-se na confluência entre valores e interesses claramente epistémicos, condição necessária para essa mesma produção, e valores extra-epistémicos, plasmados em expectativas e concepções de mundo marcadas por interesses políticos, ideológicos, económicos, estéticos, sociais ou culturais diferenciados.

Nesta perspectiva, como advogamos, não é o valor da ciência em si mesma que está em causa, mas antes o uso que pode ser feito do saber científico. No presente capítulo, procuramos evidenciar as grandes questões em torno da aplicabilidade dos resultados da ciência, ou tecnociência contemporânea, e dos fins que prossegue. Advogaremos a tese de que os impactos da aplicabilidade da ciência em grande medida escapam ao cientista, colocando-se aqueles num patamar de responsabilidade social e política, e que é no plano da responsabilidade moral que as opções e decisões deste, como homem e cidadão esclarecido, se colocam. Começaremos assim por discutir as características de um novo *éthos* da ciência e a necessidade

---

[3] Retrato de Louis Pasteur (1885), óleo sobre tela, exposto no Museu de Orsay, Paris.

de regulação externa que o mesmo comporta, para, numa segunda parte, reflectirmos sobre a noção de responsabilidade, social e moral, subjacente à produção e aplicabilidade do conhecimento científico.

1. Ciência com consciência?

Tem o progresso das artes e das ciências contribuído para a purificação ou para a corrupção dos costumes?

Esta questão, apresentada como mote para atribuição do prémio de melhor ensaio pela Academia de Dijon, em 1750, consubstancia um conjunto de preocupações sobre a relação entre ciência e valores, ou ciência e moral, que têm perpassado o universo científico ao longo de séculos e que hoje se colocam de forma inédita, como teremos oportunidade de argumentar.

Perante a questão colocada, a distinção entre a ciência moderna, como produto da racionalidade, e a moral, plasmada num conjunto de virtudes ancestrais, é posta em evidência, não sem alguma ambiguidade e contradição, por Jean-Jacques Rousseau no *Discurso sobre as Ciências e as Artes* (1750). Se no início do *Discurso*, que recebe o prémio da Academia e granjeia notoriedade ao autor, Rousseau parece afirmar com convicção os riscos associados ao saber científico em termos de deterioração de virtudes essenciais, o que os seus críticos apelidaram de «elogio da ignorância» (Genette e Todorov, 1984, p. 72), no termo do mesmo não deixa de evidenciar que a ciência não pode sobrepor-se à moralidade ou ser independente dela, isto é, não pode dissociar-se de um sentido ético essencial para assegurar a compatibilização entre o conhecimento que produz e a forma como este é aplicado social e politicamente. O saber científico em si mesmo, na perspectiva do autor, seria legitimado pela afirmação da vontade e racionalidade humanas – a mesma racionalidade que torna possível o contrato social e a vida em sociedade –, orientando-se para o bem comum e não para a vaidade ou estatuto do cientista. Na verdade, Rousseau parece sublinhar a ideia de que a ciência, ao contrário da sociedade, que é fundada sobre a «necessidade», é «radicalmente livre», logo, possui uma «dignidade superior à da sociedade» (Genette e Todorov, 1984, p. 75).

Esta breve incursão no pensamento de Rousseau permite-nos posicionar o eixo analítico basilar que perpassa o presente capítulo: a inadmissibilidade, nos dias de hoje, de uma ciência «radicalmente livre» e o papel central da responsabilidade política (ou social) e moral daqueles que a produzem e aplicam, hoje enquadrados em contextos fortemente permeados pela utilidade técnica e pela regulação social e política, na preservação da «dignidade» do saber produzido.

1.1. A ciência como «bem» social

A ciência adquiriu nas sociedades modernas uma dimensão de autoridade e de legitimidade que a constitui como condição, não apenas necessária, mas suficiente, para a fundamentação de todo o tipo de decisões políticas e orientações normativas. Com efeito, afirma-se com a modernidade uma espécie de «dogmatismo» científico que vem sobrepor-se ao dogmatismo religioso pré-moderno. Ainda que tais pressupostos persistam globalmente na actualidade, o contexto de compreensão do universo científico altera-se de forma substantiva. Tendem a coexistir hoje, por vezes de forma problemática e competitiva, duas formas de compreender o *éthos* científico que obrigam a uma reflexão mais profunda sobre as finalidades do conhecimento produzido e sobre a responsabilidade moral dos agentes que o constroem e aplicam.

O *éthos* da ciência moderna explicitado pelo sociólogo da ciência Robert Merton, em 1942, centra-a em torno de quatro princípios: a) o *comunalismo* (os resultados da ciência devem ser públicos e compartilhados socialmente); b) o *universalismo* (a ciência é universal e as suas preocupações não podem ser determinadas por critérios particularistas e subjectivos); c) o *desinteresse* (a ciência vale por si mesma, pelo conhecimento que produz, estando acima dos interesses particulares dos cientistas ou de outros agentes); e d) o *cepticismo* (a ciência submete os seus pressupostos e hipóteses à prova dos factos).

Porém, a este *éthos*, que persiste como base do que alguns apelidaram de «ciência pura» ou «ciência académica», associa-se hoje um *éthos* renovado, conceptualizado nomeadamente por John Ziman (2000) e que traduziria a *real science* das sociedades contemporâneas. Este novo *éthos*, associado ao que o autor apelida de «ciência pós-académica», ancora-se, em contraponto ao anterior, em princípios de: a) *privatização* (o conhecimento tem um proprietário e pode ser patenteado); b) *localização* (a investigação é orientada por preocupações e busca de respostas para questões locais e problemas concretos); c) *autoritarismo* (a pesquisa é orientada por lógicas de gestão e produção de resultados e realizada por grandes equipas, geralmente com recursos sofisticados e especialistas de vários países); d) *interesse* (o conhecimento é encomendado e orientado por propósitos específicos); e e) *especialização* (o conhecimento é produzido por especialistas e técnicos).

Neste contexto, a exigência de resultados – erroneamente confundida com uma concepção de utilidade – tende a orientar em grande medida a investigação contemporânea «pós-académica», desafiando os pressupostos básicos da chamada «ciência tradicional»: a busca de conhecimento pelo conhecimento sem preocupações apriorísticas sobre os fins para os quais tal conhecimento será utilizado. Ora, estes pressupostos alteram-se num contexto no qual os próprios fins de algumas investigações científicas são negociados e encomendados *ab initio*, em projectos com uma intencionalidade político-social clara.

A utilidade é, originalmente, um conceito moral, sendo determinada em função de objectivos e valores a montante da própria ciência. Nesse sentido, não é algo que possa ser absolutamente definido ou procurado aprioristicamente como propósito orientador da produção de conhecimento científico (Ziman, 2000). Em primeiro lugar, porque os critérios que permitem avaliar a utilidade ou inutilidade de uma determinada descoberta científica são, eles próprios, sujeitos ao enviesamento analítico e muitas vezes ideológico de quem os aprecia. O caso da investigação que conduziu à produção de transgénicos, por exemplo, é apontada por alguns como absolutamente nociva e, por outros, como a grande descoberta do último século, passível de suplantar o problema da fome no mundo. A responsabilidade social e política desta descoberta emerge, portanto, na forma como a mesma é utilizada. Não autoriza a uma classificação do conhecimento em si mesmo como malévolo ou benévolo. Em segundo lugar, porque os efeitos que decorrem das descobertas científicas são, em grande medida, imprevisíveis e raramente ficam estaticamente adstritos a um único fim que pode ter determinado inicialmente o seu desenvolvimento.

Ainda assim, no contexto actual de busca concorrencial de financiamento e prestígio por parte dos cientistas, a utilidade intrínseca do saber pelo saber já não parece ser suficiente. A investigação científica inscreve-se como prática social, norteada e delimitada por um conjunto de valores e interesses e, como tal, preconizando a necessidade de regulação, interna e externa. Ainda que tal regulação apenas determine regras processuais, mais ou menos consensualizadas, mas não controle os processos de descoberta, que são sempre conduzidos pela curiosidade científica e, como tal, evasivos perante quaisquer amarras extra-epistémicas.

1.2. Entre a regulação ético-política e a liberdade científica

A maior regulação social da ciência (com início sobretudo nas ciências da saúde), por via de legislação, comissões de ética ou sistemas de detecção de fraude académica, decorre do efeito associado a fronteiras cada vez mais difusas entre o que poderíamos apelidar de «utilidade ontológica» e utilidade operativa do conhecimento científico (ISRAEL e HAY, 2006). Com efeito, como sugere HOMAN (1991), a necessidade de regulamentação ética da investigação decorre, em grande medida, da relação, muitas vezes dilemática, entre expectativas distintas, em termos de resultados científicos e dos efeitos que os mesmos podem vir a produzir. Expectativas do próprio cientista (o contributo para a progressão do saber; a glória e o reconhecimento pessoais; a progressão académica; a conquista de verbas para financiamento da investigação, etc.); das agências de financiamento (a aplicabilidade dos resultados; a propriedade intelectual de determinadas descobertas, etc.); dos políticos (a possibilidade de transformar uma determinada realidade; a busca de reconhecimento político, etc.) e da própria sociedade (a produção de bem-estar; o desenvolvimento e coesão; a construção de soluções eficientes e eficazes, etc.).

As chamadas políticas científicas emergem, neste contexto, para promover não apenas a gestão da ciência, mas também para definir limiares de acção e introduzir critérios de prioridade pretensamente tradutores dos valores de uma dada sociedade, num dado espaço-tempo. Sob tais pressupostos, legitimados em princípios de protecção da própria sociedade contra os possíveis abusos dos cientistas e técnicos, quer na forma quer no conteúdo do que é investigado e divulgado, as políticas reguladoras da investigação científica não deixam, porém, numa outra perspectiva, de impor limites à descoberta, limites esses que devem ser submetidos a uma discussão crítica mais alargada. Uma discussão que actualmente se considera dever ser promovida não somente no seio da própria comunidade científica, mas também, cada vez mais, no contexto societal.

Nesta perspectiva, as finalidades da ciência como prática social relacionam-se sobretudo com uma dimensão de responsabilidade social (ou política, em sentido lato), ao colocarem em relevo as opções tomadas e as omissões acatadas, bem como o papel, na determinação das linhas de investigação e de acção, das agências de financiamento da pesquisa e das instâncias políticas, militares, económicas ou sociais que irão aplicar os resultados produzidos.

Neste contexto, a própria concepção empirista da «pureza cognitiva» da ciência, dissociando a verdade dos valores e da emoção, e que autorizou uma distinção, pouco plausível, entre ciência fundamental e ciência aplicada, é hoje posta em causa. O conhecimento e a acção emergem como instâncias articuladas.

Assim, mesmo sem enveredar pelo extremismo relativista ou «anarquismo epistemológico» de Feyerabend (1979 [1975]), assume-se hoje a necessidade de maior ponderação, por parte dos investigadores, da dimensão situada do conhecimento produzido, referenciada a uma objectividade que ultrapassa o mero «metodologismo», autolegitimante, porém inúmeras vezes estéril e fragmentário. Isto significa que cada vez mais a produção de ciência implica, como evidencia Polanyi (1962), uma consciencialização acrescida, por parte do sujeito cognoscente, da estrutura do processo epistémico e da sua própria participação e influência, como sujeito historicamente auto-referenciado, nesse processo.

Neste sentido, a «ciência com consciência» (Morin, 1982) que hoje emerge coloca em primeiro plano não apenas a preocupação com a produção de um certo tipo de felicidade para as gerações actuais e futuras, na resposta a preferências ou necessidades reproduzidas socialmente – uma «ciência em sociedade e uma ciência para a sociedade» (Unesco, 2005a)

–, mas também, e sobretudo, a afirmação da responsabilidade social e moral dos cientistas. Por outras palavras, como se afirma na «Declaração sobre a Ciência e o Uso do Conhecimento Científico» (1999), «a prática da pesquisa científica e o uso do conhecimento advindo dessa pesquisa devem sempre ter como objectivo o bem-estar da humanidade, aí incluída a redução da pobreza, o respeito à dignidade e aos direitos dos seres humanos e ao meio ambiente global, levando em consideração a nossa responsabilidade para com as gerações presentes e futuras» (UNESCO, 2005a, p. 38).

2. A responsabilidade social e a responsabilidade moral no centro da prática científica contemporânea

Ainda que as conquistas da ciência e o contributo que proporcionaram para o bem-estar da humanidade sejam inquestionáveis, em domínios tão cruciais como a saúde, a educação ou o conforto material, começam a ser reconhecidos, pelos próprios cientistas, sobretudo a partir da década de 60 do século XX, alguns impactos potencialmente nefastos da aplicação de certas descobertas científicas. Os impactos ambientais são a este nível particularmente elucidativos. O próprio mundo empresarial é intimado desde então a uma regulação dos respectivos efeitos, quer ambientais, quer sociais, traduzida naquilo que actualmente se chama de *responsabilidade social corporativa.* Esta preocupação com os impactos sociais e ambientais, legitimadora da acção empresarial, é especialmente visível a partir da segunda metade da década de 90 do século XX, quando, após a Conferência das Nações Unidas sobre o Meio Ambiente e o Desenvolvimento – que ficou conhecida também como Cimeira da Terra –, realizada no Rio de Janeiro em 1992, e na sequência da criação do Conselho Empresarial Mundial para o Desenvolvimento Sustentável em 1995, começaram a ser produzidos os primeiros relatórios de sustentabilidade por empresas e multinacionais em diversos sectores de actividade. Os próprios avanços tecnológicos permitem, diante desta consciencialização crescente dos efeitos nefastos de um desenvolvimento industrial pouco regulado, e em paralelo com processos de regulação política, desenvolver formas de controlo e protecção do bem-estar colectivo (por exemplo, filtros antipoluentes, uso de energias renováveis) que se constituem como manifestações importantes de responsabilidade social.

Com efeito, a ciência é hoje, como já foi salientado, uma prática intimamente articulada com os contextos societais, políticos e económicos, o que posiciona a reflexão sobre os fins que prossegue no primeiro plano da análise. Levantam-se assim questões associadas à confiança na ciência, nomeadamente relacionadas com o modo como o investimento público se está, ou não, a traduzir em resultados concretos, sob o impulso de equipas de tecnocientistas erigidos em arautos de um progresso pragmático que possa beneficiar, o mais rapidamente possível, o maior número de pessoas.

Num segundo plano, a investigação científica está igualmente relacionada com questões de vantagem comparativa, estratégica e de competitividade internacional, colocando a rapidez das descobertas, a protecção patenteada das mesmas e o recrutamento dos melhores cientistas como elementos prioritários da agenda político-científica contemporânea.

Num terceiro plano, espera-se da ciência, nomeadamente das ciências sociais e humanas, a fundamentação expressa de uma dimensão prospectiva capaz de orientar, pela capacidade de antecipação e transformação de fenómenos e efeitos cada vez mais imprevisíveis e multidimensionais, a tomada de decisões políticas, sociais e económicas. Por exemplo, a compreensão e antevisão de determinados comportamentos destrutivos e a protecção quanto aos mesmos torna-se num factor importante, em termos de discurso público e de opções político-académicas, na determinação da relevância ou irrelevância de determinados saberes (aliás, um argumento muito mediatizado após os ataques terroristas no decurso do presente milénio). Esta exigência pragmatista induz a tendência de as ciências sociais demonstrarem a sua «utilidade», numa espécie de «profetismo sociológico» como afirma Michel Messu (2015, p. 48), desenvolvendo explicações muitas vezes mais orientadas ideológica do que cientificamente e que, como tal, podem produzir novos estereótipos e lógicas de culpabilidade ou vitimização (Messu, 2018).

Por outro lado, esta deriva utilitária tende a potenciar a utilização de argumentos de necessidade social e de bem-estar colectivo em detrimento da liberdade individual, usando politicamente avanços científicos e tecnológicos que comportam, em muitos casos, questões éticas de relevo e novos riscos, similares ou adjacentes àqueles que visam proteger e, como tal, gerando paradoxalmente novas vulnerabilidades (associadas a vigilância electrónica; ao controlo das comunicações digitais; à partilha de dados informatizados, etc.).

2.1. A responsabilidade sociopolítica

Em 1979, Hans Jonas publicou a obra *O Princípio da Responsabilidade*, na qual coloca em realce os impactos, muitos dos quais já irreversíveis, da ciência e da técnica, como agentes transformadores da acção humana, na deterioração dos recursos naturais e na possibilidade de produção laboratorial de seres humanos. Advoga por isso a necessidade de uma ética da responsabilidade, assente num imperativo categórico[4] capaz de

---

[4] «Age de tal maneira que a máxima da tua acção permita a perpetuação dos seres humanos no planeta.»

preservar a possibilidade de vida futura. Na verdade, a responsabilidade[5] só emerge, na perspectiva do autor, num contexto em que o poder transformador da acção humana se evidencia por força do desenvolvimento da ciência e da técnica.

Esta abordagem, também influenciada pelos argumentos da ética feminista do cuidado, serve de suporte filosófico às perspectivas da chamada terceira era de desenvolvimento das Nações Unidas, ancorada numa concepção de desenvolvimento sustentável e servindo de mote a um conjunto de decisões políticas de tipo precaucionista justificadas por um conhecimento científico razoável em determinadas matérias. Na verdade, cada vez mais o sistema político busca na esfera científica informações (estatísticas, resultados de estudos, relatórios, etc.) que lhe permitam fundamentar tomadas de decisão com referenciais mais ou menos incontestáveis.

Assim, não só as dimensões política, económica e social podem influenciar os processos de construção do conhecimento científico e a sua aplicabilidade, mas também este pode caucionar ou determinar um conjunto de orientações políticas e sociais ancoradas numa actuação prudencial que não deixa de revelar inúmeros paradoxos.

---

[5] O conceito de responsabilidade, ou responsividade, deriva etimologicamente do termo latino *respondere*, ou seja, responder ou «reagir em troca», que, por usa vez, tem raiz no termo *spondere*, que significa «prometer». Aquele termo parece estar associado a concepções mais antigas de causalidade ou de imputabilidade (e consequente castigo) por actos cometidos ou compromissos quebrados. Neste caso, trata-se de identificar um agente «responsável» por esses actos. Esta adjectivação transforma-se, porém, em substantivo na retórica político-moral dos séculos XVIII e XIX. Com a assunção do conceito de responsabilidade, já não se identifica somente um agente responsável, mas, sobretudo, um conjunto de pressupostos objectivos que vão determinar a atribuição de responsabilidade por outrem.

2.1.1. *Os paradoxos do «princípio da precaução»*

A Commission Mondiale d'Éthique des Connaissances Scientifiques et des Technologies (COMEST), criada pela Unesco em 1998, visou desde a origem estabelecer princípios que permitissem orientar a decisão científica e tecnológica, não por pressupostos económicos, mas por critérios éticos. Neste âmbito, o «princípio da precaução» – *precautionary principle* – é apontado pela Comissão (Unesco, 2005b) como um eixo central numa época de gestão do risco e da incerteza, na qual a prevenção se afigura cada vez mais difícil.

O «princípio da precaução» tem vindo a afirmar-se como uma orientação basilar na definição das intervenções sociopolíticas passíveis de produzirem danos potenciais, sobretudo em matéria ambiental e de saúde, tendo em consideração evidências científicas razoáveis. Constitui-se, pois, como um princípio evocado sempre que tais evidências, considerando o conhecimento científico disponível e a ausência de certezas científicas formais, fornecem boas razões para acreditar que uma dada actividade, tecnologia ou substância pode ser nociva, exigindo uma intervenção antecipatória. Sob o argumento de que reparar (o que é muitas vezes já impossível) é mais gravoso do que prevenir, a necessidade de intervenção política e legislativa prevalece (*in dubio pro...*) sobre a obtenção de certezas científicas.

Ainda assim, é importante reflectir sobre o tipo de intervenção a operar e os paradoxos que pode enquadrar ou potenciar. De facto, o «princípio da precaução» pode ser considerado uma abordagem restritiva e minimalista de políticas que deveriam pressupor uma articulação consistente entre antecipação, minimização e reparação, multidimensional e ancorada num debate e compromisso globais. Além disso, a adopção de medidas mais protectoras e punitivas, sobretudo se apenas de cariz localizado, pode consubstanciar novos (des)equilíbrios entre liberdades e bem comum (os exemplos das leis antipoluição e antitabáquicas são a este nível paradigmáticos), conduzindo a uma espécie de «autoritarismo cientificamente caucionado» (SCHMIDT e GUERRA, 2010, p. 120).

Assim, se por um lado o «princípio da precaução» coloca, na perspectiva de alguns autores, a humildade epistémica da ciência na primeira linha, bem como uma dimensão moral na relação entre a ciência e a sociedade na qual se insere, por outro, não deixa de se constituir como um limite importante, e muitas vezes pouco fundamentado em princípios de razoabilidade e de plausibilidade, à progressão do conhecimento científico.

2.1.2. A inovação como «imperativo moral»

A produção de respostas, que se pretendem alternativas e eficazes, às necessidades sociais e económicas da actualidade encontra no paradigma da inovação, tecnológica e social, a sua concretização plena. Assumindo-se politicamente como uma orientação essencial para a prossecução de fins de progresso e de competitividade, a retórica da inovação emerge, no contexto científico, tecnológico e social actual, como o factor fundamental para a produção de resultados com maior impacto e maior potencial de afirmação competitiva nos contextos nacionais e internacionais. Neste sentido, constitui-se simultaneamente como condição para a produção de novos saberes (por exemplo, pelo desenvolvimento da tecnologia) e como produto dos mesmos.

Neste âmbito, o debate sobre a responsabilidade social não se coloca de forma abstracta, nem se relaciona com os produtos decorrentes da ciência e da técnica, mas antes com a sua aplicabilidade e os efeitos desejados, logo com uma dimensão política evidente. A responsabilidade social, neste contexto, relaciona-se, por um lado, com a produção de valor decorrente da acção em contextos específicos e, por outro, com o estímulo a dinâmicas de *accountability* (prestação de contas) e governança política que não descurem as pessoas em prol da eficácia.

Com efeito, a construção e avaliação do valor produzido, seja em termos de mercado, em termos tecnológicos ou em termos sociais, preconiza a participação das pessoas como eixo central da acção. Acredita-se que essa participação permitirá fundamentar juízos e decisões tomadas ou a tomar, melhorando a base do conhecimento disponível, aplicando ou desenvolvendo mecanismos tecnológicos sofisticados, envolvendo as diversas partes interessadas na definição de prioridades e mobilizando os cidadãos para imaginarem e moldarem o futuro pelo melhor uso dos conhecimentos científicos e tecnológicos existentes. O que preconiza, desde logo, sobretudo numa dimensão de inovação social, uma «desconstrução» epistemológica das bases científicas e experienciais que permitem conceber esse mesmo futuro imaginado, identificando os conteúdos cognitivos que comporta, as premissas de que parte e o que falta conhecer para formar cenários consistentes e eventualmente concretizáveis.

Aliás, embora recente do ponto de vista académico, o conceito de inovação social pressupõe práticas muito antigas de busca de novas e melhores soluções para problemas comunitários, inerentes à condição gregária e solidária do ser humano. Deste ponto de vista, é dos poucos conceitos que incluem em si mesmos o pressuposto do «bem», já que a inovação só é social se tiver produzido um impacto social positivo, de alguma forma emancipatório e potencialmente duradouro, nos modos de vida colectiva.

Neste sentido, a chamada «inovação responsável» – *responsible innovation* (Grunwald, 2011; Siune [*et al.*], 2009) – traduz a ideia de que a inovação não pode impor-se acrítica e autotelicamente (inovar por inovar), mas deve moldar-se às expectativas das populações, dos serviços e de um desiderato de sociedade melhor. Trata-se, no fundo, de uma inovação comprometida, uma prática social que não se confunde com ciência, mas que mantém com ela uma relação de coexistência sinérgica.

2.2. *A responsabilidade moral do cientista*

A construção da ciência actual como tecnociência e como prática social intima-nos igualmente a reflectir sobre a possível responsabilidade do cientista na produção de efeitos indesejados ou de fins maléficos decorrentes das suas descobertas. O agente responsável é aquele ao qual é atribuída a «imputabilidade» de factos ou efeitos decorrentes da sua acção. Ora, neste caso, os efeitos decorrentes da aplicabilidade dos resultados da prática científica podem escapar em grande medida ao cientista ou conduzir a resultados completamente inversos.

A investigação tecnocientífica que conduziu à produção de *drones*, por exemplo, nada tem de eticamente questionável em si mesma. Do mesmo modo, a forma como é aplicada pode nortear-se por fins absolutamente antitéticos: tanto pode beneficiar estratégias de guerra, como fins de segurança ou de cariz social.

Tais considerações permitem-nos, pois, destacar e diferenciar duas dimensões da responsabilidade daqueles que produzem a ciência: uma funcional, associada à sua função de cientista e investigador; e outra moral, associada à sua condição de pessoa e de cidadão esclarecido. Se, no primeiro caso, a sua obrigação é contribuir para a progressão do conhecimento, velando pela utilização de processos e meios adequados para o efeito, no segundo, colocam-se em destaque os seus valores e convicções morais na determinação de opções e decisões, por exemplo, a interrupção ou não de determinadas pesquisas, ou a (não) colaboração em determinados projectos «encomendados».

Como refere Bittar (2006, p. 61), «a insuprimível condição de um exercente do juízo moral é que torna o indivíduo o *locus* de aparição e realização das condições efectivas de exercício da moralidade». É, pois, na condição de ser humano e da acção perpetrada que a imputabilidade emerge e que a responsabilidade pode ser evocada. O cientista é assim responsável moralmente não pelos efeitos que a sua pesquisa pode vir a produzir, mas pelas opções e decisões que tomou para que a mesma fosse possível.

Podemos interrogar-nos sobre as associações e dissociações entre os dois níveis de responsabilidade do «Homem de ciência», mas parece-nos claro que ambos partem de planos reflexivos distintos, ainda que ligados num terceiro nível de responsabilidade que remete para a acção e para os fins que os resultados da investigação irão permitir concretizar. E aqui, emerge com nitidez a dimensão de responsabilidade social e política do processo científico de produção e aplicação do conhecimento.

3. Considerações finais

A ciência adquire hoje, como argumentámos ao longo do capítulo, novas configurações que obrigam a uma reflexão profunda sobre as dimensões da responsabilidade ética e social no que concerne ao saber produzido e às formas como o mesmo será utilizado. Neste âmbito, entre a eficácia, plasmada em propostas políticas de inovação e desenvolvimento de investigação altamente especializada, e o respeito pelo desiderato essencial inerente à produção de conhecimento científico fundamental – a maior felicidade para o maior número –, podem revelar-se dilemas éticos dificilmente superáveis, já que espartilhados entre crenças, juízos de valor e racionalidades diferenciadas.

Muitas questões encontram-se de facto em aberto, mas as propostas plasmadas na declaração final da Conferência Mundial sobre «Ciência para o século XXI: um novo compromisso», realizada sob a égide da UNESCO em 1999 (2005a), parecem-nos ser ainda, neste debate sobre ciência e responsabilidade social, plenamente actuais: «a ciência tem de se constituir como um bem partilhado passível de diminuir as desigualdades e assimetrias em termos educativos, sociais e económicos no mundo e como tal afirmar-se como um factor de paz e desenvolvimento». Neste sentido, os cientistas e demais partes interessadas (com especial destaque para agentes políticos e económicos) têm uma responsabilidade essencial na tentativa de evitar aplicações da ciência com impactos adversos ou que sejam, pelo potencial impacto futuro ou até pela sua substantiva inutilidade, eticamente questionáveis.

No mundo contemporâneo, nenhum agente de ciência pode demitir-se da sua responsabilidade. Ao cientista exige-se, além do método rigoroso e do saber articulado, um entendimento alargado do mundo, uma visão sobre os eventuais impactos da sua pesquisa e um compromisso com o desenvolvimento humano e a sustentabilidade do planeta. Ao financiador da investigação e ao agente político que decide com base no conhecimento cientificamente produzido, exige-se transparência nos propósitos e uma ponderação clara das implicações humanas, sociais e ambientais da aplicação desse conhecimento. À sociedade civil exige-se uma vigilância responsável e uma mobilização organizada, reivindicativa e produtora de novos horizontes de progresso para os quais se possam dirigir os esforços científicos. A responsabilidade social refere-se, no fundo, ao conjunto de compromissos que vinculam cada instância individual ou colectiva à sociedade como um todo. E, desse ponto de vista, a ciência, enquanto processo humano, racional e consciente, é não apenas objecto crítico dessa responsabilidade, mas também uma das mais importantes materializações desse compromisso. É nesta duplicidade que deve ser entendida e questionada.

Referências e leituras recomendadas

BITTAR, E. C. B., Ética, responsabilidade moral e direitos humanos, *Revista Mestrado em Direito* 6, Osasco, 2006: pp. 51–61.

BURKE, P., *A Social History of Knowledge*, Cambridge, Polity, 2000.

FEYERABEND, P., *Contre la méthode: esquisse d'une théorie anarchiste de la connaissance*, Paris, Éditions du Seuil, 1979 [1975].

GENETTE, G. e TODOROV, T., *Pensée de Rousseau*, Paris, Éditions du Seuil, 1984.

GRUNWALD, A., Responsible Innovation: Bringing together Technology Assessment, Applied Ethics, and STS research, *Enterprise and Work Innovation Studies* 7, 2011: pp. 9–31.

HOMAN, R., *The Ethics of Social Research*, Londres, Longman, 1991.

ISRAEL, M. e HAY, I., *Research Ethics for Social Scientists*, Londres, Sage, 2006.

JESUS, P., Ética e Ciência: Questionar as relações entre a Verdade e o Bem, *in* BECKERT, C. [*et al.*] (coord.), *Ética: Teoria e Prática*, Lisboa, CFUL, 2012, pp. 355–366.

JONAS, H., *El Principio de Responsabilidad: Ensayo de Una Ética para la Civilización Tecnológica*, Barcelona, Editorial Herder, 1995.

LATOUR, B., *Cogitamus: six lettres sur les humanités scientifiques*, Paris, La Découverte, 2010.

MERTON, R. K., *Sociologia: Teoria e Estrutura*, tradução de Miguel Maillet, São Paulo, Mestre Jou, 1970 [1949].

MESSU, M., *De la méthode en sociologie*, Friburgo, Academic Press, 2015.

MESSU, M., *L'ère de la victimisation*, La Tour-d'Aigues, Éditions de l'Aube, 2018.

MORIN, E., *Ciência com Consciência*, Lisboa, Publicações Europa-América, 1982.

POLANYI, M., *Personal Knowledge: Towards a Post-Critical Philosophy*, Chicago, University of Chicago Press, 1962.

POPPER, K., *O Realismo e o Objectivo da Ciência*, Lisboa, Publicações Dom Quixote, 1987.

ROUSSEAU, J.-J., *Discurso sobre as Ciências e as Artes*, Edição Ridendo Castigat Mores, versão para *ebook*, eBooksBrasil.org., 1749.

SCHMIDT, L. e GUERRA, J., Da governança global à sustentabilidade local: Portugal e o Brasil em perspectiva comparada, *Revista de Ciências Sociais* 41, Fortaleza: Brasil, 2010: pp. 106–124.

SIUNE, K. [*et al.*], *Challenging Futures of Science in Society*, Report of the MASIS Expert Group, Bruxelas, European Commission, 2009.

UNESCO, ABIPTI, *A Ciência para o Século XXI: Uma Nova Visão e Uma Base de Acção*, texto baseado na «Conferência Mundial sobre Ciência, São Domingos, 10–12 Março de 1999» e na «Declaração sobre Ciências e a Utilização do Conhecimento Científico, Budapeste, 1999», Brasília, 2005a.

UNESCO/COMEST, *The Precautionary Principle*, Paris, 2005b.

ZIMAN, J., *Real Science: What It Is, and What It Means*, Cambridge, Cambridge University Press, 2000.

Ética da investigação científica

José Ferreira Gomes

Faculdade de Ciências da Universidade do Porto

A liberdade de pensamento e acção é um princípio básico da actividade de investigação, mas é também uma fonte de enorme responsabilidade pessoal pelo que o investigador faz, como faz e para que faz. A liberdade é um instrumento para o seu sucesso e como tal é reconhecida na Carta Europeia do Investigador, adoptada pela Comissão Europeia em 2005:

> Os investigadores devem realizar a sua investigação tendo como objectivo o bem da humanidade e a expansão das fronteiras do conhecimento científico, gozando simultaneamente da liberdade de pensamento e de expressão, bem como da liberdade para determinar os métodos adequados para a resolução dos problemas, [...].
>
> No entanto, os investigadores devem reconhecer as limitações a esta liberdade que poderão decorrer de circunstâncias específicas da investigação ou de restrições operacionais, por exemplo, questões de ordem orçamental ou infraestrutural ou, principalmente no sector industrial, questões de protecção dos direitos de propriedade intelectual.

Este artigo analisa alguns aspectos do comportamento ético dos investigadores, de todos os investigadores no seu processo de busca e disseminação do conhecimento. Indicadores internacionais apontam para uma desejável despesa de 3% em investigação, o que dá uma medida do impacto desta actividade na nossa sociedade e também uma medida da população activa envolvida. Sendo uma actividade competitiva por natureza, presta-se à manifestação do que de melhor têm os humanos, mas também do pior. Lado a lado, trabalham em investigação homens e mulheres que se dedicam inteiramente a levar mais longe o conhecimento e a compreensão de si próprios e do mundo que os rodeia.

A ciência moderna construiu progressivamente, desde o século XVI europeu, uma metodologia rigorosa de concepção de novos conceitos e processos, da sua demonstração e da disseminação dos resultados. Esta disseminação baseia-se na prévia validação por pares, um processo de filtragem altruísta (em geral confidencial e não pago) pelos melhores e mais experientes, mas também aberto ao que de pior é capaz um humano. Com efeito, desde que este processo começou com a apresentação de resultados em reuniões (e respectivas actas) das academias científicas do século XVII que se reconhecem dificuldades, mas é ainda o melhor processo de construir o progresso na aventura do conhecimento humano.

A investigação médica tem adicionalmente as suas regras de autocontenção, formalizadas após a Segunda Guerra Mundial à medida que foi sendo conhecido o sofrimento infligido a muitos prisioneiros em nome do aprofundamento do conhecimento médico. Estas preocupações foram alargadas a todos os tipos de investigação em que o sujeito é humano e, depois, também aos animais. Estes temas importantes serão excluídos do âmbito deste artigo. Também não se discutirão os eventuais limites que os cientistas poderão ou deverão auto-impor em áreas tão diferentes como a biomedicina ou o nuclear.

Os aspectos porventura mais relevantes para as considerações da ética na investigação são os de flagrante fraude científica, especialmente quando a aparente impunidade leva os autores ao delírio de proporem descobertas ou interpretações que depois se verifica serem completamente fabricadas. Mas este percurso só é possível porque uma longa série de pressupostos do processo de investigação falham, e temos de admitir que estes pressupostos, ainda que consensuais, não são respeitados por muitos investigadores em muitas situações correntes. Só um elevado grau de desleixo permite que se chegue a casos de fraude gritante que envergonham toda a comunidade e não só os seus autores e outros directamente implicados. O processo de investigação depende da confiança mútua de uma enorme comunidade dispersa por todo o mundo e trabalhando em condições muito variáveis. A ninguém convém que as más práticas de alguns conduzam a opinião pública a perder a confiança e, assim, a retrair a disponibilização de fundos públicos de que vive uma boa parte desta comunidade. Daqui até à justificação do encobrimento dos pequenos casos vai um pequeno passo que pode permitir que o mal se continue a expandir.

Relembramos alguns casos de fraude em empresas *startup* tecnológicas como a Theranos[1], que chegou a ser valorizada em 9000 milhões de dólares pela promessa de lançar no mercado um dispositivo portátil para análise sanguínea, somando à fraude científica a fraude empresarial, as quais vieram a ser desmontadas pelo *Wall Street Journal* (2013). A grande fraude científica, como a do Prof. Diederik Stapel, da Universidade de Tilburgo (Holanda), que adulterou dados em 55 artigos, tendo

[1] New York Times, Editorial, 15 de Março de 2018. Disponível em: https://www.nytimes.com/2018/03/15/opinion/theranos-elizabeth-holmes-fraud.html [consultado em 11 de Junho de 2018].

sido demitido e perdido o grau de doutor, é relativamente rara, se bem que possa ser o sinal da «pequena criminalidade» tolerada num ecossistema académico submetido a muitas pressões.

Numa noite de verão de 2011, um professor de 40 anos chamado Diederik Stapel saiu da sua elegante casa de tijolo na cidade holandesa de Tilburgo para visitar um amigo próximo. Era quase meia-noite, mas o seu colega Marcel Zeelenberg tinha telefonado a Stapel a dizer que queria falar com ele sobre um assunto urgente. Conheciam-se desde o início dos anos 90, quando eram estudantes de doutoramento na Universidade de Amesterdão; agora eram ambos psicólogos na Universidade de Tilburgo. Em 2010, Stapel chegou a director da Escola de Ciências Sociais e Comportamentais da Universidade e Zeelenberg, a chefe do Departamento de Psicologia Social. Stapel e a sua esposa, Marcelle, tinham apoiado Zeelenberg num divórcio difícil alguns anos antes. Enquanto se dirigia a casa de Zeelenberg, Stapel imaginou que o seu colega teria problemas com a sua nova namorada.

Zeelenberg, um homem robusto de cabeça rapada, conduziu Stapel para a sala de estar. «O que se passa?», perguntou Stapel, sentando-se num sofá. Dois estudantes de pós-graduação tinham feito uma acusação, explicou Zeelenberg. Os seus olhos começaram a encher-se de lágrimas. «Eles suspeitam de que terás cometido fraude na investigação.»

Stapel era uma estrela académica na Holanda e no estrangeiro, autor de vários estudos conceituados sobre atitudes e comportamentos humanos. Naquela primavera, publicou um estudo amplamente divulgado na *Science* sobre uma experiência feita na estação de Utreque, mostrando que um ambiente repleto de lixo tendia a induzir tendências racistas nas pessoas. E poucos dias antes, recebera mais atenção da imprensa por um estudo indicando que comer carne tornava as pessoas egoístas e menos sociais.

«Os meus inimigos estão a reagir às mudanças que fiz como director», respondeu Stapel. Quando Zeelenberg o desafiou com

> detalhes específicos – para explicar porque certos factos e números que ele relatara em diferentes estudos pareciam ser idênticos –, Stapel prometeu ser mais cuidadoso no futuro. Enquanto Zeelenberg o pressionava, Stapel ficava cada vez mais agitado. Finalmente, Zeelenberg disse: «Tenho de te perguntar se estás a falsificar dados.» «Não, isso é ridículo», respondeu Stapel. «Claro que não.»
>
> [...]
>
> No final de Novembro, as universidades revelaram o seu relatório final numa conferência de imprensa conjunta: Stapel havia cometido fraude em pelo menos 55 dos seus trabalhos, bem como em dez teses de doutoramento escritas por alunos seus.
>
> A mente de um vigarista, *New York Times Magazine*, 26 de Abril de 2013

A enorme liberdade individual do investigador e, mais geralmente, a autonomia do académico nas suas funções de educador e de investigador criam oportunidades de má prática difíceis de regulamentar em pormenor, mas que não dispensam as organizações de acompanharem e sancionarem eficazmente quando detectem práticas eticamente inaceitáveis. Serão sempre inevitáveis alguns desvios individuais nesta busca de compromisso entre a liberdade e a autonomia técnica individual e o respeito pelo outro, seja ele objecto da investigação ou parceiro ou colaborador directo. E o equilíbrio socialmente aceite não será permanente. Se, no passado, a menor dimensão do sistema de investigação e o maior afastamento e incompreensão da sua prática e da metodologia de trabalho lhe permitiam uma enorme autonomia (mesmo se houvesse rumores de desvios reprováveis), a opinião pública é hoje muito mais exigente e o impacto social atinge uma escala desconhecida na geração anterior. Interessa, pois, ter consciência dos problemas no sentido de sensibilizar os investigadores para as suas obrigações e as instituições para a necessidade de manterem sistemas de acompanhamento e intervenção quando necessário.

1. O processo de investigação científica

A investigação científica é o processo de descoberta dos factos e de compreensão dos fenómenos que ocorrem à nossa volta, contribuindo para a resolução de problemas na medida em que melhora a compreensão do mundo.

O processo de investigação científica foi desenvolvido a partir do século XVI. A publicação dos trabalhos pelas academias, depois de escrutinados por um dos seus membros, foi um passo determinante para o que é hoje a prática corrente da revisão pelos pares (*peer review*). Estes trabalhos, apresentados inicialmente como actas das reuniões das academias, surgem depois como publicações regulares, sendo hoje consideradas precursoras e mais antigas revistas científicas. É o caso da *Comptes Rendus* da Académie des Sciences[2] (Paris) e das *Philosophical Transactions* da Royal Society[3] (Londres), que se considera estar em publicação regular desde 1665. Mantém-se o desiderato enunciado no editorial de Henry Oldenburg dedicado à Royal Society na sua primeira publicação: «O Grande Deus dar-te-á força para o nobre desiderato da dispersão do verdadeiro esplendor de Suas obras gloriosas, e das felizes invenções do homem cumpridor em todo o mundo, para o benefício geral da humanidade.» Não foi diferente a história de outras academias, desde a fundação da Academia Nacional dos Linces em 1603, em Roma.

---

[2] «L'Académie des sciences, une institution hors du temps», *Le Monde*, 30 de Outubro de 2015.

[3] The Royal Society: https://royalsociety.org/about-us/history/ [consultado em 4 de Julho de 2018].

As academias europeias do século XVII nascem como assembleias de discussão das descobertas dos seus membros e as publicações passam assim a ter uma prévia revisão por pares. De acta de uma reunião, passa a colectânea de artigos apresentados ou simplesmente enviados para publicação, isto é, aceites por um dos membros que lhe dá o seu selo de aprovação. A avaliação por pares começa assim por um entendimento entre cavalheiros, com todas as virtudes e os defeitos de uma tal sociedade bem retratada por Carl Djerassi e Roald Hoffmann em *Oxigénio*[4].

A massificação do processo de publicação criou novos problemas sem resolver os originais. As tentações de nepotismo mantêm-se, agora protegidas pelo anonimato do enorme grupo de potenciais avaliadores. O ritmo de publicação aumentou exponencialmente criando dificuldades crescentes com a disponibilidade de avaliadores desinteressados e de alta valia científica.

Nos últimos decénios, a pressão sobre os investigadores para publicarem regularmente um maior número de artigos (ou outros produtos de investigação) cresceu muito. Várias causas contribuem para esta nova realidade. Por um lado, o aumento do financiamento público da investigação científica no pós-Segunda Guerra Mundial foi enorme, em consequência do reconhecimento dos contributos fundamentais dos investigadores universitários para o esforço de guerra, em especial no Reino Unido e nos Estados Unidos da América (do lado dos vencedores). Este maior impacto nas contas públicas implicou um maior escrutínio político e também da opinião pública, levando à necessidade de os investigadores explicarem ao público leigo a relevância do seu trabalho e o contributo dos

---

[4] DJERASSI, C. e HOFFMANN, R., *Oxigénio: Uma Peça em dois Actos e 20 Cenas*, Porto, Editora da Universidade do Porto, 2005, ISBN: 9789728025427.

seus resultados para o bem-estar da sociedade. A progressiva penetração da Nova Gestão Pública, iniciada no Reino Unido a partir do último quartil do século passado, conduziu também a que os Estados procurassem medir o sucesso da sua despesa em investigação, o que chegou tarde a Portugal, ainda mais preocupado com a dissimulação de aparências do que com a busca de melhor desempenho essencial. Essa atitude oficial de governos e lideranças institucionais não impediu que a pressão do *publish or perish* (publicar ou perecer) tenha afectado fortemente a prática diária dos nossos laboratórios. Temos sinais de que há publicações repetidas em plágio do alheio ou em autoplágio, nomes de autores que não deram contributo significativo, mas em que a estratégia de grupo se sobrepõe ao estímulo do trabalho individual, e a boa prática internacional de política editorial tem dificuldade em penetrar em alguns meios que se pretendem já de sucesso.

Convencionalmente, o processo de investigação científica implica: (i) a identificação de um objectivo; (ii) a formulação de hipóteses de solução ou explicação; (iii) a definição de um plano de acção; (iv) a execução do plano de acção e recolha de dados; (v) a análise dos resultados e validação da hipótese e, finalmente, (vi) a publicação das conclusões por um canal em que o relatório seja submetido a uma prévia avaliação por pares. A pretensão de que todo este processo decorra de forma linear e sem a influência de opiniões, sentimentos ou preconceitos é um ideal difícil de concretizar. Em geral, um aluno de investigação começa por estudar a literatura de enquadramento de um certo problema ou área de trabalho para se vir a fixar num problema já abordado e procurar replicar a cadeia de experiências e de análise de dados já publicada. É nesta tentativa de replicação que vão surgir as ideias inovadoras quanto ao método ou aos caminhos alternativos para chegar ao mesmo resultado. Mais importante ainda é que é neste processo que o aluno poderá encontrar pistas para a formulação de outras hipóteses que lhe abram o caminho a trabalho inédito e a novas descobertas. Nesta fase o papel do orientador é crucial, não só para propor um problema ou uma área de trabalho promissora (que o estudante inexperiente terá dificuldade em identificar), como também para fazer as perguntas certas para abrir novos caminhos de indagação.

Raramente o processo de investigação e de criação ou inovação segue este modelo linear, resultando este mais de uma racionalização *a posteriori*. Em contrapartida, a pressão para mostrar os resultados na forma de uma publicação rápida e frequentemente repetida leva a que o processo seja focado mais na construção de uma ou várias publicações desenhadas (e até escritas) *a priori*, ficando para o fim a simples recolha de alguns números que lhe dêem sustento formal.

2. O percurso educativo como escola de hábitos

A investigação em ambiente académico é a última fase de um processo educativo longo que começa no infantário, onde também deve começar a sensibilidade para estes problemas. Terão os educadores e os pais a sensibilidade suficiente para compreenderem que o pedido de um trabalho de casa sobre as pirâmides do Egipto vai resultar no plágio ou, pelo menos, na transcrição não referenciada de imagens e frases recolhidas da Internet sem preocupação de direitos de autor? Não há tanto plágio no básico e no secundário porque são menos frequentes os trabalhos escritos requeridos aos alunos e avaliados pelos professores. Testes e exames mal controlados por quem tem a obrigação de garantir a equidade existem e sempre existiram em todo o mundo, sendo particularmente bem tolerados entre nós. A raridade dos casos detectados e sancionados não é certamente medida da frequência de comportamentos incorrectos de alunos e de professores (que deviam ser) vigilantes. O panorama do ensino superior nesta matéria não será melhor se a raridade dos casos conhecidos puder servir de guia. Recorro a ilustrações estrangeiras, sendo que a falta de visibilidade nacional destes casos poderá denunciar as piores razões:

> [...] descobriu que, num ano, cerca de 100 dos seus cerca de 700 estudantes no curso [de Ciência dos Computadores] tinham violado as normas de colaboração e cópia de código.
>
> Randy H. Katz, Universidade da Califórnia em Berkeley, *in New York Times*, 1 de Junho de 2017

> Mais de 60 dos estudantes inscritos no semestre de inverno de 2016 no curso CS50 foram chamados ao conselho de honra [...] numa onda de fraude que levou o conselho ao limite... Este conjunto de casos representa cerca de 10% dos 636 estudantes que frequentaram este famoso curso de introdução à ciência dos computadores.
>
> *The Harvard Crimson*, 25 de Maio de 2017

Não basta esperar que algum beneficiário deste laxismo atinja uma posição de visibilidade política para garantir a auto-regulação das instituições. Estes «acidentes» académicos têm ocorrido em muitos países e não deixam uma boa imagem pública da academia. Se em Portugal os casos públicos são de uso e provável abuso dos meandros da letra da lei, a chanceler alemã Angela Merkel já perdeu dois ministros por plágio de teses de doutoramento.

O problema é mais generalizado[5], mas não convém, nem às instituições nem aos envolvidos, que a situação seja conhecida.

---

[5] «Universidade de Coimbra detecta 60 casos de plágio», *SOL*, 26 de Maio de 2015. Disponível em: https://sol.sapo.pt/artigo/393558/universidade-de-coimbra-detecta-60-casos-de-plagio [consultado em Julho de 2018].

Por isso, resta a divulgação pública por contra-interessados em concursos públicos ou de figuras mediáticas. Em vários países europeus, o escrutínio do currículo académico apresentado por aqueles que assumem lugares políticos de primeiro plano é já uma rotina para os *media.*

Embora todos estejam de acordo com a ideia de que os resultados devem depender do esforço individual e que todas as práticas que quebrem a equidade entre os alunos são condenáveis, a pressão social vai frequentemente no sentido inverso. A repulsa pela delação conduz rapidamente à conivência com más práticas conhecidas e depois toleradas. O bom colega é aquele que «ajuda» o outro, ainda que para seu prejuízo a longo prazo e implicando a falsificação do sistema de ensino e certificação. Num estudo recente resultante de um projecto financiado pela Fundação para a Ciência e a Tecnologia (FCT)[6], dois terços dos estudantes inquiridos dizem deixar os colegas copiar e mais de 50% dizem copiar, enquanto a predisposição para denunciar colegas que copiem é praticamente inexistente. Se a maioria copia e deixa copiar e apenas 5% dizem ter sido detectados, então o crime compensa. Acresce que o castigo máximo, e muito raramente aplicado, é o da anulação da prova, um resultado equivalente à reprovação. O resultado do castigo é igual à consequência da ausência de infracção, a reprovação por não saber responder ao exame... Não há dados sobre a perspectiva dos docentes a quem compete fazer cumprir as boas práticas de avaliação, mas este posicionamento dos estudantes só é possível com um grave e

---

[6] Almeida, F. [*et al.*], *A Fraude Académica no Ensino Superior em Portugal: Um Estudo sobre a Ética dos Alunos Portugueses,* Coimbra, Imprensa da Universidade de Coimbra, 2015, ISBN: 9789892610696.

reiterado laxismo ou mesmo incumprimento do dever de zelo dos docentes[7].

O hábito de pedir trabalho original aos estudantes está ainda mal firmado na cultura académica portuguesa e as dissertações (finais) de mestrado (pós-Bolonha) têm em geral objectivos muito limitados. Mesmo assim, há indicações generalizadas de casos de plágio grosseiro e não é difícil encontrar na Internet a oferta de «Trabalho original (isento de plágio) e exclusivo». Começa a generalizar-se o uso de programas de verificação do eventual plágio, embora, nos casos grosseiros, uma simples busca textual no Google permita detectar o *trabalho* não *original*.

É importante a maior sensibilização dos professores de todos os níveis educativos para estes problemas, o que só deverá resultar de uma maior pressão social. De facto, a admissão destas falhas quebra a confiança do público em docentes e instituições. Tal como se verifica na fraude em empresas, é normalmente considerada preferível a discreta acomodação

---

[7] Por volta de 2005, foi relatado na imprensa o caso de um estudante português que fazia Erasmus em Helsínquia. O vigilante de um exame folheou o dicionário que o estudante pousara sobre a mesa e encontrou uma série de notas sobre o tema do exame. Logo lhe disse que fosse à secretaria do departamento no fim da prova. Em pouco tempo, teve a decisão. A prova era anulada e devia abandonar imediatamente aquele intercâmbio Erasmus. A universidade portuguesa foi logo informada da situação e notificada de que não seriam aceites mais estudantes.

Do lado português, a surpresa foi completa pelo excesso da pena ante uma prática que nem sequer teria sido consumada. Que o processo sumaríssimo não teria tido sequer contraditório. Que qualquer docente português numa situação similar teria actuado com maior compreensão e humanidade.

Mais grave, a experiência portuguesa é a de que o castigo não seria provavelmente confirmado em recurso judicial em Portugal, onde os direitos e as garantias do estudante descarrilariam o caso, podendo mesmo chegar à penalização da universidade por danos materiais e morais.

para limitar os danos. Mas a credibilidade do sistema e o valor social dos diplomas acabam por se perder, desvalorizando o sistema e prejudicando, muito especialmente, os mais frágeis. A seriedade do sistema educativo, com o seu sistema tradicional de diplomas, é mais importante para aqueles menos dotados socialmente pelas suas origens e ligações familiares. Para os outros, a rede de ligações sociais é frequentemente suficiente para abrir as portas a percursos profissionais mais confortáveis.

3. Área de investigação: escolha do problema, sua relevância social e viabilidade técnica

No âmbito universitário, o contrato do docente/investigador supõe, em geral, uma grande liberdade de acção quanto à área de investigação e aos métodos a implementar. Mesmo quando a contratação é justificada pela relevância da área de trabalho do candidato para a estratégia da instituição, a liberdade mantém-se. Esta realidade justifica-se pelo facto de os resultados da investigação poderem ser vistos como um subproduto da função educativa da universidade no desenvolvimento de doutoramentos e pós-doutoramentos. Neste quadro, as opções do docente/investigador são mais influenciadas pelas agências de financiamento do que pela universidade. A situação é em geral diferente em institutos públicos de investigação vocacionados para áreas bem definidas da economia (actual ou esperada no futuro). Aí não é raro ocorrerem grandes reestruturações desenhadas para refocar a actividade nos objectivos definidos num novo plano estratégico. Em instituições privadas, o financiador tem geralmente ideia clara dos objectivos e pretende garantir o alinhamento do esforço de todas as equipas com esse objectivo último. A liberdade individual é então limitada, cabendo ao investigador demonstrar que o seu trabalho está directamente (ou indirectamente) a contribuir para o sucesso da estratégia da instituição.

A responsabilidade ética individual cresce à medida que os termos contratuais lhe dêem maior liberdade. Cada vez mais, esta liberdade poderá ser usada para prosseguir um interesse pessoal de (i) construir um currículo considerado mais relevante pelos pares ou (ii) atingir resultados com provável valor comercial e com um expectável retorno pessoal. Estes mecanismos podem excluir importantes problemas cuja resolução não dê um provável retorno financeiro. Uma área bem conhecida de falha dos mecanismos comerciais de estímulo à investigação é a das doenças características dos países mais pobres, em que tem havido iniciativas de fundações que sentiram ser sua obrigação contribuir para o bem da humanidade criando estímulos onde o mercado tem falhado. Neste quadro, o espaço de opção individual é muito grande pela maior facilidade de um académico identificar uma oportunidade e assumir o risco de investir pessoalmente na sua prossecução. Além da responsabilidade pela adesão pessoal a uma linha de pesquisa, não devemos esquecer a possibilidade de renunciar participar num esforço se tiver reservas éticas quanto à eventual aplicação dos resultados esperados.

4. Vida em grupo de investigação

Um académico, enquanto responsável por um grupo de investigação, tem grande autonomia no funcionamento da sua unidade, ainda que inserida numa grande instituição. Mesmo quando as regras burocráticas são pesadas (e há algum tipo de queixas em todos os países, independentemente da cultura organizacional) e disciplinadoras, há sempre um enorme espaço de decisão pessoal quanto aos financiamentos a procurar e às linhas de investigação a desenhar e propor a financiamento, ou quanto aos estudantes de doutoramento a aceitar ou aos investigadores seniores a contratar. Destas decisões depende não só o sucesso do próprio investigador responsável, mas a vida profissional (e até pessoal e familiar) de muitas outras pessoas.

A complexidade das relações interpessoais num grupo de investigação exige a compreensão da posição de cada indivíduo e das suas obrigações na visão clara da sua função educativa de transmissão de conhecimento e de experiência:

- relações horizontais (entre investigadores num mesmo nível):
  - autonomia individual;
  - cooperação, entreajuda entre pares;
  - respeito mútuo num espaço de competição.
- relações verticais (entre investigadores em diferentes níveis):
  - obrigações do investigador sénior perante os membros do seu grupo;
  - obrigações do investigador júnior perante os seus pares e o seu sénior.

4.1. Obrigações do investigador sénior

Um académico, investigador sénior de uma universidade, não pode nunca perder de vista a sua função de educador e a (enorme) liberdade de operação que lhe é concedida como instrumento para um melhor desempenho da sua função. O aluno de doutoramento é um educando cujo futuro depende do orientador, sem com isto menosprezar a responsabilidade individual do mais jovem pelo seu trabalho e sucesso. No trabalho conjunto orientador-orientando, busca-se o sucesso do educando, tendo de se ver o sucesso do educador como resultado subsidiário. Nunca se pode assumir que o estudante existe para assegurar o sucesso do orientador qual escravo que existe (existia, desejaríamos crer) exclusivamente em ordem ao êxito material ou moral do seu senhor.

Idealmente, o sucesso do grupo traduz-se em sucesso individual de todos os seus membros, o que, por sua vez, se traduz numa maior valorização dos currículos individuais. O responsável procura escolher os melhores alunos e colaboradores, aqueles que lhe parecem mais promissores para atingir os seus objectivos. Os alunos e pós-doutorados procuram ser aceites pelos orientadores cujo trabalho lhes parece mais interessante e alinhado com os seus interesses pessoais e que lhes poderão facilitar uma melhor etapa curricular. Neste funcionamento ideal, haverá sempre tensões saudáveis de acerto entre todas as partes no respeito dos objectivos conhecidos de cada uma e da justa decisão de quem tem essa obrigação. O responsável será igualmente exigente perante todos os seus colaboradores e respeitará a devida atribuição do contributo de cada um deles para os resultados do grupo. Haverá alunos mais ambiciosos, mais competentes e inovadores. Haverá orientadores mais ambiciosos e exigentes, o que deverá ser aceite como resultado da saudável variabilidade das pessoas. Haverá que corrigir escolhas erradas para que o sistema se aproxime do emparelhamento óptimo em termos de resultados globais. Mas não haverá espaço para nepotismo na selecção dos alunos e colaboradores, nem será protegido um colaborador que falhe as suas obrigações. A lógica do sistema é que o orientador e o estudante tenham toda a liberdade para encontrar o parceiro certo na expectativa de melhor desempenho e melhores resultados para ambos. Uma situação muito diferente da contratação de pessoal permanente ou com contratos de mais longo prazo, em que o impacto positivo e a responsabilidade financeira da escolha recai sobre a instituição, por isso existindo mecanismos burocráticos de partilha de responsabilidade pela decisão.

Enquanto responsável pelo grupo e perito informado dos contributos individuais de cada um dos membros juniores, o investigador sénior actua muitas vezes como juiz para dirimir conflitos entre os investigadores juniores. Quem é o autor principal de uma ideia ou de um desenvolvimento que envolveu vários membros do grupo? Quem deve assinar e por que ordem devem ser colocados os autores de um artigo? Quem deve actuar como co-autor de uma patente que resulta de colaborações, muitas vezes difusas, dentro do grupo? Como qualquer gestor de recursos humanos, o investigador sénior deve ser justo e tem de ser visto como justo na sua relação com todos os membros do grupo, na criação de oportunidades, no apoio à resolução de problemas, nas compensações oferecidas. Um dos problemas mais frequentes é o da autoria ou co-autoria das publicações, e cabe normalmente ao investigador sénior ter definido uma política de grupo e arbitrar as dúvidas supervenientes. Não pode ser excluída a possibilidade de publicações sem o nome do investigador sénior, quando ele de facto não tenha dado um contributo intelectual relevante. Parece excessivo considerar que o simples facto de ter disponibilizado o financiamento da bolsa (ou contrato) e do espaço e instrumentos básicos de trabalho justifique a assunção da autoria dos trabalhos resultantes. O investigador júnior não é um assalariado do sénior. É-o quando muito da universidade ou da instituição de investigação, cuja ligação deve ser reconhecida através de «agradecimento» ou do simples endereço.

A troca de ideias e a absorção de conhecimento desde sempre ocorreram através da mobilidade dos académicos, especialmente na fase formativa. O investigador sénior tem de ter a noção de que é parte deste processo e que tem de respeitar o interesse dos colaboradores juniores na sua busca de experiência e de uma via própria de afirmação científica pessoal. Um investigador júnior que pretenda transferir-se para outro grupo nunca pode ser visto como estando a atraiçoar a expectativa do seu patrono sénior. Estamos numa relação educativa que é assimétrica por natureza, possuindo o mais novo o direito de procurar construir um percurso individual diferenciador e tendo, para isso, o direito ao apoio altruísta dos seus seniores. A decisão de um investigador júnior pode ser prejudicial ao projecto que o seu orientador tinha (trabalhosamente) concebido; mas ele tem sempre o direito de arriscar uma alternativa. Não está vinculado por um laço de servidão aos interesses do seu colaborador sénior. Para este, uma decisão incómoda deste tipo deve ser perspectivada como um acidente de percurso: faz parte do risco que ele deve sempre considerar como próprio da sua actividade.

4.2. Obrigações do investigador júnior

O investigador júnior, aluno de doutoramento ou pós-doutorado, tem de assumir a sua responsabilidade pessoal pela escolha e pelo desenvolvimento do seu projecto, dando uma colaboração leal ao seu orientador e contribuindo para o bom ambiente de trabalho e para a cooperação entre todos os membros do grupo. A distinção entre trabalho próprio exclusivo e trabalho conjunto nem sempre é fácil de estabelecer. O processo de investigação envolve uma teia de colaborações com níveis de proximidade muito variáveis e também um despique competitivo sempre presente e por vezes muito duro. Em geral, o investigador júnior insere-se numa linha de investigação preexistente e beneficia do trabalho anterior e dos meios materiais e da estratégia de investigação já estabelecidos. Espera-se que contribua para reforçar esta cultura de trabalho e para a consolidação dos meios disponíveis para o trabalho actual e futuro do grupo. Beneficia inicialmente da dinâmica preexistente e tem obrigação de contribuir para o reforço desta dinâmica para benefício de todos os membros presentes e futuros desse grupo. Beneficia das condições de trabalho que encontra já estabelecidas e contribuirá para que melhores condições de trabalho possam ser oferecidas a outros educandos. O êxito de todos os membros do grupo depende muito do bom ambiente de trabalho e da criatividade das interacções entre todos. Esse ambiente é a verdadeira escola em que todos crescem e que alimenta o êxito de cada membro. Todos devem sentir a obrigação de contribuir e, ao fazê-lo, estão a crescer também como investigadores e futuros responsáveis por equipas de investigação ou de trabalho com objectivos de outro tipo. A educação é sempre um processo socializado.

A formação avançada em ambiente ou na prática de investigação é ainda mais claramente um processo social. Envolve a análise dos resultados já obtidos para construir nessas bases ou para reconstruir novas bases. Nada é definitivo. Pode discutir-se o que é verdadeiramente um contributo novo e o que é um pequeno avanço sobre o já conhecido; mas o dia-a-dia do investigador decorre a enfrentar o desafio pessoal de compreender os resultados reportados por outros e os seus próprios resultados de observação. Há sempre um elemento de relação com outros, com aquilo que formalmente já apresentaram ao público ou com o conhecimento tácito que passa directamente entre as pessoas imersas numa determinada prática. Todos os investigadores, e muito especialmente os mais jovens, beneficiam destes mecanismos de aprendizagem e têm também obrigação de contribuir para que a cadeia de aprendizagem mantenha a sua vitalidade. Esta componente de solidariedade para com a comunidade, especialmente para com os mais próximos, não diminui o direito a assumir a autoria ou co-autoria da inovação significativa para que tenha contribuído.

Em ciência, a identificação do problema é muitas vezes mais relevante do que a sua solução. Para a relação entre colaboradores sénior e júnior, é típico que o orientador comece por guiar o aluno de doutoramento até ao problema que lhe cabe resolver ou esclarecer aprofundadamente. Mais tarde, será de esperar que o próprio aluno encontre o seu problema dentro da área de trabalho para que foi guiado pelo orientador. Em qualquer caso, o aluno deve reconhecer o mérito compartilhado do seu contributo, mesmo que o orientador não tenha precisado de fazer mais do que o encaminhar para o problema. Muitas vezes, o grupo especializa-se num conjunto de técnicas (laboratoriais, computacionais, etc.) e procura depois os problemas em que essas técnicas podem ser aplicadas. Uma vez publicada, a técnica deixa de ser «propriedade» de um investigador ou grupo de investigação. A publicação deve implicar que qualquer outro investigador devidamente habilitado possa reproduzir o trabalho publicado. A possibilidade de reprodução dos trabalhos científicos está na base da ciência moderna e toda a publicação deverá ser avaliada nesta perspectiva. A utilização de uma técnica por outrem é sinal de reconhecimento do seu mérito e deve ser apreciada positivamente e nunca vista como «furto» de segredo. O aluno que tenha contribuído para o desenvolvimento de uma técnica inovadora tem o direito de reportar o seu contributo, mas o seu direito termina aí. Se outrem se apropria da ideia e dos testes efectuados para o reportar sem o reconhecimento do verdadeiro autor, está a cometer um crime. Mas se o autor pretende manter os seus resultados publicados sob reserva, impedindo por qualquer meio a sua reprodução por outrem, está também a faltar a uma regra básica: uma publicação incompleta não tem o mérito efectivo de publicação, por exigir de outrem a redescoberta dos «segredos» retidos.

4.3. Publicação (o autor, o avaliador, o editor)

A publicação com avaliação prévia por pares desempenha hoje um papel central no sistema científico mundial. Tal como já indicado, o início deste processo é normalmente associado às academias fundadas no século XVII, especialmente à Royal Society (Londres) e à publicação, a partir de 1665, das suas *Philosophical Transactions* (esta primazia é por vezes contestada pelo *Journal des Sçavans*, que começou a ser publicado uns meses antes, mas não manteve a publicação regular desde então). Outras academias europeias seguiram o exemplo. A função dos membros das academias na recepção e aceitação de manuscritos de autores externos mantém-se em muitas revistas, nas quais há um conjunto de editores que pode receber e decidir da sorte do artigo submetido. Mas o processo atingiu hoje uma dimensão extraordinária com a duplicação em cada nove anos do número de artigos publicados desde a Segunda Guerra Mundial e é dominado por algumas poucas empresas comerciais muito rendíveis. Especialmente nestes últimos 70 anos de crescimento rápido, o modelo de publicação com avaliação por pares estabilizou nas áreas científicas e foi mais recentemente adoptado pelas Ciências Sociais e pelas Humanidades.

O editor de uma revista tem hoje um enorme poder em relação ao que se publica. Do ponto de vista do autor, a alternativa é recorrer a outra revista. As boas práticas de edição e publicação são consensuais; mas são demasiado frequentes as queixas de falhas deontológicas graves. A pressão comercial é certamente um factor fortíssimo que nunca será esquecido pelo editor. A falta de esforço de regulação externa por parte da comunidade científica deixa o espaço livre para a discreta omissão de deveres básicos na escolha de avaliadores, na justificação da decisão de aceitação ou rejeição e no tratamento de problemas de integridade científica. O processo de avaliação por pares e publicação não tem vivido bem com o enorme crescimento do número de artigos e a proliferação do número de revistas científicas. O número de investigadores cresceu muito e o número de países que investem em investigação aumentou;

a pressão sobre os investigadores para que publiquem não pára de crescer; todo o sistema se torna mais massificado e anónimo.

Um sistema desenhado para o bom convívio de cavalheiros não criou ainda os mecanismos de controlo eficazes para esta fase massificada. Os avaliadores não vêem a justificação moral nem material para dedicarem o tempo necessário a uma boa avaliação; a selecção de avaliadores é frequentemente deficiente, não sendo raro que artigos para revisão cheguem a simples alunos de doutoramento. Os editores são pressionados para aumentar os lucros, assegurando que a revista cresce em volume e em prestígio, evitando o conhecimento público de todas as deficiências que ocorram. Os editores de sociedades científicas estarão um pouco mais livres e sujeitos mesmo a pressão interna para manter a qualidade, mas a frequente dependência da sociedade dos lucros da edição modera certamente as aspirações a serem diferentes. Os esforços da comunidade para exercer algum controlo sobre as revistas, por exemplo, na recolha de artigos retirados *a posteriori* (retratados), tem ainda efeito muito limitado.

O sistema actual de publicação é caro, pede muito trabalho gratuito (ou pago pelos Estados que têm a seu cargo os salários da maioria dos investigadores) e os autores são obrigados a ceder a propriedade dos artigos às empresas, que depois lhes vão vender o acesso a essa informação. O contributo das empresas é o de organizarem o sistema de avaliação e arquivo, mas sempre numa perspectiva do seu interesse imediato e directo. São, as mais importantes, empresas cotadas na bolsa. Mas não há ainda boas alternativas à publicação como a conhecemos, apesar dos elevados custos pagos por fundos públicos para a publicação e, depois, para o tratamento dessa informação em bases de referência. A posição dominante de algumas poucas empresas no mercado não facilita o esforço no sentido de encontrar outro modelo, seja na vertente de publicação aberta, seja na avaliação pós-publicação.

5. Em jeito de conclusão

Os sinais que vão surgindo, mesmo entre nós, apontam para a necessidade de uma maior consciência pública da necessidade de regular a actividade de investigação e exigir de todos os parceiros uma maior vigilância para o cumprimento dos princípios éticos em que a metodologia de investigação científica se baseia. A Comissão Europeia[8] tem dado fortes sinais dessa preocupação, com a revisão recente do código de conduta para a integridade da investigação científica[9] e o incentivo para que todos os países desenvolvam o seu próprio código de conduta.

Um recente relatório de consenso entre as academias nacionais de ciência, de engenharia e de medicina dos Estados Unidos da América[10] conclui pela necessidade de reforçar as políticas e os mecanismos de garantia de que as alegações de má prática são investigadas. Algumas recomendações deste relatório vão mais longe ao aconselhar o reforço das melhores práticas já seguidas. Em relação à autoria de publicações, defende-se a clarificação de quem deve ser considerado autor e a necessidade de indicar um ou mais autores como responsáveis pelo conjunto do trabalho, havendo sempre a descrição de qual foi o contributo de cada autor.

---

[8] Moedas, C., Ciência, inovação e sociedade, *in* Patrão Neves, M. C. e Carvalho, M. G. (coord.), *Ética Aplicada: Novas Tecnologias*, Lisboa, Edições 70, 2018, ISBN: 9789724421315.

[9] ALLEA (All European Academies), *The European Code of Conduct for Research Integrity*, Berlim, 2017, ISBN: 9783000557675. Disponível em: https://ec.europa.eu/research/participants/data/ref/h2020/other/hi/h2020-ethics_code-of-conduct_en.pdf [consultado em Julho de 2018].

[10] National Academies of Sciences, Engineering and Medicine, *Fostering Integrity in Research*, Washington, National Academies Press, 2017, ISBN: 9780309391252.

A afirmação de que as agências financiadoras e os editores de livros e revistas devem assegurar que os resultados podem ser reproduzidos por outros investigadores sugere a deficiência da prática actual, infelizmente, bastante generalizada. Mas estes problemas só podem ser identificados por outros cientistas, muitas vezes colaboradores dos infractores, criando problemas delicados de investigação, mas exigindo sempre garantias de protecção dos denunciantes. Estes problemas estão já em discussão académica entre nós[11], mas precisam de uma atenção mais sistemática e empenhada da parte das instituições académicas e das agências financiadoras.

A disciplina das revistas internacionais exige uma acção regulamentar também internacional que garanta que as preocupações éticas com a prática de publicação e com a integridade da investigação estão razoavelmente garantidas. O esforço de muitos países e também da União Europeia para garantir a publicação aberta tem por objectivo a maior disseminação dos resultados, mas também a diminuição dos elevados custos de acesso à bibliografia. Associado a este esforço, poderia introduzir-se uma agenda de boas práticas editoriais que induzissem um maior cuidado das editoras para a integridade e a reprodutibilidade dos resultados reportados. Todos os parceiros e, especialmente, as agências financiadoras e as instituições universitárias e de investigação têm obrigação de velar pela integridade da investigação financiada e executada. Para isso, têm de ser bem conhecidos os mecanismos de denúncia e investigação de situações de alegada má conduta. A organização corporativa tradicional das universidades e a assimetria de poder dos investigadores implicam um cuidado especial para

---

[11] Oliveira, L. A., *Ética em Investigação Científica*, Lisboa, Lidel, 2013, ISBN: 9789727579426.

proteger os denunciantes, mas também evitar as denúncias triviais ou abusivas.

Referências e leituras recomendadas

ALLEA (All European Academies), *The European Code of Conduct for Research Integrity*, Berlim, 2017.

Djerassi, C. e Hoffmann, R., *Oxigénio: Uma Peça em dois Actos e 20 Cenas*, Porto, Editora da Universidade do Porto, 2005.

National Academies of Sciences, Engineering and Medicine, *Fostering Integrity in Research*, Washington, National Academies Press, 2017.

Moedas, C., Ciência, inovação e sociedade, *in* Patrão Neves, M. C. e Carvalho, M. G. (coord.), *Ética Aplicada: Novas Tecnologias*, Lisboa, Edições 70, 2018.

Oliveira, L. A., *Ética em Investigação Científica*, Lisboa, Lidel, 2013.

Ética e integridade científica

Ana Sofia Carvalho e *Walter Osswald*
Instituto de Bioética da Universidade Católica Portuguesa

O *télos* da investigação científica é o progresso do conhecimento e da inovação, em termos qualitativos e quantitativos. Desta forma, qualquer processo de actuação que ponha em causa estes objectivos cai sob escrutínio deontológico (prática profissional) e também, eventualmente, moral (carácter do agente), independentemente de eventuais consequências disciplinares e penais. Os processos implementados pelos diferentes protagonistas da investigação científica que prejudiquem este progresso constituem violações da integridade (Casado [*et al.*], 2016). Os mais recentes números (Martinson, Anderson e De Vries, 2005; Ioannidis, 2005; Fanelli, 2009; Begley e Ellis, 2012; Necker, 2014; Open Science Collaboration, 2015; Ioannidis, 2017; Munafò [*et al.*], 2017) sobre casos de condutas impróprias na investigação levantaram um preocupante alerta sobre a credibilidade do «empreendimento científico».

As orientações acerca do que deve constituir uma conduta responsável em investigação seguem diferentes modelos: algumas têm enquadramento legal ou aparecem vertidas nas políticas das instituições e têm de ser seguidas; outras aparecem em códigos e guias de conduta e devem ser seguidas; e outras ainda, embora não estejam formalmente instituídas, são presumivelmente assumidas e transmitidas de forma informal entre investigadores e pelos tutores/orientadores. Uma definição de conduta responsável em investigação científica, apresentada pelo Office of Research Integrity (ORI, 2006), inclui a «condução de investigação de forma a garantir as responsabilidades profissionais do cientista contribuindo para a perpetuação da ciência como empreendimento de alto prestígio social». A responsabilidade em investigação encontra-se, por sua vez, enquadrada na matriz da integridade e da ética; a conduta responsável pode referir-se a situações concernentes às questões de integridade científica e a questões de ética na investigação científica.

1. Integridade científica: fundamentação do interesse desta questão

Não basta, certamente, preocuparmo-nos com a integridade científica dos nossos investigadores e dos grupos e instituições que os albergam, definindo parâmetros para avaliar o como e o quando das infracções e implementando as medidas preventivas destes graves desvios e atropelos. De facto, é necessário reflectir acerca do porquê deste escrutínio e dos fundamentos éticos em que se baseia. A justificação mais imediata que ocorre é o carácter frequente e sério de tais infracções. Ora, seguindo esta linha de raciocínio, os males frequentes ocupam o centro das atenções do escrutínio social. Assim, por exemplo, preocupamo-nos com os efeitos devastadores do alcoolismo, mas não nos detemos na toxicodependência provocada pela mescalina, dado que a dependência do álcool devasta milhões de pessoas enquanto a da mescalina constitui uma raridade, de características étnico-sociais. É claro que de um ponto de vista ético esta justificação é frágil, já que o indivíduo dependente da mescalina é tão digno de atenção e carente de ajuda como o alcoólico crónico.

Há, porém, quatro argumentos que conferem significado a esta questão relevante e que servem de base sólida para a preocupação com que os meios académicos, científicos e governamentais seguem esta questão. Um primeiro é o de ser óbvio que o resultado de má conduta científica, independentemente da sua natureza, é um produto de má qualidade científica. Se os resultados forem falsos ou fabricados, se os dados ou até as experiências pertencerem ao mundo da fantasia criativa ou forem copiados, o valor científico do produto final (artigo, comunicação, carta ao editor, capítulo de livro, conferência, etc.) é igual a zero. O acto de copiar num exame é igualmente censurável, deste ponto de vista, já que o resultado não reflecte o conhecimento científico do examinando e tem natureza, por assim dizer, exógena.

Um segundo é o de pôr em causa o prestígio não apenas do infractor, mas sobretudo a reputação do laboratório, departamento, instituto, universidade ou outra instituição em que o infractor trabalha. Ora, é injusto que este arraste para o opróbrio e a má fama as pessoas e as instituições que não tenham sido coniventes, assim se ofendendo o direito ao bom-nome e à reputação, que são bens legalmente definidos e defendidos. Mais ainda, é a comunidade de cientistas e as próprias instituições de pesquisa que são prejudicadas, já que a vasta difusão nos meios de comunicação social induz, com facilidade, uma opinião pública generalizante a perder confiança e esperança na ciência e nos progressos que faz entrever. Esta consequência é grave, pois a esperança nos progressos, mormente na área da saúde, e a confiança depositada nos investigadores são componentes essenciais das expectativas da população de viver num mundo melhor, mais justo e mais humano.

Acresce que a credibilidade é atingida por atitudes e comportamentos de má conduta científica. Assim, perante resultados de grande novidade e que prometem novas possibilidades e levam a uma revisão dos conceitos, a massa crítica dos cientistas olha estes resultados «aberrantes» ou «não canónicos» com certa desconfiança e não pode suprimir a dúvida (serão verdadeiros? Quem são os autores e a instituição? Serão credíveis?), exigindo-se confirmação por outras equipas. Os redactores e árbitros das revistas científicas farão o mesmo, solicitando esclarecimentos, eventualmente mais experiências, mais provas. No caso de a investigação ter sido recta e honesta, esta suspeita, embora prudente e discreta, conduz a desagrado e a um sentimento de ofensa por parte dos investigadores em causa, a perda de tempo e de material com experiências desnecessárias e ao atraso na publicação, com consequências eventualmente prejudiciais para o currículo dos atingidos.

Finalmente – e este é o argumento fundamental no nosso modo de ver –, a fundamentação ética da nossa preocupação com a integridade científica e a má conduta reside no dever categórico de não aceitarmos o que é e está essencialmente errado. A fraude, a fabricação, a manipulação, o plágio, os atropelos à autoria, todas as facetas da má conduta implicam uma rede de mentiras. Ora, mentir é moralmente errado e, do ponto de vista científico, corresponde a uma falta de exactidão inaceitável. Os fins da ciência – e, já agora, da universidade, em que maioritariamente ocorre a investigação – são claros e exigem a procura da verdade.

Se é, pois, um dever moral combater estas más práticas, desta asserção deriva necessariamente o imperativo de adoptar medidas profilácticas adequadas que obstem à sua instalação e perpetuação.

Num ambiente em que o acesso à quase infinita quantidade de dados científicos se tornou fácil e imediato, temos de ter presente o convite oculto que esse acesso pode fazer a jovens investigadores, ávidos de conhecimento e de assimilar o pensamento, a opinião, as expressões e até os dados alheios aos quais têm acesso com uma simples pressão digital. Há uma certa inocência, filha da ignorância, nestes procedimentos, pelo que se impõe também, no plano ético, ir mais além do castigo do prevaricador, esclarecendo, ensinando, fornecendo as boas regras e o imperativo da implementação de uma boa conduta científica. De facto, se a ciência exige rigor e justiça no campo da integridade, a sociedade, que de uma ou outra forma paga os custos da pesquisa, tem o direito de exigir transparência, rectidão e honestidade em todo o vasto campo da actividade de investigação. Os cientistas não têm dúvidas nesta matéria e sabem que estão ameaçadas a sua honra e credibilidade, mas também os seus empregos. Nem sempre a boa ciência produz boa ética, mas a boa ética é uma garantia de ciência boa, baseada em valores como a verdade, a honestidade e a responsabilidade.

2. Integridade científica: definições e princípios

Integridade, do latim *integritas*, aparece definida no *Dicionário da Língua Portuguesa Contemporânea* (ACADEMIA DAS CIÊNCIAS, 2001) como: «qualidade do que se mantém intacto, inteiro, íntegro, com todas as suas partes», «qualidade do que revela rectidão, inteireza moral, imparcialidade e virtude». A integridade científica compreende o uso de métodos honestos e verificáveis para propor, realizar, avaliar investigação e apresentar os resultados da mesma, com especial atenção no cumprimento de regras, regulamentos, guias de conduta e códigos ou normas profissionais. Por outro lado, a ética na investigação científica implica o estudo dos problemas morais associados à investigação biomédica e comportamental. No domínio particular da investigação científica, na definição de integridade científica assistimos a uma prioridade da via negativa (ou seja, o predomínio de referências ao que está errado) sobre a positiva (a menção, seguramente maioritária, à investigação que obedece a todos os princípios éticos) (CASADO [*et al.*], 2016).

Relativamente à integridade científica, podemos encontrar duas situações que, de forma mais ou menos consensual, têm merecido especial atenção: situações de má conduta em investigação (*research misconduct*) e outras práticas inaceitáveis (*other unacceptable practices*).

Inventar dados ou resultados (*fabrication*, em inglês), manipular dados ou resultados (falsificação) e usar o trabalho de outrem sem dar o crédito apropriado (plágio) – todos estes actos agridem os valores nucleares e estruturantes da ciência e dos cientistas (ORI, 2006). Assim, a fraude científica compreende a invenção, falsificação ou plágio na investigação, na execução ou na apresentação de resultados de uma investigação; não implica, contudo, erros honestos ou diferenças de opinião.

As designadas «other unacceptable practices» englobam, segundo o *The European Code of Conduct for Research Integrity* (ALLEA, 2017): (1) manipulação dos critérios de autoria; (2) republicação de partes significativas de uma publicação do próprio, incluindo traduções, sem referência ou citação ao artigo anterior (autoplágio); (3) citações electivas para agradar a editores, revisores ou colegas; (4) reter resultados ou dados; (5) permitir a entidades de financiamento ou de patrocínio comprometer a independência da investigação ou da publicação de resultados; (6) expandir desnecessariamente a bibliografia do estudo; (7) acusar um investigador de má conduta ou outras violações, por maldade; deturpar ou exagerar nos resultados obtidos e/ou na sua aplicabilidade; (8) atrasar de forma indevida o trabalho ou a publicação de outros investigadores; (9) uso da senioridade para encorajar comportamentos não íntegros; (10) ignorar violações da integridade científica; (11) suportar publicações que não têm preocupações relacionadas com a qualidade da investigação (*predatory journals*).

Os princípios éticos fundamentais vertidos pelo código anteriormente referido (ALLEA, 2017) e sublinhados pelo Conselho Nacional de Ética para as Ciências da Vida (CNECV) na sua recente recomendação (CNECV, 2018), que configuram uma investigação responsável, incluem:

confiabilidade – na garantia da qualidade da investigação, reflectida no desenho experimental, nas metodologias a usar, na análise dos resultados e no uso de recursos;

honestidade – no desenvolvimento, implementação, revisão, publicação e comunicação da investigação;

respeito – pelos colegas, participantes da investigação, sociedade, ecossistemas, património cultural e meio ambiente;

responsabilidade – pela investigação, pela ideia da publicação, pela sua gestão e organização, pela formação, supervisão e coordenação e, também, pelo seu impacto.

Assim, o objetivo deve estar na procura da verdade (*honestidade*), usando os métodos cientificamente comprovados (*confiabilidade*) e eticamente robustos (*respeito*) e com impacto para a comunidade científica e para a sociedade (*responsabilidade*).

3. Integridade científica: alguns números

Diferentes estudos publicados nos últimos anos têm demonstrado um desvio significativo do ideal da ciência e um claro afastamento dos seus valores intrínsecos. Titus, Wells e Rhoades (2008) publicaram os resultados de um estudo sobre integridade científica na revista *Nature*; neste estudo, 2212 investigadores de 605 instituições de investigação americanas foram questionados no sentido de investigar se tinham testemunhado casos de invenção ou falsificação de resultados nos últimos três anos. Os resultados aumentam o rácio estimado pelo Office of Research Integrity (ORI, 2006) num factor de 3. Após o estudo, estima-se que o valor de condutas fraudulentas se situe em 3/100. Esta mesma tendência é também observada num inquérito realizado aos bolseiros dos National Institutes of Health (NIH). Estes estudos revelaram também outras situações que importa destacar: aproximadamente 50% dos casos de má conduta são praticados por investigadores seniores (investigadores principais ou pós-doutorados) e aproximadamente 35% dos casos não são denunciados. Estas situações revestem-se de enorme importância quando sabemos que as estratégias de prevenção de má conduta se alicerçam na verificação e controlo por parte do orientador/tutor do investigador. O facto de um número significativo de casos não ser denunciado levanta a suspeita de que o número poderá, eventualmente, ser superior ao anteriormente apresentado. Um estudo (Ranstam [*et al.*], 2000) envolvendo 337 bioestatísticos, um grupo privilegiado no convívio com a fraude em ciência, revelou tendência idêntica: 51% teve conhecimento de fraudes, 31% esteve envolvido em projectos em que existiu fraude e a 20% foi solicitado o apoio em fraudes científicas. Na mesma linha, temos o estudo de Geggie (2001), que, surpreendentemente, revela que 18% dos médicos especialistas de hospitais norte-americanos declaram intenção de cometer fraude no futuro.

Uma revisão sistemática (Fanelli, 2009) encontrou resultados preocupantes: 2% dos cientistas admitiram ter fabricado ou falsificado resultados e 34% admitiram outro tipo de comportamentos eticamente questionáveis. No entanto, quando questionados sobre o comportamento de outros cientistas, os números são bastante mais inquietantes: a percentagem de casos de fraude sobe para 14% e a de condutas eticamente questionáveis para 72%. Dados obtidos a partir do Office of Research Integrity (ORI) indicam resultados que devem merecer uma reflexão atenta: em 2012, o número de denúncias, quando comparado com o ano anterior, subiu 56% (423 denúncias em 2012), tendo-se verificado que, dos 29 casos investigados, 40% tinham efectivamente falhas graves de integridade científica. Mais recentemente (2015), o ORI realizou uma investigação com 2212 investigadores e descobriu que, destes, 201 estiveram envolvidos em casos prováveis de fraude científica nos últimos três anos, isto é, dois incidentes por 100 investigadores, uma taxa consideravelmente mais elevada do que o número anual de denúncias apresentadas ao ORI[1].

4. Integridade científica: possíveis causas

Os comportamentos censuráveis em ciência não são um fenómeno do nosso tempo, mas a verdade é que há hoje um maior nível de intolerância em relação a estas práticas, cujo escrutínio é muito mais rigoroso. Muitos laboratórios podem facilmente transformar-se em incubadoras de fraude e, como sublinha McGee (2006), «a má conduta em investigação afigura-se como mais uma das epidemias que preocupam e ocupam os cientistas».

A razão por que a má conduta ética continua a ocorrer poderá ter várias explicações que tentaremos agrupar em três factores[2] (Davis [*et al.*], 2007; Kaiser, 2014).

---

[1] https://ori.hhs.gov.

[2] Esta parte do texto foi desenvolvida tendo por base a obra de Casado [*et al.*], 2016.

4.1. Factores individuais

Uma vez que a ciência é uma actividade humana, haverá sempre indivíduos que apresentam comportamentos desviantes. Assim, não é surpresa haver comportamentos dentro da comunidade científica que enganam e que são intrinsecamente imorais ou amorais e que determinadas características individuais tenham repercussão nas atitudes dos diferentes cientistas. Neste aspecto, alguns factores têm sido estudados, mesmo em outras situações de decisão ética, e para determinadas características, sem resultados conclusivos: (1) os traços da personalidade (Tijdink [*et al.*], 2016); o género (Kaatz, Vogelman e Carnes, 2013); a cultura e nacionalidade (Ho e Lin, 2008); os valores e o desenvolvimento moral (Sacco, 2017; Trevino e Youngblood, 1990); a situação relacionada com a segurança no emprego e a convicção irracional de uma determinada tese ou ideia (Davis, Riske-Morris e Diaz, 2007).

Além destes factores, não se pode excluir a ignorância, embora culposa, da gravidade destas infracções, nem a desvalorização de regras e valores morais, considerados ultrapassados ou retrógrados.

4.2. Factores organizacionais

A natureza das relações interpessoais dentro de uma organização tem sido apontada como um dos elementos pertinentes das falhas de integridade. Assim, a «cultura ética» da organização e o clima organizacional têm influência significativa na eticidade da tomada de decisão. No caso específico da investigação científica, referimo-nos à falta de:

- políticas institucionais eticamente robustas e justas;
- tempo dos supervisores para acompanhar de forma adequada os seus orientados/investigadores;

- políticas justas, claras e transparentes para promoção e efectivação dos investigadores;
- formação e competências em ética, em integridade científica e em estatística nos planos da educação formal e da educação pelo exemplo (o papel do supervisor/tutor como modelo de comportamento eticamente robusto).

4.3. Factores estruturais

A avaliação do impacto científico baseada na temida norma *publish or perish* (publicar ou perecer) é, sem dúvida, um dos principais motores de ameaça à veracidade da ciência e, desta forma, o modo de avaliar a ciência e os cientistas deve ser repensado, nomeadamente:

- o modo de se avaliar a investigação, os indicadores bibliométricos, os seus índices de citação e factores de impacto;
- a pressão para ter resultados para financiamento de projectos ou para financiamento do próprio através de bolsas;
- a lógica empresarial na investigação científica (que faz que a investigação seja financeiramente muito dispendiosa e, em consequência, que tenha de ser altamente rendível) e o aparecimento de novas áreas com potencial terapêutico inegável, geradoras de um maior interesse da sociedade, da economia e dos meios de comunicação social, em que há potencialmente mais financiamento, mais competição e mais revistas com apetência para publicar, como é o caso da investigação em células estaminais, as neurociências ou, mais recentemente, a tecnologia CRISPR-Cas9;
- o modo de fazer ciência, espartilhado entre equipas, entre áreas, entre instituições e entre países, dificulta a possibilidade de os comportamentos eticamente censuráveis serem descobertos.

Todos estes factores obrigam a questionar se o modo de avaliar a ciência e os cientistas, por si só, representa uma ameaça séria à robustez do empreendimento científico.

5. Ética na investigação

Após um mapeamento, obrigatoriamente sintético, da questão da integridade científica, iremos nesta última parte do artigo tecer brevíssimas considerações sobre os critérios de autoria e as questões relacionadas com o que se convencionou denominar «ética na investigação» (*research ethics*) e que está, essencialmente, relacionada com os normativos éticos e legais para a realização de investigação em seres humanos e em animais.

5.1. Os critérios de autoria

Uma das questões que se colocam com frequência prende-se com a autoria e ordem pela qual os autores devem constar dos artigos. Este assunto, ainda que não afecte a qualidade da investigação nem tire valor ao conhecimento que esta gera, afecta as carreiras dos investigadores e a reputação da instituição de investigação. O International Committee of Medical Journal Editors[3] sustenta que os créditos de autoria devem estar baseados somente em contribuições substanciais para: (a) concepção, planeamento, análise ou interpretação dos dados; (b) redacção do artigo ou sua revisão crítica; (c) responsabilidade

---

[3] «Defining the Role of Authors and Contributors», International Committee of Medical Journal Editors. Disponível em: http://www.icmje.org/recommendations/browse/roles-and-responsibilities/defining-the-role-of-authors-and-contributors.html.

pela aprovação final para publicação; e d) concordância em prestar contas sobre todos os aspectos do trabalho e garantir a precisão ou integridade da investigação realizada. Todas as condições devem ser cumpridas e a contribuição de pessoas que não correspondem aos critérios acima elencados deve ser referida, com sua permissão, nos agradecimentos.

Consideramos serem quatro as categorias relativas aos critérios de autoria que devem merecer especial atenção (Claxton, 2005): (1) a autoria coerciva, também designada de autoria honorária, em que o indivíduo/cientista é autor somente porque o peso institucional assim o exige [um estudo de Eysenbach (2001) encontrou níveis de autoria coerciva em cerca de 30% de trabalhos publicados]; (2) a autoria de auxílio mútuo, quando colegas concordam em partilhar autorias sem contribuir de forma significativa para os artigos; (3) a autoria oferecida, quando um autor é incluído por respeito e contribuição para a carreira do autor principal e/ou para aumentar as hipóteses de o artigo ser aceite para publicação; (4) a autoria-fantasma, que configura a situação inversa, quando o autor, por variadíssimas razões, muitas das quais relacionadas com conflitos de interesse, não é referido.

O aparecimento e fomento dos projectos multicêntricos, espartilhados em áreas de especialização, obrigam a uma atenção particular a estes critérios. Nesse sentido, Drummond Rennie, já em 2000, sugeriu a substituição de «autores» por «colaboradores», explicitando, na primeira página, a contribuição de cada colaborador na investigação em causa. Esta proposta, já adoptada por alguns jornais, poderá resolver de forma eficiente esta questão, assim como a relacionada com a ordem pela qual os autores são listados; se ficar claro qual a sua participação, não importará a posição em que seu nome apareça.

5.2. *A avaliação ética dos projectos de investigação científica*

As questões relacionadas com a ética em investigação científica, quer utilizando seres humanos, quer as que envolvem o uso de animais, situam-se, como referimos anteriormente, no subdomínio do questionamento ético. De facto, a nível internacional, qualquer projecto de investigação apresentado a agências que atribuem subsídios [por exemplo, Comissão Europeia, European Science Foundation (ESF), National Institute of Health (NIH), National Health System (NHS), Fundação Alemã de Pesquisa, Fundação para a Ciência e a Tecnologia (FCT), etc.], após aprovação do painel científico, e sempre que se identifiquem questões éticas, deve ser submetido a uma avaliação por um «painel de avaliação ética». A avaliação da componente ética deve ser consequente à avaliação científica com resultado favorável (elegíveis para financiamento), pelo painel de especialistas para a área em causa. A entidade que atribui os fundos dá a sua decisão apenas quando há coincidência dos pareceres «científico» e «ético» no sentido da recomendação de aceitação. Assim, iremos apresentar a forma como se processa a avaliação ética no âmbito do Programa Horizonte 2020 (H2020) de financiamento à investigação científica da União Europeia.

Toda a avaliação é antecedida pela identificação das questões éticas pelo painel que avalia as questões científicas da área específica do projecto, por peritos ou, em alguns casos, por funcionários com competências específicas que verificam se o investigador identificou correctamente as questões éticas em apreço. A grelha de preenchimento inclui a identificação de potenciais questões relacionadas com[4]: (1) a investigação em

[4] Ver os formulários de identificação de questões éticas e respectivos

seres humanos, o que comporta o uso de voluntários adultos e saudáveis, pacientes voluntários, pessoas incapazes de consentir ou pessoas/grupos vulneráveis; (2) o uso de amostras biológicas e dados pessoais (informação genética humana, informação sensível sobre saúde, estilo de vida sexual, etnicidade, opiniões políticas, religião ou convicções filosóficas); (3) o uso de células estaminais; (4) o uso de animais (com especificidades relativas ao uso de primatas não humanos e animais transgénicos); (5) investigação envolvendo países em vias de desenvolvimento; (6) investigação com potenciais riscos para o ambiente ou para a saúde dos investigadores; e (7) investigação com potencial para uso errado (*misuse*) ou uso dual (*dual use*).

Sempre que o projecto, independentemente da área do saber, inclua o uso de seres humanos para investigação, deve obrigatoriamente incluir a informação sobre: (1) a justificação dessa investigação, com base no binómio risco-benefício para as pessoas envolvidas; (2) os critérios de recrutamento (o número de participantes, critérios de inclusão/exclusão, incentivos directos/indirectos para a participação); e (3) indicação dos detalhes relacionados com a informação fornecida e a obtenção do respectivo consentimento. As cópias dos formulários de consentimento e as fichas de informação devem ser incluídas. Estas devem estar no idioma e nos termos mais compreensíveis para os participantes. Os participantes devem ter o direito de: (a) saber que a participação é voluntária; (b) fazer perguntas e receber respostas compreensíveis antes de tomar uma decisão; (c) saber o grau de risco e incómodo envolvido na participação; (d) saber quem beneficiará da participação;

---

requisitos adoptados pela Fundação para a Ciência e a Tecnologia e que obedecem aos critérios de avaliação ética em vigor no programa de financiamento europeu H2020, disponíveis em: https://www.fct.pt/apoios/unidades/avaliacoes/2017/docs/EthicsGuide2017.pdf.

(e) conhecer os procedimentos que serão implementados no caso de descobertas acidentais (descoberta de doença no âmbito da investigação e que o participante tem o direito de manifestar vontade de conhecer ou de não conhecer); (f) receber garantias de que a cobertura do seguro adequada está em vigor; (g) retirar-se ou retirar as amostras do projecto a qualquer momento; (h) conhecer qualquer potencial exploração comercial da investigação.

Quando estão previstas questões relacionadas com a recolha de amostras biológicas e/ou de dados pessoais sensíveis, o coordenador do projecto deve incluir a seguinte informação: (a) a especificação e justificação do tipo, quantidade e fonte das amostras biológicas ou dados pessoais provenientes de seres humanos; (b) a descrição do procedimento usado para obtenção do consentimento informado das pessoas a partir das quais o material biológico (dados pessoais) é (são) obtido(s); (c) a descrição dos procedimentos para protecção da confidencialidade e dos dados pessoais; (d) a descrição das medidas para codificação e anonimização dos biomateriais armazenados ou dados (inclui medidas que possibilitem rastreabilidade); e (e) todos os procedimentos relativos à colheita, armazenamento, medidas de segurança, retenção ou destruição da amostra biológica ou dos dados pessoais. Actualmente, e com a entrada em vigor do Regulamento Geral de Protecção de Dados, o investigador deverá obter uma aprovação por parte do encarregado da protecção de dados no sentido de garantir que os procedimentos estão de acordo com o novo regulamento na área.

Quando está previsto no projecto o uso de animais, deve ser apresentada informação detalhada no que concerne: (a) a espécies (ou estirpes, quando apropriado) a usar e aos motivos da escolha; (b) aos detalhes e à justificação sobre o número de animais com referência à metodologia estatística de suporte (se aplicável); (c) ao sumário dos principais efeitos adversos nos animais, o que deve incluir os efeitos do alojamento, alimentação e transporte, assim como os efeitos do procedimento experimental em si; (d) à especificação do destino dos animais no fim da experiência; (e) a especificar as medidas encetadas no sentido dos princípios dos três *r* (*reduction, refinement* e *replacement*)[5]; e (f) à descrição da natureza das experiências, aos procedimentos que serão efectuados e ao impacto esperado (por exemplo, dor, sofrimento, incómodo e dano duradouro), assim como às estratégias para a sua minimização. Quando as experiências são realizadas em primatas não humanos, acresce a necessidade de incluir a informação sobre a espécie a usar (a sua origem, isto é, se foram capturados na natureza ou se provêm de cativeiro, e denominação do centro responsável pelo fornecimento dos animais); especificação do parceiro responsável pela importação dos animais e respectivas condições de alojamento, e quem vai realizar os procedimentos experimentais.

Por fim, e sempre que a investigação se realize em países em vias de desenvolvimento e/ou com parceiros destes países, ou ainda se os resultados tiverem aplicações potenciais nestes países, o projecto deve incluir uma descrição da política para a partilha de benefícios e alocação dos direitos de propriedade e os pormenores relativos à possível contribuição para a capacitação dos países em vias de desenvolvimento.

Todas as propostas que apresentem riscos para o ambiente ou para os investigadores, assim como potencial risco de uso criminoso, terrorista, militar dos dados ou resultados obtidos, deverão descrever as estratégias usadas para minimizar o risco e, se for o caso, incluir autorizações das entidades competentes.

---

[5] Em português: redução, refinamento e substituição; redução (diminuir ao máximo o número de animais), refinamento (maximizar o bem-estar animal minimizando a dor, sofrimento) e substituição (encontrar, dentro do possível, fontes alternativas como linhas celulares).

6. Nota conclusiva

Teremos, nós, cientistas, e a ciência, de reaprender a ver, a conceber, a pensar, a agir, a avaliar. Não conhecemos o caminho, mas sabemos que o caminho se faz andando. Não temos promessas, mas sabemos que o impossível se torna possível da mesma forma que o possível se torna impossível. A liberdade do cientista é também a sua grande exposição; não é possível conservar as vantagens da liberdade (a independência) livrando-se dos seus correlatos (a responsabilidade). Assim, a nossa relação com a Liberdade Científica é, antes de mais, uma relação extremamente dura e exigente com a Responsabilidade. Esta relação tem de ser construída por cada um e quando conseguida passa a ser constitucional, visto que é sem esforço e de forma a ser coerente consigo mesmo que o cientista íntegro produz ciência boa, assim correspondendo ao imenso capital de confiança que a comunidade nele deposita.

Referências e leituras recomendadas

Academia das Ciências, *Dicionário da Língua Portuguesa Contemporânea*, Lisboa, Verbo, 2001.

Allea (All European Academies), *The European Code of Conduct for Research Integrity*, Berlim, 2017. Disponível em: http://www.allea.org/wp-content/uploads/2017/03/ALLEA-European-Code-of-Conduct-for-Research-Integrity-2017-1.pdf.

Begley, C. G. e Ellis, L. M., Drug Development: Raise Standards for Preclinical Cancer Research, *Nature* 483, 2012: pp. 531–533.

Casado, M. [*et al.*], *Declaração sobre Integridade Científica na Investigação e Inovação Responsável*, Barcelona e Porto, Edicions de la Universitat de Barcelona, 2016. Disponível em: http://www.bioeticayderecho.ub.edu/sites/default/files/documents/doc_integridad-cientifica.pdf.

CLAXTON, L.D. 2005. Scientific authorship part 2. History, recurring issues, practices, and guidelines. *Mutation Research*, 589, 31–45.

CNECV (Conselho Nacional de Ética para as Ciências da Vida), «Recomendação sobre Integridade na Investigação Científica», 2018. Disponível em: http://www.cnecv.pt/admin/files/data/docs/1523888172_IntegridadeCNECV2018.pdf.

DAVIS, M. S.; RISKE-MORRIS, M. e DIAZ, S. R., Causal factors implicated in research misconduct: Evidence from ORI case files, *Science and Engineering Ethics* 13, 2007: pp. 395–414.

EYSENBACH G. 2001. Medical students see that academic misconduct is common, *British Medical Journal*, 322: 1307.

FANELLI, D., How Many Scientists Fabricate and Falsify Research? A Systematic Review and Meta-Analysis of Survey Data, *PLoS One* 4, 2009.

GEGGIE D. A survey of newly appointed consultants' attitudes towards research fraud. *Journal of Medical Ethics.* 2001;27: 344–346.

HO, Y. e LIN, C., Cultural values and cognitive moral development of accounting ethics: A cross-cultural study, *Social Behavior and Personality* 36, 2008: pp. 883–892.

IOANNIDIS, J. P. A., Why most published research findings are false, *PLoS Medicine* 2, 2005. doi: 10.1371/journal.pmed.0020124.

IOANNIDIS, J. P. A., The Reproducibility Wars: Successful, Unsuccessful, Uninterpretable, Exact, Conceptual, Triangulated, Contested Replication, *Clinical Chemistry* 63, 2017: pp. 943–945.

KAATZ, A.; VOGELMAN, P. N. e CARNES, M., Are men more likely than women to commit scientific misconduct? Maybe, maybe not, *mBio* 4, 2013.

KAISER M. 2014. The integrity of science – lost in translation? Best Practices in Research, *Clinical Gastroenterol*, 28(2):339-347.

MARTINSON, B. C.; ANDERSON, M. S. e DE VRIES, R., Scientists Behaving Badly, *Nature* 435, 2005: pp. 737–738.

McGee, G., Lies, Damn Lies? and Scientific Misconduct, *The Scientist – Magazine of the Life Sciences* 20, 2006: p. 24.

Munafò, M. R. [*et al.*], A Manifesto for Reproducible Science, *Nature Human Behaviour* 1, 2017.

National Academies of Sciences, Engineering and Medicine, *Fostering Integrity in Research*, Washington, National Academies Press, 2017.

Necker, S., Scientific Misbehavior in Economics, *Research Policy* 43, 2014: pp. 1747–1759.

Open Science Collaboration, Estimating the Reproducibility of Psychological Science, *Science* 349, 2015.

ORI (Office of Research Integrity), *Introduction to the Responsible Conduct of Research*, Steneck, Nicholas (coord.), 2006. Disponível em: https://ori.hhs.gov/sites/default/files/rcrintro.pdf.

Ranstam, J. [*et al.*], Fraud in medical research: An international survey of biostatisticians, *Controlled Clinical Trials* 21, 2000: pp. 415–427.

Sacco, D. F. [*et al.*], The adaptive utility of deontology: Deontological moral decision-making fosters perceptions of trust and likeability, *Evolutionary Psychological Science* 3, 2017: pp. 125–132.

Tijdink, J. K. [*et al.*], Personality traits are associated with research misbehavior in Dutch scientists: a cross-sectional study, *PLoS One* 11, 2016.

Titus, S. L.; Wells, J. A. e Rhoades, L. J., Repairing research integrity, *Nature* 453, 2008: pp. 980–982.

Trevino, L. K. e Youngblood, S. A., Bad apples in bad barrels: A causal analysis of ethical decision-making behavior, *Journal of Applied Psychology* 75, 1990: p. 378.